U0036084

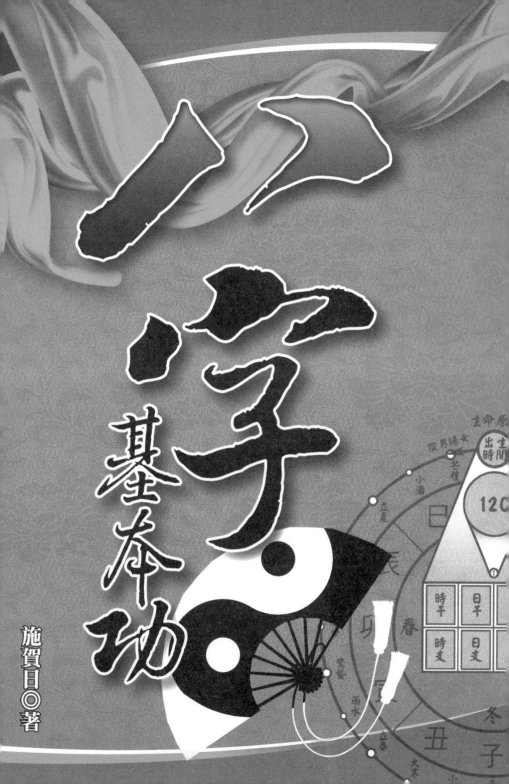

八字基本功

基本功

施賀日◎著

究天人之際、通生命之變。

「五行八字命學」立論於我們所處的世界是一個大宇宙，每個人自身是一個小宇宙。世界大宇宙的運行變化相對於陰陽五行的運作變化，自身小宇宙的運行變化也相對於陰陽五行的運作變化。所以推知一個人命局五行的變化，就可以預測一個人生命起伏的變化。

《八字基本功》講述的是「五行八字命學」中最基礎重要的知識。「五行八字命學」以「陰陽五行」為立論中心，闡釋「陰陽五行」在「時間」和「空間」中的變化對「生命」影響的力量。

八字論命以個人出生時間的「年、月、日、時」為基礎，轉換成以「天干地支」表示時間的八個字，再依據八字中「沖刑會合、生剋制化、寒熱燥濕」的交互關係，判斷生命在某段

時間的變化狀態。最後假借「六神」闡釋說明生命在人世間種種「欲求」的面象。

生命是一場學習，「八字命盤」就是人生的生命地圖。每一個「生命」隨著「時間」和「空間」的流轉，皆有著「成、住、壞、空」的交替輪轉。在「八字命盤」中，我們可以很清楚的了解，每一個「生命」皆是「不一不異」。

《八字基本功》之編寫，以「五行八字命學」為主體，書中參考引用諸多先賢、專家之觀念與資料，謹在此表達致敬及感謝。

《八字基本功》的完成，需萬分感謝 紅鳳鳥 老師的教授與指導。

施賀日

目 錄

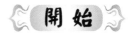

開 始

八字有趣，因為簡單。

本書《八字基本功》共有「五行八字命學」五篇、「基礎天文、基礎曆法」二篇與節錄《歸藏萬年曆》年表二十一年。

第一篇 八字基礎：講述「五行八字命學」最基礎的知識。

第二篇 八字命盤：講述如何排定「命局」之「本命、大運、流年」。

第三篇 八字分析：講述如何分析「命局」之「日主、格局、環境」。

第四篇 八字解讀：講述如何解讀「命局」之「階位、家庭、身體」。

第五篇 八字論命：講述如何論述「命局」之「命象」。

第六篇　基礎天文：講述「天文」最基礎的知識。

第七篇　基礎曆法：講述「曆法」最基礎的知識。

第八篇　歸藏萬年曆：《歸藏萬年曆》年表2000～2020年。

本書節錄《歸藏萬年曆》年表2000～2020年，提供八字命理研究愛好者，學習排列八字命盤使用。

《歸藏萬年曆》另有專書單獨出版，起自西元一九○○年迄至西元二一○○年，共二百零一年。提供八字命理研究專業者，排列八字命盤使用。

本書《八字基本功》以說明八字基礎為主體，內容無深入探討說明八字命理論命的實例方法。本書各篇章皆為獨立單元，讀者可按篇章順序閱讀，或選有興趣的篇章各自閱讀皆宜。

基礎圖識

基礎圖識是「五行八字命學」的理論根本。

基礎圖識有「太極、河圖、洛書、五行羅盤、七曜」。

太 極

太極：「天地生命相對的本相」。

河 圖

河圖:「天地生命運行的規律」。

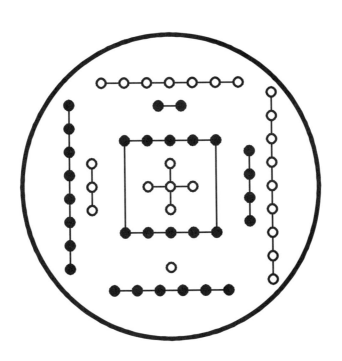

洛 書

洛書：「天地生命調和的法則」。

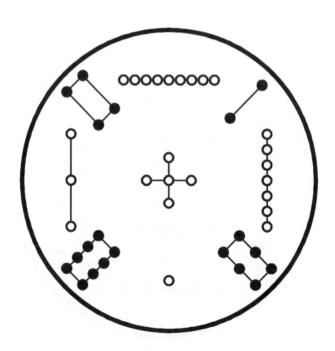

五行羅盤

五行羅盤:「五行天干地支關係圖」。

七 曜

七曜:「太陽系的日月五行星」。

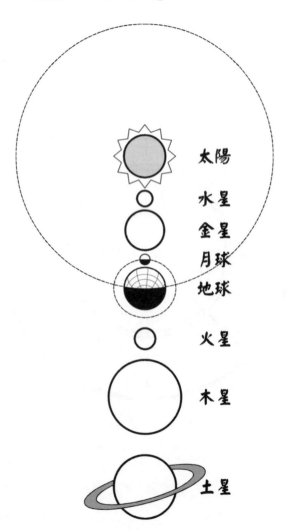

太陽

水星

金星

月球

地球

火星

木星

土星

八字論命流程

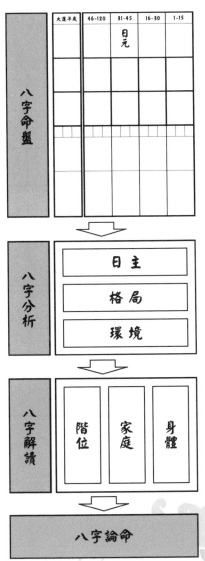

八字命盤

排定「命局」之「本命、大運、流年」。

46-120	31-45	16-30	1-15
日元			

貴
乾坤造
農曆
國曆

小姐
先生

現居地：
出生地：

年　月　日　時生

										大運

八字分析

分析「命局」之「日主、格局、環境」。

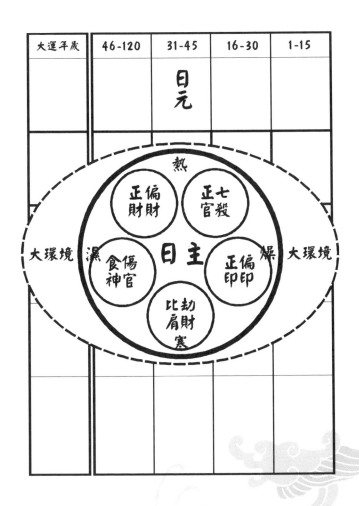

八字解讀

解讀「命局」之「階位、家庭、身體」。

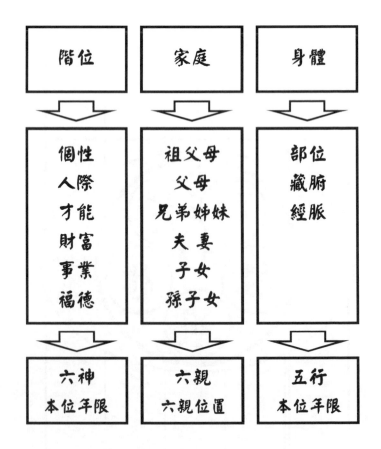

八字論命

論述「命局」之「命象」（論階位、論家庭、論身體）。

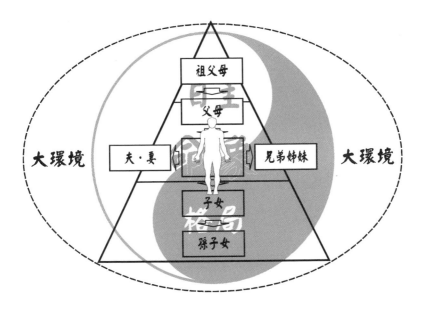

第一篇

八字基礎

八字基礎

　　八字基礎篇，講述「五行八字命學」最基礎的知識。八字基礎是八字論命的基礎，有了正確的八字基礎，方能正確的八字論命。最基礎就是最重要的。

八字基礎篇，共有「五行、天干、地支、強弱、六神」五章。

　　第一章　五行：木、火、土、金、水。

　　第二章　天干：甲、乙、丙、丁、戊、己、庚、辛、壬、癸。

　　第三章　地支：子、丑、寅、卯、辰、巳、午、未、申、酉、戌、亥。

　　第四章　強弱：五行在「四時月令」的旺衰。

　　第五章　六神：食神、傷官、正財、偏財、正官、七殺、正印、偏印、比肩、劫財。

第一章

五　行

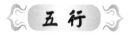

五行：木、火、土、金、水。

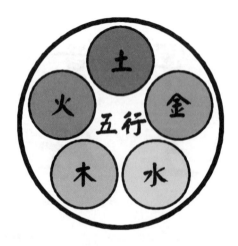

五行的定義

五行，定義宇宙生命萬物基本共同的五種「生命能量」，如是「木、火、土、金、水」，為宇宙生命萬物基本共同的原素。

木：木能量為「慈生」的生命能量，慈祥呵護令萬物成長。

火：火能量為「滿願」的生命能量，成熟就會繁榮與靡爛。

土：土能量為「承載」的生命能量，承載萬物與成就萬物。

金：金能量為「肅殺」的生命能量，以肅殺手法去蕪存菁。

水：水能量為「伏藏」的生命能量，萬物停止活動去休養。

五行之「金」又為「風」。「風」，「肅殺」力強，像刀鋒有如「金革」。

五行的含義

五行「木、火、土、金、水」，廣義包含了各種特殊的含義。

五行	能量	名相	五臟	五腑	聲音	顏色	味道	數字
木	慈生	曲直	肝	膽	宮	青	酸	38
火	滿願	炎上	心	小腸	商	紅	甜	27
土	承載	稼穡	脾	胃	角	黃	苦甘	50
金	肅殺	從革	肺	大腸	徵	白	辛	49
水	伏藏	潤下	腎	膀胱	羽	黑	鹹	16

五行的變化

五行生命能量相互間有著「相生」與「相剋」的變化特性。「五行相生」，五行能量會有相互生助的變化。「五行相剋」，五行能量會有相互剋制的變化。五行的相生相剋，就是五種不同的能量相互間做交流變化。但不管是五行相生或五行相剋，五行能量本身之獨立本質皆無改變。

五行相生

木生火、火生土、土生金、金生水、水生木。

五行相剋

木剋土、土剋水、水剋火、火剋金、金剋木。

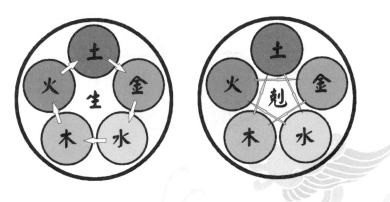

陰陽五行

陰陽五行說明「天地生命相對的本相」。

陰陽為相對之意，陰陽五行表五行生命能量皆具有相對性。五行本質本無陰陽之分，皆由相對比較而起分別。例如：比我大者為大；比我小者為小，比我強者為強；比我弱者為弱，「大、小、強、弱」的差異皆是相對比較的結果。故說「陰陽五行」又為「相對五行」。

五行表

五行	相生	相剋
木-慈生	水生木生火	金剋木剋土
火-滿願	木生火生土	水剋火剋金
土-承載	火生土生金	木剋土剋水
金-肅殺	土生金生水	火剋金剋木
水-伏藏	金生水生木	土剋水剋火

第二章

天　干

天干：甲、乙、丙、丁、戊、己、庚、辛、壬、癸。

天干的陰陽

陽干：甲、丙、戊、庚、壬。（奇數為陽）

陰干：乙、丁、己、辛、癸。（偶數為陰）

天干	陰陽	天干	陰陽
甲	陽	乙	陰
丙	陽	丁	陰
戊	陽	己	陰
庚	陽	辛	陰
壬	陽	癸	陰

天干的定義

天干，定義「陰陽五行」，以十天干表示。

天干	陰陽五行	天干	陰陽五行
甲	陽木	乙	陰木
丙	陽火	丁	陰火
戊	陽土	己	陰土
庚	陽金	辛	陰金
壬	陽水	癸	陰水

天干與河圖

河圖:「天地生命運行的規律」。

天干運行的規律依循河圖運行的規律。

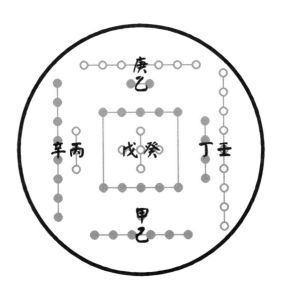

河圖數	天干	河圖數	天干
1	甲	6	己
2	乙	7	庚
3	丙	8	辛
4	丁	9	壬
5	戊	10	癸

天干的變化

天干的變化，為天干在「空間」的「合、沖、剋」關係變化。空間就是方位「東、南、西、北」。

天干五合

甲己合化土、乙庚合化金、丙辛合化水、丁壬合化木、戊癸合化火。

天干五合包含兩種變化，一為「合」，二為「化」。
「合」為天干陰陽相合，表「吸引」關係。
「化」為天干變化五行，表「轉化」關係。

天干「合」的含義

天干五合說明「六十甲子」的循環規則，表天地生命運行的規律，同組天干陰陽二者有相合的含義。

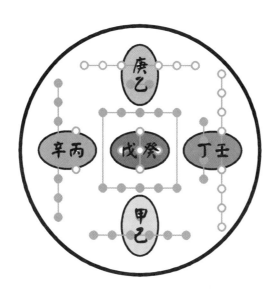

河圖數	天干	河圖數	天干
1	甲	6	己
2	乙	7	庚
3	丙	8	辛
4	丁	9	壬
5	戊	10	癸

天干「化」的含義

天干合化說明「天干相合」與「五行生化」的關係。

甲己 為「丙火（寅）」生化成「戊土（辰）」。

乙庚 為「戊土（寅）」生化成「庚金（辰）」。

丙辛 為「庚金（寅）」生化成「壬水（辰）」。

丁壬 為「壬水（寅）」生化成「甲木（辰）」。

戊癸 為「甲木（寅）」生化成「丙火（辰）」。

月令	正月	二月	三月	四月	五月	六月	七月	八月	九月	十月	十一月	十二月
節氣	立春	驚蟄	清明	立夏	芒種	小暑	立秋	白露	寒露	立冬	大雪	小寒
中氣	雨水	春分	穀雨	小滿	夏至	大暑	處暑	秋分	霜降	小雪	冬至	大寒
合干 地支	寅	卯	辰	巳	午	未	申	酉	戌	亥	子	丑
甲己	丙寅	丁卯	戊辰	己巳	庚午	辛未	壬申	癸酉	甲戌	乙亥	丙子	丁丑
乙庚	戊寅	己卯	庚辰	辛巳	壬午	癸未	甲申	乙酉	丙戌	丁亥	戊子	己丑
丙辛	庚寅	辛卯	壬辰	癸巳	甲午	乙未	丙申	丁酉	戊戌	己亥	庚子	辛丑
丁壬	壬寅	癸卯	甲辰	乙巳	丙午	丁未	戊申	己酉	庚戌	辛亥	壬子	癸丑
戊癸	甲寅	乙卯	丙辰	丁巳	戊午	己未	庚申	辛酉	壬戌	癸亥	甲子	乙丑

五虎遁年起月表

化

天干四沖

甲庚沖、乙辛沖、丙壬沖、丁癸沖。

「沖」為五行相剋（水剋火、金剋木）且方位對立（陰對陰、陽對陽）。「戊、己」位置在中央，無對立方，所以無「沖」。

天干二剋

丙庚剋、丁辛剋。

「剋」為五行相剋（火剋金）且方位相鄰（陰對陰、陽對陽）。
「戊、己」位置在中央，無相鄰方，所以無「剋」。

天干表

天　干	五合	四沖	二剋
甲-陽木	甲己合化土	甲庚沖	
乙-陰木	乙庚合化金	乙辛沖	
丙-陽火	丙辛合化水	丙壬沖	丙庚剋
丁-陰火	丁壬合化木	丁癸沖	丁辛剋
戊-陽土	戊癸合化火		
己-陰土	甲己合化土		
庚-陽金	乙庚合化金	甲庚沖	丙庚剋
辛-陰金	丙辛合化水	乙辛沖	丁辛剋
壬-陽水	丁壬合化木	丙壬沖	
癸-陰水	戊癸合化火	丁癸沖	

第三章

地　支

地支

地支：子、丑、寅、卯、辰、巳、午、未、申、酉、戌、亥。

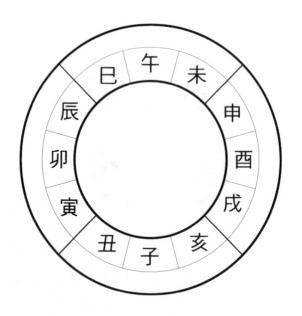

地支的陰陽

陽支：子、寅、辰、午、申、戌。（奇數為陽）

陰支：丑、卯、巳、未、酉、亥。（偶數為陰）

天干	陰陽	天干	陰陽
子	陽	丑	陰
寅	陽	卯	陰
辰	陽	巳	陰
午	陽	未	陰
申	陽	酉	陰
戌	陽	亥	陰

地支的定義

地支，定義「時間」（月令、四時）和「空間」（方位），以十二地支表示。

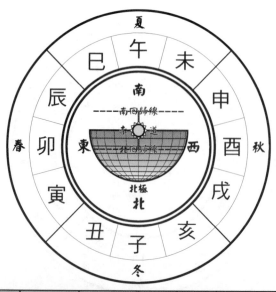

地支	月令	四時	方位	地支	月令	四時	方位
子	子	冬季	北方	午	午	夏季	南方
丑	丑	冬季	北方	未	未	夏季	南方
寅	寅	春季	東方	申	申	秋季	西方
卯	卯	春季	東方	酉	酉	秋季	西方
辰	辰	春季	東方	戌	戌	秋季	西方
巳	巳	夏季	南方	亥	亥	冬季	北方

地支座標系統

地支座標系統:「坐北朝南」。

位在北半球,坐北朝南易於觀測太陽運行路徑。

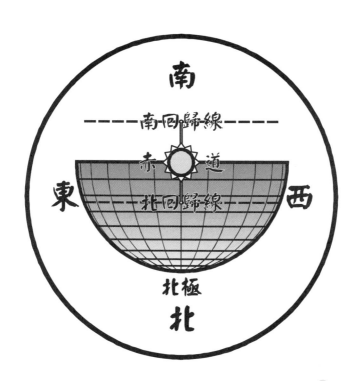

「時間」和「空間」

「時間」即是「空間」，「時間」表示地球相對於太陽位置的「空間」。

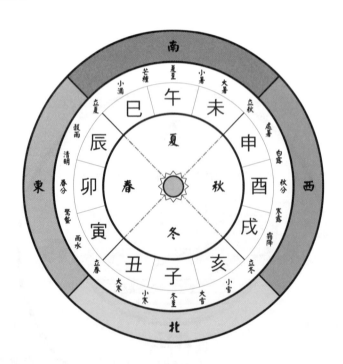

月令	寅	卯	辰	巳	午	未	申	酉	戌	亥	子	丑
四時	春			夏			秋			冬		
方位	東			南			西			北		

地支時間「年、月、日、時」的定義

「年、月」節氣四時的循環（地球公轉週期）

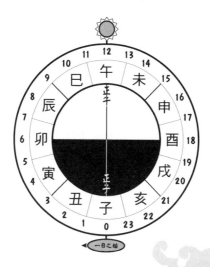

「日、時」黑夜白晝的循環（地球自轉週期）

地支定義「年」

地支	子	丑	寅	卯	辰	巳	午	未	申	酉	戌	亥
年 生肖	鼠	牛	虎	兔	龍	蛇	馬	羊	猴	雞	狗	豬

地支定義「月」

地支	子	丑	寅	卯	辰	巳	午	未	申	酉	戌	亥
月	十一月	十二月	正月	二月	三月	四月	五月	六月	七月	八月	九月	十月

地支定義「日」

地支	子	丑	寅	卯	辰	巳	午	未	申	酉	戌	亥
日	子	丑	寅	卯	辰	巳	午	未	申	酉	戌	亥

地支定義「時」

地支	子	丑	寅	卯	辰	巳	午	未	申	酉	戌	亥
時辰	23	1	3	5	7	9	11	13	15	17	19	21
	|	|	|	|	|	|	|	|	|	|	|	|
	1	-3	5	7	9	11	13	15	17	19	21	23

地支的變化

　　地支的變化，為地支在「空間」的「合、會、沖、刑、害」關係變化。空間就是方位「東、南、西、北」。

地支六合

　　子丑合化土、寅亥合化木、卯戌合化火。

　　辰酉合化金、巳申合化水、午未合化火。

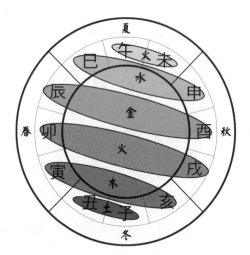

　　地支六合包含兩種變化，一為「合」，二為「化」。

　　「合」為地支陰陽相合，表「吸引」關係。

　　「化」為地支變化五行，表「轉化」關係。

地支「合」的含義

地支六合說明「月令」與「太陽」的連動關係，藉由「太陽」所在的方位可得知時序的「月令」，二者有相合的含義。

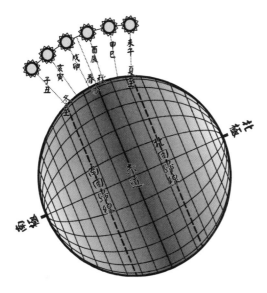

夏季正午太陽居中（夏至太陽直射北回歸線）
冬季正午太陽偏南（冬至太陽直射南回歸線）

太陽方位	丑	子	亥	戌	酉	申	未	午	巳	辰	卯	寅
時序月令	子	丑	寅	卯	辰	巳	午	未	申	酉	戌	亥

地支「化」的含義

地支合化說明「地球與太陽和五大行星」的位置關係，以「太陽」為首「地球」置中，依序為「太陽、水星、金星、地球、火星、木星、土星」。

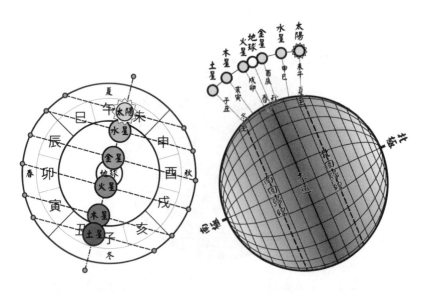

太陽方位	丑	子	亥	戌	酉	申	未	午	巳	辰	卯	寅
時序月令	子	丑	寅	卯	辰	巳	午	未	申	酉	戌	亥
五大行星	土星	土星	木星	火星	金星	水星	太陽	太陽	水星	金星	火星	木星

地支三合局

申子辰合水、亥卯未合木、寅午戌合火、巳酉丑合金。

地支三合局為「五行消長十二階」之「長生、帝旺、墓庫」的合局變化。合局為集合三地支相應強旺的能量，合成同局之五行。

「申（長生）、子（帝旺）、辰（墓庫）」三地支，合成「水」局。

「亥（長生）、卯（帝旺）、未（墓庫）」三地支，合成「木」局。

「寅（長生）、午（帝旺）、戌（墓庫）」三地支，合成「火」局。

「巳（長生）、酉（帝旺）、丑（墓庫）」三地支，合成「金」局。

地支三會方

亥子丑會水、寅卯辰會木、巳午未會火、申酉戌會金。

地支三會方為「五行消長十二階」之「臨官、帝旺、餘氣」的會方變化。會方為會聚三地支相應強旺的能量，會成同方之五行。

「亥（臨官）、子（帝旺）、丑（餘氣）」三地支，會成「水」方。

「寅（臨官）、卯（帝旺）、辰（餘氣）」三地支，會成「木」方。

「巳（臨官）、午（帝旺）、未（餘氣）」三地支，會成「火」方。

「申（臨官）、酉（帝旺）、戌（餘氣）」三地支，會成「金」方。

地支六沖

子午沖、丑未沖、寅申沖、卯酉沖、辰戌沖、巳亥沖。

「沖」為十二地支方位對立（陰對陰、陽對陽）。

地支三刑

寅巳申三刑、丑戌未三刑。

子卯相刑。

辰辰自刑、午午自刑、酉酉自刑、亥亥自刑。

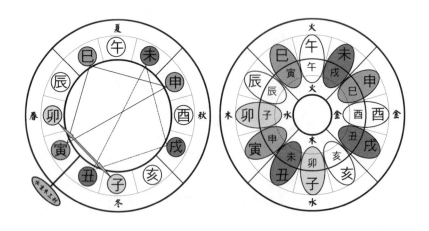

　　「刑」為「水生木」之「三合局」與「三會方」的變化。「三合局」與「三會方」本是「相互吸引」的能量，但「合、會」二者相結合能量太過，反成「地支三刑」之力。

地支六害

子未害、丑午害、寅巳害、卯辰害、申亥害、酉戌害。

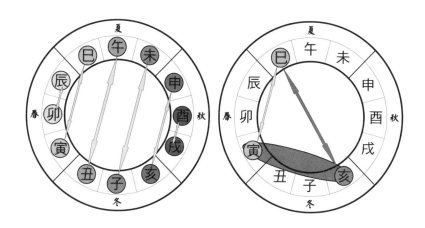

「害」為「地支六合」與「地支六沖」的「合、沖」變化，謂「沖」我欲「合」者為「害」。

例如：「寅亥」本為合，但遇「巳」沖「亥」使「寅亥」不能相合，「巳」妨礙「寅」之合，可謂「寅巳害」。

地支表

地支	六合	三合局	三會方	六沖	三刑	六害
子·冬季	子丑 合化土	申子辰 合水	亥子丑 會水	子午 沖	子卯 相刑	子未 害
丑·冬季	子丑 合化土	巳酉丑 合金	亥子丑 會水	丑未 沖	丑戌未 三刑	丑午 害
寅·春季	寅亥 合化木	寅午戌 合火	寅卯辰 會木	寅申 沖	寅巳申 三刑	寅巳 害
卯·春季	卯戌 合化火	亥卯未 合木	寅卯辰 會木	卯酉 沖	子卯 相刑	卯辰 害
辰·春季	辰酉 合化金	申子辰 合水	寅卯辰 會木	辰戌 沖	辰辰 自刑	卯辰 害
巳·夏季	巳申 合化水	巳酉丑 合金	巳午未 會火	巳亥 沖	寅巳申 三刑	寅巳 害
午·夏季	午未 合化火	寅午戌 合火	巳午未 會火	子午 沖	午午 自刑	丑午 害
未·夏季	午未 合化火	亥卯未 合木	巳午未 會火	丑未 沖	丑戌未 三刑	子未 害
申·秋季	巳申 合化水	申子辰 合水	申酉戌 會金	寅申 沖	寅巳申 三刑	申亥 害
酉·秋季	辰酉 合化金	巳酉丑 合金	申酉戌 會金	卯酉 沖	酉酉 自刑	酉戌 害
戌·秋季	卯戌 合化火	寅午戌 合火	申酉戌 會金	辰戌 沖	丑戌未 三刑	酉戌 害
亥·冬季	寅亥 合化木	亥卯未 合木	亥子丑 會水	巳亥 沖	亥亥 自刑	申亥 害

第四章

强 弱

強弱

強弱：五行在「四時月令」的旺衰。

　　強弱，為「五行生命能量」在時間「四時月令」的「旺衰」。
「五行生命能量」隨著時間的流走，有著「成、住、壞、空」的
循環變化現象。

五行「四時」旺衰

五行在「四時」的旺衰，區分為「相、旺、休、囚」四階段。

相：表五行能量在「成長－成」的階段。

旺：表五行能量在「強旺－住」的階段。

休：表五行能量在「趨弱－壞」的階段。

囚：表五行能量在「伏藏－空」的階段。

五行「旺」之四時月令為「當令」。

五行「囚」之四時月令為「反令」。

五行「月令」旺衰

五行在「月令」的旺衰，細分為「長生、沐浴、冠帶、臨官、帝旺、衰、病、死、墓、絕、胎、養」十二階段，稱為「五行消長十二階」。

長生：表五行能量在「出生－成」的階段。

沐浴：表五行能量在「幼稚－成」的階段。

冠帶：表五行能量在「成長－成」的階段。

臨官：表五行能量在「強壯－住」的階段。

帝旺：表五行能量在「極旺－住」的階段。

衰　：表五行能量在「趨弱－住」的階段。

病　：表五行能量在「病危－壞」的階段。

死　：表五行能量在「死亡－壞」的階段。

墓　：表五行能量在「入墓－壞」的階段。

絕　：表五行能量在「滅絕－空」的階段。

胎　：表五行能量在「入胎－空」的階段。

養　：表五行能量在「懷養－空」的階段。

「五行消長十二階」中，只有「長生、臨官、帝旺、餘氣（衰）、墓庫」五階，具有強旺的五行能量，其餘各階只有微小五行能量。「衰」又稱為「餘氣」，意思為「帝旺」後剩餘之氣。

五行強弱意象

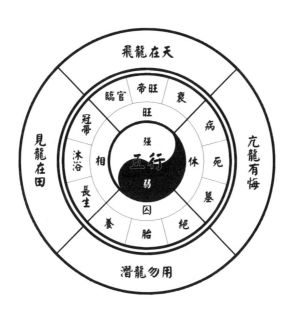

五行四時旺衰	五行消長十二階	五行強弱意象
相 （成）	長生、沐浴、冠帶	見龍在田
旺 （住）	臨官、帝旺、衰	飛龍在天
休 （壞）	病、死、墓	亢龍有悔
囚 （空）	絕、胎、養	潛龍勿用

五行與洛書

洛書:「天地生命調和的法則」。

五行能量強弱調和的法則依循洛書調和的法則。

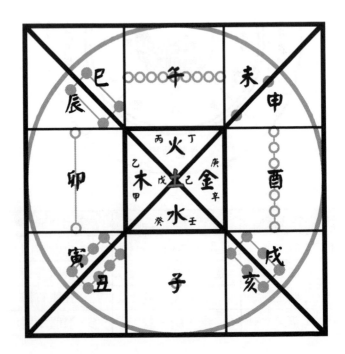

五行能量在「四時月令」強弱圖

五行能量在「四時月令」的強弱，各自有不同的展現。

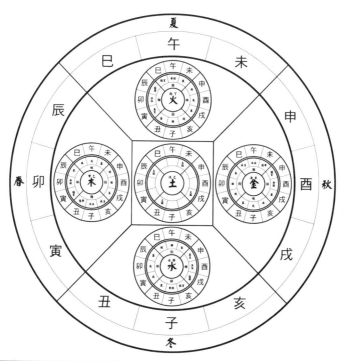

天干	甲	乙	丙	丁	戊	己	庚	辛	壬	癸
陰陽五行	木		火		土		金		水	

地支	寅	卯	辰	巳	午	未	申	酉	戌	亥	子	丑
月令、四	春			夏			秋			冬		
時、方位	東			南			西			北		

「木」強弱

木：相於「冬」、旺於「春」、休於「夏」、囚於「秋」。

四時	冬	春	夏	秋
旺衰	相	旺	休	囚

月令	亥	子	丑
旺衰	長生	沐浴	冠帶

月令	寅	卯	辰
旺衰	臨官	帝旺	衰

月令	巳	午	未
旺衰	病	死	墓

月令	申	酉	戌
旺衰	絕	胎	養

「火」強弱

火：相於「春」、旺於「夏」、休於「秋」、囚於「冬」。

四時	春	夏	秋	冬
旺衰	相	旺	休	囚

月令	寅	卯	辰
旺衰	長生	沐浴	冠帶

月令	巳	午	未
旺衰	臨官	帝旺	衰

月令	申	酉	戌
旺衰	病	死	墓

月令	亥	子	丑
旺衰	絕	胎	養

「土」強弱

土：中央四方，無「四時月令」旺衰，唯「辰、戌、丑、未」
　　四月令土旺。

月令	辰	戌	丑	未
旺衰	土旺	土旺	土旺	土旺

「金」強弱

金：相於「夏」、旺於「秋」、休於「冬」、囚於「春」。

四時	夏	秋	冬	春
旺衰	相	旺	休	囚

月令	巳	午	未
旺衰	長生	沐浴	冠帶

月令	申	酉	戌
旺衰	臨官	帝旺	衰

月令	亥	子	丑
旺衰	病	死	墓

月令	寅	卯	辰
旺衰	絕	胎	養

「水」強弱

水：相於「秋」、旺於「冬」、休於「春」、囚於「夏」。

四時	秋	冬	春	夏
旺衰	相	旺	休	囚

月令	申	酉	戌
旺衰	長生	沐浴	冠帶

月令	亥	子	丑
旺衰	臨官	帝旺	衰

月令	寅	卯	辰
旺衰	病	死	墓

月令	巳	午	未
旺衰	絕	胎	養

五行四時月令「旺衰」表

五行		木 甲乙		火 丙丁		土 戊己	金 庚辛		水 壬癸	
四時月令										
春	寅	旺	臨官	相	長生		囚	絕	休	病
	卯		帝旺		沐浴			胎		死
	辰		衰		冠帶	土旺		養		墓
夏	巳	休	病	旺	臨官		相	長生	囚	絕
	午		死		帝旺			沐浴		胎
	未		墓		衰	土旺		冠帶		養
秋	申	囚	絕	休	病		旺	臨官	相	長生
	酉		胎		死			帝旺		沐浴
	戌		養		墓	土旺		衰		冠帶
冬	亥	相	長生	囚	絕		休	病	旺	臨官
	子		沐浴		胎			死		帝旺
	丑		冠帶		養	土旺		墓		衰

五行四時月令「相旺」表

五行 四時月令		木 甲　乙		火 丙　丁		土 戊　己	金 庚　辛		水 壬　癸
春	寅	臨官		長生					
	卯		帝旺						
	辰		餘氣			土旺			墓庫
夏	巳			臨官			長生		
	午				帝旺				
	未		墓庫		餘氣	土旺			
秋	申						臨官	長生	
	酉							帝旺	
	戌				墓庫	土旺		餘氣	
冬	亥	長生							臨官
	子								帝旺
	丑					土旺	墓庫		餘氣

地支藏天干

地支藏天干，用來說明「十二月令」的「五行能量強度」。

地支	子	午	卯	酉
藏天干	癸	丁	乙	辛

地支	寅		申		巳		亥	
藏天干	甲	丙	庚	壬	丙	庚	壬	甲

地支	辰			戌			丑			未		
藏天干	戊	乙	癸	戊	辛	丁	己	癸	辛	己	丁	乙

「十二月令」的「五行能量強度」

月令	子	午	卯	酉
五行	癸	丁	乙	辛
能量強度	1	1	1	1

月令	寅		申		巳		亥	
五行	甲	丙	庚	壬	丙	庚	壬	甲
能量強度	0.7	0.3	0.7	0.3	0.7	0.3	0.7	0.3

月令	辰			戌			丑			未		
五行	戊	乙	癸	戊	辛	丁	己	癸	辛	己	丁	乙
能量強度	0.5	0.3	0.2	0.5	0.3	0.2	0.5	0.3	0.2	0.5	0.3	0.2
「辰戌丑未」為土庫，受「沖刑害無合化」時則開庫，轉化成其五行庫。												
五行	癸（水庫）			丁（火庫）			辛（金庫）			乙（木庫）		
能量強度	1			1			1			1		

「木」在「十二月令」的「生命能量強度」

「木」在「亥-長生、寅-臨官、卯-帝旺、辰-餘氣、未-墓庫」
的能量強度。

月令	亥	寅	卯	辰	未
木 能量強度	長生	臨官	帝旺	餘氣	墓庫
	甲	甲	乙	乙	乙
	0.3	0.7	1	0.3	0.2

「火」在「十二月令」的「生命能量強度」

　　「火」在「寅-長生、巳-臨官、午-帝旺、未-餘氣、戌-墓庫」
的能量強度。

月令	寅	巳	午	未	戌
火 能量強度	長生	臨官	帝旺	餘氣	墓庫
	丙	丙	丁	丁	丁
	0.3	0.7	1	0.3	0.2

「土」在「十二月令」的「生命能量強度」

「土」在「辰-土旺、戌-土旺、丑-土旺、未-土旺」的能量強度。

月令	辰	戌	丑	未
土 能量強度	土旺	土旺	土旺	土旺
	戊	戊	己	己
	0.5	0.5	0.5	0.5
「辰戌丑未」為土庫，受「沖刑害無合化」時則開庫，變化成其五行庫。				
五行 能量強度	癸（水庫）	丁（火庫）	辛（金庫）	乙（木庫）
	1	1	1	1

「金」在「十二月令」的「生命能量强度」

　　「金」在「巳-長生、申-臨官、酉-帝旺、戌-餘氣、丑-墓庫」的能量強度。

月令	巳	申	酉	戌	丑
金 能量強度	長生	臨官	帝旺	餘氣	墓庫
	庚	庚	辛	辛	辛
	0.3	0.7	1	0.3	0.2

「水」在「十二月令」的「生命能量強度」

「火」在「申-長生、亥-臨官、子-帝旺、丑-餘氣、辰-墓庫」
的能量強度。

月令	申	亥	子	丑	辰
水 能量強度	長生	臨官	帝旺	餘氣	墓庫
	壬	壬	癸	癸	癸
	0.3	0.7	1	0.3	0.2

「十二月令」的「四帝旺」

四帝旺為「子、午、卯、酉」。

子	午	卯	酉
水帝旺	火帝旺	木帝旺	金帝旺

「十二月令」的「四長生」

四長生為「寅、申、巳、亥」。

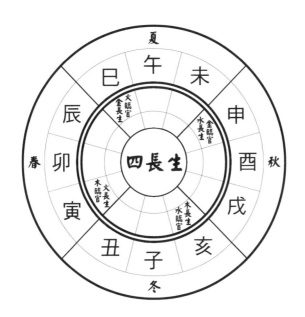

寅	申	巳	亥
火長生	水長生	金長生	木長生
木臨官	金臨官	火臨官	水臨官

「十二月令」的「四墓庫」

四墓庫為「辰、戌、丑、未」。

辰	戌	丑	未
土旺	土旺	土旺	土旺
水庫	火庫	金庫	木庫
木餘氣	金餘氣	水餘氣	火餘氣

五行羅盤

五行羅盤:「五行、天干、地支關係圖」。

地支	子	午	卯	酉
藏天干	癸	丁	乙	辛

地支	寅		申		巳		亥	
藏天干	甲	丙	庚	壬	丙	庚	壬	甲

地支	辰			戌			丑			未		
藏天干	戊	乙	癸	戊	辛	丁	己	癸	辛	己	丁	乙

强弱表

强弱 地支藏天干	
子 -冬季	癸
丑 -冬季	己癸辛
寅 -春季	甲丙
卯 -春季	乙
辰 -春季	戊乙癸
巳 -夏季	丙庚
午 -夏季	丁
未 -夏季	己丁乙
申 -秋季	庚壬
酉 -秋季	辛
戌 -秋季	戊辛丁
亥 -冬季	壬甲

第五章
六　神

六 神

六神：食神、傷官、正財、偏財、正官、七殺、正印、偏印、
比肩、劫財。

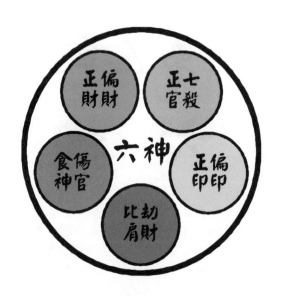

六神的定義

六神，定義以日柱天干五行為「我（日主）」，和其它五行「生我（生）、剋我（剋）、我剋（制）、我生（化）、同我（助）」之關係成「六神」。

我日主，日主元神（元神）：「日元（日主）」。

生我者，生我之神（生神）：「正印、偏印」合稱「印綬」。

我生者，我生之神（化神）：「傷官、食神」合稱「食傷」。

剋我者，剋我之神（剋神）：「正官、七殺」合稱「官殺」。

我剋者，我剋之神（制神）：「正財、偏財」合稱「財祿」。

同我者，同我之神（助神）：「劫財、比肩」合稱「比劫」。

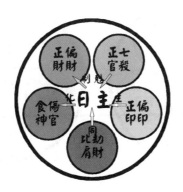

陰陽不同（陽見陰、陰見陽）者：傷官、正財、正官、正印、劫財

陰陽相同（陽見陽、陰見陰）者：食神、偏財、七殺、偏印、比肩

六神的變化

六神相生

比肩生食神　食神生正財　正財生正官　正官生正印　正印生比肩
劫財生傷官　傷官生偏財　偏財生七殺　七殺生偏印　偏印生劫財

六神相剋

比肩剋正財　正財剋正印　正印剋傷官　傷官剋正官　正官剋比肩
劫財剋偏財　偏財剋偏印　偏印剋食神　食神剋七殺　七殺剋劫財

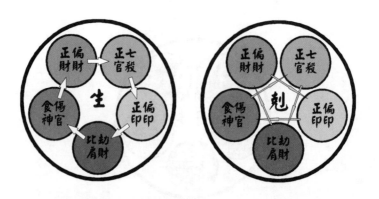

（六神相生分有正生與偏生，正生力強、偏生力弱。）
（六神相剋分有正剋與偏剋，正剋力強、偏剋力弱。）

六神表

六神	生我者：正印、偏印。我生者：傷官、食神。剋我者：正官、七殺。我剋者：正財、偏財。同我者：劫財、比肩。

日主\天干	甲	乙	丙	丁	戊	己	庚	辛	壬	癸
甲-陽木	比肩	劫財	食神	傷官	偏財	正財	七殺	正官	偏印	正印
乙-陰木	劫財	比肩	傷官	食神	正財	偏財	正官	七殺	正印	偏印
丙-陽火	偏印	正印	比肩	劫財	食神	傷官	偏財	正財	七殺	正官
丁-陰火	正印	偏印	劫財	比肩	傷官	食神	正財	偏財	正官	七殺
戊-陽土	七殺	正官	偏印	正印	比肩	劫財	食神	傷官	偏財	正財
己-陰土	正官	七殺	正印	偏印	劫財	比肩	傷官	食神	正財	偏財
庚-陽金	偏財	正財	七殺	正官	偏印	正印	比肩	劫財	食神	傷官
辛-陰金	正財	偏財	正官	七殺	正印	偏印	劫財	比肩	傷官	食神
壬-陽水	食神	傷官	偏財	正財	七殺	正官	偏印	正印	比肩	劫財
癸-陰水	傷官	食神	正財	偏財	正官	七殺	正印	偏印	劫財	比肩

相生 相剋	比肩生食神生正財生正官生正印生比肩　　比肩剋正財剋正印剋傷官剋正官剋比肩
	劫財生傷官生偏財生七殺生偏印生劫財　　劫財剋偏財剋偏印剋食神剋七殺剋劫財

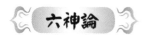

六神論

八字論命，假借「六神」闡釋說明生命在人世間種種「欲求」的面象。六神是八字命理的核心，徹底了解六神實義，方能掌握八字論命。

六神	生命特質	六神	生命特質
食神	才華洋溢	傷官	聰明好學
正財	勤儉務實	偏財	思維靈活
正官	保守包容	七殺	奮鬥毅力
正印	慈悲潔淨	偏印	節儉發明
比肩	交友廣闊	劫財	交際融通

　　六神在「本位年限」與「能量強弱」的不同條件下，六神生命特質會有「正向」與「反向」不同的展現。個人生命的「自由意志」，也可取決六神生命特質「正向」與「反向」的展現。

　　本書《八字基本功》以說明八字基礎為主體，六神內容只簡說最基本淺顯部份，無深入探討說明六神實義。讀者如有需求，可多方參閱古今名師命理著作研究。

食　神

　　我生者，我生之神（化神）：陰陽相同（陽見陽、陰見陰）者「食神」。

　　優雅的貴族，如是「鳳凰」。

　　追求「學問、靈性、享樂」的自在者。

　　食神者，才華洋溢多才多藝，是自發性的智慧。食神的才華，是由內在智慧產生，靈妙性、靈敏度高，能深深感受萬物的美妙，故最能成為天生的學問家，是六神中最喜好追求學問者。

　　食神好享樂，對色聲香味觸法的感受性強，是享樂主義者。不適合當領導者，只喜愛在頂尖位階上享樂悠遊自在。對追求財富、權勢、名位、勞苦的工作不感興趣。

　　食神格局清者，為藝術家、文學家、詩人、科學家、最尖端的學問家等。

　　食神格局濁者，會沉迷於感官之縱慾享受、吃、喝、玩、樂、性愛、色情等。食神常為達到更多強烈刺激享樂而放縱自己，是沉淪的開始。

　　年輕時生命為食神格局者，會在年輕時養成奢靡個性，不知賺錢辛苦與人間疾苦。反之，年老時生命為食神格局者，老來享樂也不會養成奢靡之氣。

傷官

我生者，我生之神（化神）：陰陽不同（陽見陰、陰見陽）者「傷官」。

好高的飛鷹，如是「鑽石」。

追求「尖端、精進、亮麗」的完美者。

傷官者，完美主義者。好高、好挑剔、好改革、好面子，是精進大王。聰明好學記億力強，背誦能力強。屬非自發性的學問家，在背誦、知識領域上能有專精。傷官由知識習得智慧，但因自發性差，故易照章全收。

傷官會很努力經營自己，喜歡保持完美的形象。好高上偉大的境界，永遠要光輝耀眼、虛榮、舶來品、名牌追求者。好虛名、虛利、高下與挑剔，在光鮮的外表，易在過度追求世間外相，如名牌、名利等，引爆出虛榮心。喜歡發光發亮、獻寶，而會走上顯明之路，帶動社會風氣成為大師，但不會將生命浪費在享樂上。傷官永遠挑剔，故易成為改革格，糾正者。也因挑剔心而成為海膽或刺蝟。會因喜好改革而發明，但是「以有生有」，而非「無中生有」。易成為改革家、教育家、醫生。辯才無礙，腦筋很好而看事物很犀利。也會因為看不起他人，而變得傲慢。純傷

官者會非常犀利。喜歡自認為優秀而剃除病態生命。喜歡掌控，傷官的掌控心來自傲慢，所以凡事要自己來，而養成的掌控性。也因掌控心而喜歡站在社會金字塔頂端，以高下心成就生命。傷官的分別心是高下的分別心，喜歡分別貴賤，將自己視為貴族，將他人視為低下的賤民。

年輕時生命為傷官格局者，會在年輕時養成傲慢之氣，好高騖遠而曲高和寡。反之，年老時生命為傷官格局者，即使老年自視傲人，也多為人原諒。

男命傷官者，外相秀氣中有英雄的雄偉。女命傷官者，不甘願當家庭主婦，會很努力地追求學問或專業。若已婚，也會改革世俗男尊女卑的觀念。

正 財

我剋者，我剋之神（制神）：陰陽不同（陽見陰、陰見陽）者「正財」。

勤奮的老牛，如是「麻繩」。

追求「勤奮、穩定、務實」的耕耘者。

正財者，以勤奮工作為幸福的人生，其幸福是「樂在工作」，以工作為生命核心價值的工作狂。口頭語是：「要當牛，不怕沒田可犁。」，是任勞任怨耕田的老牛、誠懇老實的佃農。喜歡流血、流汗耕耘自己的田地，永遠要找一塊「田」來耕。只知工作，不知享樂的實用主義者，不會將錢財耗用於任何不實際的物品，如裝飾品等。行為端正，無大企圖心，不圖上進，對高位階沒興趣，又因膽小、惜命、怕死，不會去搞轟轟烈烈的事，所以沒有生命的風風雨雨，是所有六神格局中最吉祥者。習慣一成不變，希望日子永遠一樣一成不變，生活方式改變會覺得痛苦。生命韌力強，應對天災人禍的韌性強。雖然膽小惜命，但有堅強的生命韌力，擦乾眼淚重新再來，在生命苦難淬練中習得智慧。

正財個性較鈍感平實，不奢侈、不挑剔、不強詞奪理，是女性眼裡的安全男人，也是男性喜歡的賢妻良母家庭主婦，所以異

性緣好。正財因有錢賺的工作就會去做，所以有財緣。

年輕時生命為正財格局者，會養成個性儉樸的務實人格，但年老時生命為正財格局者，反而多操勞。

正財格局清者，會成為正直腳踏實地，以工作為樂的工作者。

正財格局濁者，終生吝嗇勞苦，成為省吃儉用到極點的守財奴。

偏 財

我剋者，我剋之神（制神）：陰陽相同（陽見陽、陰見陰）「偏財」。

靈活的商人，如是「狐」。

追求「靈活、高利、投機」的經營者。

偏財者，以追求錢財為生命主軸，思維靈活、善鑽營、好投機、膽量大，追求以輕鬆、快速的方式得到錢財及異性。

偏財長袖善舞、交際廣泛、廣結人緣不會得罪人。千金散盡還復來，重視人脈甚於金錢，視每人為棋子，一切皆為我所用。投機主義，揮金如土，買通一切，為送禮大王。喜歡在人治（講情、理、法），而非法治（講法、理、情）的國家鑽營，無國界觀念，哪裡有錢那裡鑽，會為尋求高獲利而挺而走險，遊走法律邊緣。打通關結是其拿手絕活，愈是因政治、戰爭、經濟之不安定，路徑被阻斷時，愈是其最能發揮處。會以其擅長的賄賂、買通等手法打通關結，謀取暴利。

正官

剋我者，剋我之神（剋神）：陰陽不同（陽見陰、陰見陽）者「正官」。

悠閒的野鶴，如是「浮雲」。

追求「懶散、無責」的悠遊者。

正官者，天性悠閒自在、懶散樂天、包容心強、計較心低、思想單純、行事光明、喜照顧人，不強求名利，不喜歡與人競爭或拼鬥，競爭力不強。因包容而分別性低，對事物的成敗得失、世間的貧富、尊卑、淨垢等的分別性最低。包容性過強時，易成為藏污納垢的垃圾王。凡事不計較，也不進取，慵懶懶的。要有貧窮力逼迫，才不會懶散，有精進心。

正官喜歡與他人分享自己的技術、能力。喜歡學習新事物或技術，但不喜歡做辛勞的家事。最好無事一身輕，閒閒散散的日子最幸福。

七 殺

剋我者，剋我之神（剋神）：陰陽相同（陽見陽、陰見陰）者「七殺」。

戰鬥的獅子，如是「鋼刀」。

追求「強大、奮鬥、英雄」的戰鬥者。

七殺者，英雄主義者。好強、多變、毅力強、不重外表、重陰謀、好鬥、好酒色。七殺對任何事的出發點，皆由恐懼心而來。因恐懼而先下手為強，形成好鬥特質。因恐懼而強烈地想掌控權力、財富、名位等。

七殺是英雄主義者，會積極向上，而不甘於當平民百姓，也因永遠要最高、最顯明、最光鮮亮麗處，而易成為社會帝王。好論斷，分別心最強，喜歡先論再斷，分別好壞或黑白，故黑白分明。若是敵人會先消滅之。掌控性強，因害怕他人贏過自己，要掌控所有人，不容許他人得到權位。因不信任他人而製造敵人，再來消滅他所製造的敵人，永遠樂在鬥爭中。

男命七殺清者，多為清秀的白面書生，外相文質彬彬，能力蜂芒畢露。

女命七殺清者，以愛情為生命主軸，喜好當家庭主婦，有尊貴相。若無丈夫或子女，才會以事業為重。

正印

生我者，生我之神（生神）：陰陽不同（陽見陰、陰見陽）者「正印」。

慈悲的小護士，如是「菊花」。

追求「慈愛、依賴、潔淨」的善心者。

正印者，喜要慈愛照顧他人，也喜要依賴他人的慈愛照顧，以照顧他人及受他人照顧為樂。端正規矩帶潔癖，喜好在規矩的日子中生活。

正印看天下人都是好人。喜歡照顧他人，也喜歡被人照顧。但只喜歡照顧自己之所好，所以格局不大，又稱「小護士」有限範圍內的慈愛照顧護士。

偏 印

生我者,生我之神(生神):陰陽相同(陽見陽、陰見陰)者「偏印」。

傷腦筋的發明家,如是「貓頭鷹」。

追求「受人照顧、依賴、創作發明」的勞心者。

偏印者,依賴且只喜好受他人照顧,好依附強而有力的長者。好動腦筋、頭腦靈活、喜發明創造、不按牌理出牌,又稱「傷腦筋」。

偏印雖好動腦,但不喜歡太過勞力操勞之事。因好動腦而有各種發明,為發明大王。生活刻苦節儉,即使有錢也無福享受。

比 肩

同我者，同我之神（助神）：陰陽相同（陽見陽、陰見陰）者「比肩」。

交友廣闊，如是「麥芽糖」。

追求「獨立、自主、結黨」的自我者。

比肩者，交友廣闊。同性關係，男為兄弟，女為姊妹，或同性朋友關係。

比肩獨立、自主、好勝心強。好結交朋友，喜成群結黨，對朋友之情更勝於家庭親情。比肩多者，與家庭關係會較疏離。

比肩的朋友關係，呈現有來有往，共同創造利益，共同分享利益。

劫 財

同我者，同我之神（助神）：陰陽不同（陽見陰、陰見陽）者「劫財」。

交際融通，如是「禿鷹」。

追求「表現、自我、掠奪」的交際者。

劫財者，交際融通。異性關係，男為姊妹，女為兄弟，或異性朋友關係。

劫財表現慾重、自主、掠奪心強。好結交朋友，喜成群結黨，對朋友之情更勝於家庭親情。劫財多者，與家庭關係會較疏離。

劫財的朋友關係，呈現有來無往，不共同創造利益，獨享所有利益。劫財所劫走的有形錢財，皆是單向掠奪有如強盜。

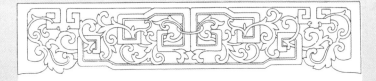

第二篇

八字命盤

八字命盤

　　八字命盤篇，講述如何排定「命局」之「本命、大運、流年」。八字命盤是八字論命的依據，有了正確的八字命盤，方能正確的八字論命。

　　八字命盤篇，共有「命盤、時間、定盤」三章。

　　第一章　命盤：八字命盤。

　　第二章　時間：正確的「生辰時間」推算法。

　　第三章　定盤：八字定盤、本命、大運、流年。

八字論命流程

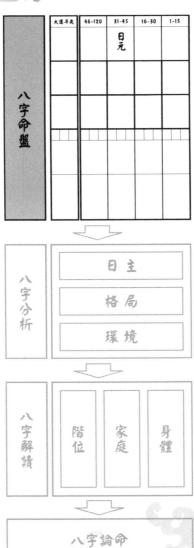

八字命盤

排定「命局」之「本命、大運、流年」。

46-120	31-45	16-30	1-15
	日元		

貴 乾坤
進
國農
曆曆

小姐
先生

現居地：
出生地：

年　月　日　時生

大運

- 110 -

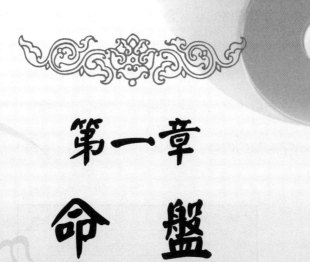

第一章

命　盤

八字命盤

　　八字命盤的格式非常簡單。八字命盤的繪製，重點在其「正確、簡明、易讀」的內容資訊，而不在於其格式的型式。您可以參考本書的八字命盤，也可以發揮自己的創意，繪製一張自己專屬的八字命盤，甚至只是一張隨意大小空白的紙張也行。

　　八字命盤的內容，主要具有「基本資料、本命、大運」三組資訊。

基本資料	姓　　　名
	性　　　別
	出生時間
	出　生　地
	現　居　地
本命	年　干　支
	月　干　支
	日　干　支
	時　干　支
大運	大運干支
	行運年歲

八字命盤　（見下頁）

46-120	31-45	16-30	1-15
	日元		

坤 貴
乾 造

農曆 國曆

先生 小姐

現居地： 出生地：

年

月

日

時生

大運

命盤說明

	46-120	31-45	16-30	(1)
	日元 (二)			(2)
				(3)
				(4)
				(5)
				(6)
				(7)

(8)

（一）
貴 (2) 乾坤造 (3) 國曆 農曆　先生 小姐 (1)
現居地：
出生地：
(4) (5)
年 月 日 時生

（三）大運

							(1)
							(2)
							(3)
							(4)
							(5)
							(6)
							(7)

一、基本資料

（1）姓　　　名：命主姓名。

（2）性　　　別：男乾、女坤。

（3）出生時間：年、月、日、時。

（4）出 生 地：用來校對出生時間。

（5）現 居 地：用來調候命局五行。

二、本命

（1）本位年限：每一柱所影響的年歲。

（2）天干六神：四柱之天干六神。

（3）本命天干：四柱之天干。

（4）本命地支：四柱之地支。

（5）地支藏干：四柱地支所藏之天干。

（6）地支六神：四柱之地支六神。

（7）年限紀要：四柱「生命特點」記錄。

（8）命局批明：命局批文說明。

三、大運

（1）行運年歲：大運所影響的年歲。

（2）天干六神：大運之天干六神。

（3）大運天干：大運之天干。

（4）大運地支：大運之地支。

（5）地支藏干：大運地支所藏之天干。

（6）地支六神：大運之地支六神。

（7）大運紀要：大運「生命特點」記錄與大運批文說明。

第二章

時　間

正確的「生辰時間」推算法

時間就是力量。人出生時，出生地的「真太陽時」（日晷時）時間，是命理學上論命最重要的一個依據。但出生地的「真太陽時」時間，並非是我們一般日常生活上所使用的當地標準時區時間的「平均太陽時」（鐘錶時），而是使用「視太陽黃經時」。「視太陽黃經時」就是「日晷時」，太陽所在位置的真正時刻，也就是依地球繞行太陽軌道而定的自然時間。這個「真太陽時」才是命理學上論命所使用的「生辰時間」。

已知「生辰時間」的條件：

一、出生時間（年、月、日、時－出生地標準時區的時間）

二、出生地（出生地的經緯度）例如：

台北市（東經 121 度 31 分）（北緯 25 度 2 分）

台中市（東經 120 度 44 分）（北緯 24 度 8 分）

高雄市（東經 120 度 16 分）（北緯 22 度 34 分）

※ 經度與時間有關（時區經度時差）。

※ 緯度與寒熱有關（赤道熱兩極寒）。

修正「生辰時間」的方法

「生辰真太陽時」＝（1）減（2）加減（3）加減（4）

　　（1）出生地的「標準時」

　　（2）日光節約時

　　（3）時區時差

　　（4）真太陽時均時差

※「生辰時間」在「節氣前後」和「時辰頭尾」者，請特別留心參酌修正。

（1）出生地的「標準時」

依出生地的標準時刻為「標準時」。

如在臺灣出生者，以「中原標準時間」為準。官方標準時間的取得，可使用室內電話提供的「117 報時台」服務同步對時。

（2）日光節約時

日光節約時（Daylight Saving Time），也叫夏令時（Summer Time）。其辦法將地方標準時撥快一小時，分秒不變，恢復時再撥慢一小時。日光節約時每年實施起迄日期及名稱，均由各國政府公布施行。凡在「日光節約時」時間出生者，須將「生辰時間」減一小時。

我國實施「日光節約時」歷年起迄日期		
年　代	名　稱	起迄日期
民國 34～40 年	夏令時	5 月 1 日～9 月 30 日
民國 41 年	日光節約時	3 月 1 日～10 月 31 日
民國 42～43 年	日光節約時	4 月 1 日～10 月 31 日
民國 44～45 年	日光節約時	4 月 1 日～9 月 30 日
民國 46～48 年	夏令時	4 月 1 日～9 月 30 日
民國 49～50 年	夏令時	6 月 1 日～9 月 30 日
民國 51～62 年		停止夏令時
民國 63～64 年	日光節約時	4 月 1 日～9 月 30 日
民國 65～67 年		停止日光節約時
民國 68 年	日光節約時	7 月 1 日～9 月 30 日
民國 69～迄今		停止日光節約時

（3）時區時差

全球劃分了二十四個標準時區，一個時區時差一個小時。

地球自轉一周需時二十四小時（平均太陽時），因為世界各地的時間晝夜不一樣，為了世界各地有一個統一的全球時間，在西元 1884 年全球劃分了二十四個標準時區，各區實行分區計時，一個時區時差一個小時，這種時間稱為「世界標準時」，世界標準時所形成的時差稱為「時區時差」。

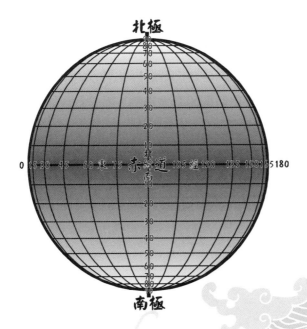

時區

　　時區劃分的方式是以通過英國倫敦格林威治天文台的經線訂為零度經線，把西經 7.5 度到東經 7.5 度定為世界時零時區（又稱為中區）。由零時區分別向東與向西每隔 15 度劃為一時區，每一標準時區所包含的範圍是中央經線向東西各算 7.5 度，東西各有十二個時區。東十二時區與西十二時區重合，此區有一條國際換日線，作為國際日期變換的基準線，全球合計共有二十四個標準時區。

　　一個時區時差一個小時，同一時區內使用同一時刻，每向東過一時區則鐘錶撥快一小時，向西則撥慢一小時，所以說標準時區的時間不是自然的時間（真太陽時）而是行政的時間。

　　雖然時區界線按照經度劃分，但各國領土大小的範圍不一定全在同一時區內，為了行政統一方便，在實務上各國都會自行加以調整，取其行政區界線或自然界線來劃分時區。

我國疆土幅員廣闊，西起東經 71 度，東至東經 135 度 4 分，所跨經度達 64 度 4 分，全國共分為五個時區（自西往東）：

一、崑崙時區：以東經 82 度 30 分之時間為標準時。

二、新藏時區：以東經 90 度之時間為標準時。

三、隴蜀時區：以東經 105 度之時間為標準時。

四、中原時區：以東經 120 度之時間為標準時。

五、長白時區：以東經 127 度 30 分之時間為標準時。

但現為行政統一因素，規定全國皆採行「中原時區東經 120 度平太陽時」的標準時為全國行政標準時。中原時區東經 120 度（東八時區）包含東經 112.5 度到東經 127.5 度共 15 度的範圍，亦即以地球經線起點格林威治平太陽時的「世界時」加上 8 小時為準。所以我們稱呼現行的行政時間為「中原標準時間」。

世界各國時區表	
東 12	紐西蘭、堪察加半島
東 11	庫頁島、千島群
東 10	關島、澳洲東部（雪梨、坎培拉、墨爾本）
東 9	日本、琉球、韓國、澳洲中部
東 8	中華民國、臺灣、中國大陸、香港、菲律賓、新加坡、馬來西亞、西里伯、婆羅洲、澳洲西部
東 7	柬埔寨、寮國、泰國、越南、印尼（蘇門答臘、爪哇）
東 6	緬甸、孟加拉
東 5	印度、巴基斯坦、錫蘭
東 4	阿富汗
東 3	伊朗、伊拉克、肯亞、科威特、沙烏地阿拉伯、馬拉加西、衣索匹亞、約旦、蘇丹
東 2	保加利亞、希臘、埃及、利比亞、南非共和國、芬蘭、以色列、黎巴嫩、敘利亞、土耳其、羅馬尼亞
東 1	奧地利、比利時、匈牙利、盧森堡、西班牙、瑞典、瑞士、突尼西亞、捷克、法國、德國、荷蘭、意大利、挪威、丹麥、波蘭、南斯拉夫、阿爾巴尼亞

世 界 各 國 時 區 表	
中區	英國、多哥共和國、冰島、象牙海岸、賴比瑞亞、摩洛哥、愛爾蘭、葡萄牙
西 1	亞速群島（葡）
西 2	綠角群島（葡）
西 3	阿根廷、烏拉圭、圭亞那（法）、格陵蘭西海岸
西 4	玻利維亞、智利、巴拉圭、波多黎各、委內瑞拉、福克蘭群島（英）、百慕達
西 5	美國東部、古巴、厄瓜多爾、牙買加、巴拿馬、秘魯、加拿大東部、多明尼加、巴西西部
西 6	美國中部、哥斯達黎加、宏都拉斯、墨西哥、薩爾瓦多
西 7	美國山地區、加拿大（亞伯達）
西 8	美國太平洋區、加拿大（溫哥華）
西 9	阿拉斯加
西 10	夏威夷、馬貴斯群島、阿留申群島
西 11	中途島
西 12	紐西蘭、堪察加半島

修正「時區時差」

　　一個時區範圍共 15 經度，時差一個小時。因一經度等於六十經分，所以換算得時差計算式為「每一經度時差 4 分鐘、每一經分時差 4 秒鐘、東加西減」。出生者的「生辰時間」應根據其出生地的「標準時」加減其出生地的「時區時差」。

臺灣主要城市時區時刻相差表 東經一百二十度標準時區（東八時區） （每一經度時差 4 分鐘、每一經分時差 4 秒鐘、東加西減）					
地名	東經度	加減時間	地名	東經度	加減時間
基隆	121 度 46 分	+7 分 04 秒	嘉義	120 度 27 分	+1 分 48 秒
台北	121 度 31 分	+6 分 04 秒	台南	120 度 13 分	+0 分 52 秒
桃園	121 度 18 分	+5 分 12 秒	高雄	120 度 16 分	+1 分 04 秒
新竹	121 度 01 分	+4 分 04 秒	屏東	120 度 30 分	+2 分 00 秒
苗栗	120 度 49 分	+3 分 16 秒	宜蘭	121 度 45 分	+7 分 00 秒
台中	120 度 44 分	+2 分 56 秒	花蓮	121 度 37 分	+6 分 28 秒
彰化	120 度 32 分	+2 分 08 秒	台東	121 度 09 分	+4 分 36 秒
南投	120 度 41 分	+2 分 44 秒	澎湖	120 度 27 分	+1 分 48 秒
雲林	120 度 32 分	+2 分 08 秒	金門	118 度 24 分	-6 分 24 秒

臺灣極東為東經 123 度 34 分（宜蘭縣赤尾嶼東端）
臺灣極西為東經 119 度 18 分（澎湖縣望安鄉花嶼西端）

大陸主要城市時區時刻相差表

東經一百二十度標準時區（東八時區）

（每一經度時差 4 分鐘、每一經分時差 4 秒鐘、東加西減）

地名	東經度	加減時間	地名	東經度	加減時間
哈爾濱	126 度 38 分	+26 分 32 秒	南昌	115 度 53 分	-16 分 28 秒
吉林	126 度 36 分	+26 分 24 秒	保定	115 度 28 分	-18 分 08 秒
長春	125 度 18 分	+21 分 12 秒	贛州	114 度 56 分	-20 分 16 秒
瀋陽	123 度 23 分	+13 分 32 秒	張家口	114 度 55 分	-20 分 20 秒
錦州	123 度 09 分	+12 分 36 秒	石家莊	114 度 26 分	-22 分 16 秒
鞍山	123 度 00 分	+12 分 00 秒	開封	114 度 23 分	-22 分 28 秒
大連	121 度 38 分	+6 分 32 秒	武漢	114 度 20 分	-22 分 40 秒
寧波	121 度 34 分	+6 分 16 秒	香港	114 度 10 分	-23 分 20 秒
上海	121 度 26 分	+5 分 44 秒	許昌	113 度 48 分	-24 分 48 秒
紹興	120 度 40 分	+2 分 40 秒	深圳	113 度 33 分	-25 分 48 秒
蘇州	120 度 39 分	+2 分 36 秒	廣州	113 度 18 分	-26 分 48 秒
青島	120 度 19 分	+1 分 16 秒	珠海	113 度 18 分	-26 分 48 秒
無錫	120 度 18 分	+1 分 12 秒	澳門	113 度 18 分	-26 分 48 秒
杭州	120 度 10 分	+0 分 40 秒	大同	113 度 13 分	-27 分 08 秒
福州	119 度 19 分	-2 分 44 秒	長沙	112 度 55 分	-28 分 20 秒
南京	118 度 46 分	-4 分 56 秒	太原	112 度 33 分	-29 分 48 秒
泉州	118 度 37 分	-5 分 32 秒	洛陽	112 度 26 分	-30 分 16 秒
唐山	118 度 09 分	-7 分 24 秒	桂林	110 度 10 分	-39 分 20 秒
廈門	118 度 04 分	-7 分 44 秒	延安	109 度 26 分	-42 分 16 秒

承德	117 度 52 分	-8 分 32 秒	西安	108 度 55 分	-44 分 20 秒
合肥	117 度 16 分	-10 分 56 秒	貴陽	106 度 43 分	-53 分 08 秒
天津	117 度 10 分	-11 分 20 秒	重慶	106 度 33 分	-53 分 48 秒
濟南	117 度 02 分	-11 分 52 秒	蘭州	103 度 50 分	-64 分 40 秒
汕頭	116 度 40 分	-13 分 20 秒	昆明	102 度 42 分	-69 分 12 秒
北京	116 度 28 分	-14 分 08 秒	成都	101 度 04 分	-75 分 44 秒

　　「臺灣、大陸主要城市時區時刻相差表」表列時間僅供參考，正確加減時間，需以出生地之「經度」計算。未列出的地名，可依據「世界地圖」或「地球儀」的經度自行計算。

（4）真太陽時均時差

「真太陽時」，就是「日晷時」，太陽所在位置的真正時刻。「真太陽時」正午時刻的定義，為太陽直射點正落在所在「經線」上。如在東經一百二十度，真太陽時正午十二時，就是太陽直射點正落在東經一百二十度的經線上，此時的「太陽視位置」仰角高度是一日中的最大值。也就是說，太陽直射點所落在的經線，該經線上的在地時間就是「真太陽時」正午時刻。

「真太陽時」是依地球繞行太陽軌道而定的自然時間，由於地球環繞太陽公轉的軌道是橢圓形，且地球自轉軸相對於太陽公轉軌道平面有 23.45 度的交角，所以地球在軌道上運行的速率並不是等速進行。地球軌道的傾角與離心率會造成不規則運動，以致每日的時間均不相等。地球每日實際的時間長短不一定，有時一日多於 24 小時，有時一日少於 24 小時。

我們日常所用的 24 小時是「平均太陽時」，和真正的太陽時間有所差異。如在東經一百二十度，真太陽時正午十二時，太陽一定在中天，但平均太陽時的時間可能就不是正午十二時，兩者會有略微的時間差異，這個「真太陽時」（日晷時）與「平均太陽時」（鐘錶時）的時間差異值我們稱為「均時差」。

太陽視位置

太陽視位置，指從地面上看到的太陽的位置，為太陽的仰角高度。

太陽視位置的仰角高度，與我們觀察太陽時所在的緯度有關，和經度無關。

太陽正午時刻的時間點，與我們觀察太陽時所在的經度有關，和緯度無關。

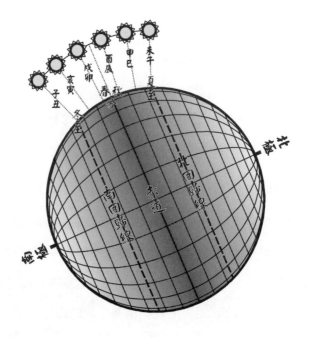

修正「真太陽時均時差」

均時差＝真太陽時－平均太陽時

均時差為真太陽時（日晷時）與平均太陽時（鐘錶時）的時間差異值。真太陽時均時差的正確時間，需經過精算，每年時間皆略有不同，但變化極小（均時差的變化每 24.23 年會移動一天至對應位置）。為了方便查詢使用，編者製作了均時差圖表一張，應用本圖表可快速查得出生日大約的均時差時間。

本表係「太陽過東經一百二十度子午圈之日中平時（正午十二時）均時差」，橫向是日期軸，直向是時間軸。使用者只需以出生者的出生日期為基準點，向上對應到表中的曲線，再由所得的曲線點為基準點，向左應對到時間軸，就可查得出生日期的「均時差」（如二月一日查表得值約為 -13 分）。最後再將出生者的「出生時間」加減「均時差」值，就可得出出生者在其出生地的「真正出生時間」。

「均時差」一年之中時差最多的是二月中需減到 14 分之多，時差最少的是十一月初需加到 16 分之多，真正平一天 24 小時的天數約只有 4 天。

均時差圖表

太陽過東經一百二十度子午圈之日中平時（正午十二時）均時差

本圖表依據 西元2000年 均時差數值製作

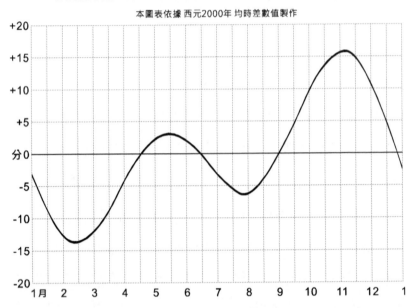

第三章

定盤

八字定盤

　　八字論命以八字命盤為基礎，八字命盤主體為命主的「本命與大運」干支組合。借助完善的「八字命盤」格式，可快速、正確的排出命主命局。

46-120	31-45	16-30	1-15
		日元	

貴 乾坤造 圓曆 農曆　年　月　日　時生

先生 小姐

現居地：
出生地：

大運

生命原點

出生那一刻，即生命座標「時間、空間、人」的交會點，解讀這個「生命原點」，可見一生縮影。

八字命理定義「出生時間」為「生命原點」，由「生命原點」二十四節氣循環「歸零」等於「人一生縮影」。「出生時間」為八字命局的「本命」，「節氣時間」為八字命局的「大運」。人生命的天年為「120年」，故「萬年曆」上一個時間單位的「時間倍數」為真實生命中的「120倍」。

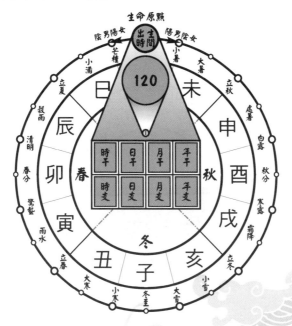

八字論命時間定義

年：以「立春」為歲始。　月：以「節氣」為月建。

日：以「正子」為日始。　時：以「時辰」為單位。

六十甲子表

甲子	乙丑	丙寅	丁卯	戊辰	己巳	庚午	辛未	壬申	癸酉
甲戌	乙亥	丙子	丁丑	戊寅	己卯	庚辰	辛巳	壬午	癸未
甲申	乙酉	丙戌	丁亥	戊子	己丑	庚寅	辛卯	壬辰	癸巳
甲午	乙未	丙申	丁酉	戊戌	己亥	庚子	辛丑	壬寅	癸卯
甲辰	乙巳	丙午	丁未	戊申	己酉	庚戌	辛亥	壬子	癸丑
甲寅	乙卯	丙辰	丁巳	戊午	己未	庚申	辛酉	壬戌	癸亥

五虎遁年起月表

月令	正月	二月	三月	四月	五月	六月	七月	八月	九月	十月	十一月	十二月
節氣	立春	驚蟄	清明	立夏	芒種	小暑	立秋	白露	寒露	立冬	大雪	小寒
中氣	雨水	春分	穀雨	小滿	夏至	大暑	處暑	秋分	霜降	小雪	冬至	大寒
月支\年干	寅	卯	辰	巳	午	未	申	酉	戌	亥	子	丑
甲己	丙寅	丁卯	戊辰	己巳	庚午	辛未	壬申	癸酉	甲戌	乙亥	丙子	丁丑
乙庚	戊寅	己卯	庚辰	辛巳	壬午	癸未	甲申	乙酉	丙戌	丁亥	戊子	己丑
丙辛	庚寅	辛卯	壬辰	癸巳	甲午	乙未	丙申	丁酉	戊戌	己亥	庚子	辛丑
丁壬	壬寅	癸卯	甲辰	乙巳	丙午	丁未	戊申	己酉	庚戌	辛亥	壬子	癸丑
戊癸	甲寅	乙卯	丙辰	丁巳	戊午	己未	庚申	辛酉	壬戌	癸亥	甲子	乙丑

日	查 萬年曆

五鼠遁日起時表

太陽時	23-1	1-3	3-5	5-7	7-9	9-11	11-13	13-15	15-17	17-19	19-21	21-23
時支\日干	子	丑	寅	卯	辰	巳	午	未	申	酉	戌	亥
甲己	甲子	乙丑	丙寅	丁卯	戊辰	己巳	庚午	辛未	壬申	癸酉	甲戌	乙亥
乙庚	丙子	丁丑	戊寅	己卯	庚辰	辛巳	壬午	癸未	甲申	乙酉	丙戌	丁亥
丙辛	戊子	己丑	庚寅	辛卯	壬辰	癸巳	甲午	乙未	丙申	丁酉	戊戌	己亥
丁壬	庚子	辛丑	壬寅	癸卯	甲辰	乙巳	丙午	丁未	戊申	己酉	庚戌	辛亥
戊癸	壬子	癸丑	甲寅	乙卯	丙辰	丁巳	戊午	己未	庚申	辛酉	壬戌	癸亥

大運	大運干支：從「月柱」干支起算，陽男陰女順排六十甲子，陰男陽女逆排六十甲子。 行運歲數換算：三天為一年、一天為四月、一時辰為十日。行運歲時間倍數：120

本 命

　　本命為生命的基本盤。根據命主的出生「年、月、日」時間，
論命者可直接查詢「萬年曆」取得「年干支、月干支、日干支」，
再根據命主的出生「時支」查詢「五鼠遁日起時表」取得「時干」，
就可準確的排出命主的本命「四柱八字」干支。

46-120	31-45	16-30	1-15
	日元		
時干	日干	月干	年干
時支	日支	月支	年支

年干支

「立春」為論命年柱之換算點（立春換年柱）。傳統生活上我們皆以農曆正月初一為新的一年開始，但八字論命不以正月初一為新的一年，而是以「立春」作為新的一年之換算點。

查「萬年曆」，可直接得知出生年份的「年柱干支」。或用「六十甲子表」計算出「年柱干支」。

生辰時間在「立春前後」者，請特別留心「年柱干支」。

六十甲子表	甲子	乙丑	丙寅	丁卯	戊辰	己巳	庚午	辛未	壬申	癸酉
	甲戌	乙亥	丙子	丁丑	戊寅	己卯	庚辰	辛巳	壬午	癸未
	甲申	乙酉	丙戌	丁亥	戊子	己丑	庚寅	辛卯	壬辰	癸巳
	甲午	乙未	丙申	丁酉	戊戌	己亥	庚子	辛丑	壬寅	癸卯
	甲辰	乙巳	丙午	丁未	戊申	己酉	庚戌	辛亥	壬子	癸丑
	甲寅	乙卯	丙辰	丁巳	戊午	己未	庚申	辛酉	壬戌	癸亥

月干支

「節氣」為論命月柱之換算點（交節換月柱）。傳統生活上我們皆以農曆初一為月首，但八字論命不以初一為月首，而是以「節氣」為月令依據。如節氣到了「清明」才算辰月（三月），不論日曆上是幾月初幾。月支十二個月，配屬十二個地支，以立春「寅」月為「正月」。

查「萬年曆」，可直接得知出生月份的「月柱干支」。或先確定出生時間「月柱地支」，再用「五虎遁年起月表」求出「月柱天干」。

生辰時間在「節氣前後」者，請特別留心「月柱干支」。

月令	正月	二月	三月	四月	五月	六月	七月	八月	九月	十月	十一月	十二月
節氣	立春	驚蟄	清明	立夏	芒種	小暑	立秋	白露	寒露	立冬	大雪	小寒
中氣	雨水	春分	穀雨	小滿	夏至	大暑	處暑	秋分	霜降	小雪	冬至	大寒
月支 年干	寅	卯	辰	巳	午	未	申	酉	戌	亥	子	丑
甲己	丙寅	丁卯	戊辰	己巳	庚午	辛未	壬申	癸酉	甲戌	乙亥	丙子	丁丑
乙庚	戊寅	己卯	庚辰	辛巳	壬午	癸未	甲申	乙酉	丙戌	丁亥	戊子	己丑
丙辛	庚寅	辛卯	壬辰	癸巳	甲午	乙未	丙申	丁酉	戊戌	己亥	庚子	辛丑
丁壬	壬寅	癸卯	甲辰	乙巳	丙午	丁未	戊申	己酉	庚戌	辛亥	壬子	癸丑
戊癸	甲寅	乙卯	丙辰	丁巳	戊午	己未	庚申	辛酉	壬戌	癸亥	甲子	乙丑

（表左側直書：五虎遁年起月表）

日干支

干支紀日，六十甲子循環不息，迄今已有五千年之久。日柱的天干地支，可由「萬年曆」直接查知。

查「萬年曆」，可直接得知出生日的「日柱干支」。

生辰時間在「節氣前後」者，請特別留心「日柱干支」。

六十甲子表									
	甲子	乙丑	丙寅	丁卯	戊辰	己巳	庚午	辛未	壬申	癸酉
	甲戌	乙亥	丙子	丁丑	戊寅	己卯	庚辰	辛巳	壬午	癸未
	甲申	乙酉	丙戌	丁亥	戊子	己丑	庚寅	辛卯	壬辰	癸巳
	甲午	乙未	丙申	丁酉	戊戌	己亥	庚子	辛丑	壬寅	癸卯
	甲辰	乙巳	丙午	丁未	戊申	己酉	庚戌	辛亥	壬子	癸丑
	甲寅	乙卯	丙辰	丁巳	戊午	己未	庚申	辛酉	壬戌	癸亥

時干支

　　時柱的時間，以「時辰」為單位。「零時」（正子時－太陽下中天）為論命日柱之換算點（零時換日柱）。零時之前的子時（23～0），為當日的「夜子時」。零時之後的子時（0～1），為新日的「早子時」。

　　先確定出生時辰「時柱地支」，再用「五鼠遁日起時表」求出「時柱天干」。

　　生辰時間在「零時前後」者，請特別留心「日柱干支」。

　　生辰時間在「時辰頭尾」者，請特別留心「時柱干支」。

五鼠遁日起時表	太陽時	23-1	1-3	3-5	5-7	7-9	9-11	11-13	13-15	15-17	17-19	19-21	21-23
	時支 日干	子	丑	寅	卯	辰	巳	午	未	申	酉	戌	亥
	甲己	甲子	乙丑	丙寅	丁卯	戊辰	己巳	庚午	辛未	壬申	癸酉	甲戌	乙亥
	乙庚	丙子	丁丑	戊寅	己卯	庚辰	辛巳	壬午	癸未	甲申	乙酉	丙戌	丁亥
	丙辛	戊子	己丑	庚寅	辛卯	壬辰	癸巳	甲午	乙未	丙申	丁酉	戊戌	己亥
	丁壬	庚子	辛丑	壬寅	癸卯	甲辰	乙巳	丙午	丁未	戊申	己酉	庚戌	辛亥
	戊癸	壬子	癸丑	甲寅	乙卯	丙辰	丁巳	戊午	己未	庚申	辛酉	壬戌	癸亥

多胞胎的生辰時間

多胞胎生辰時間的定盤原則:

(1) 第一個與一般生辰時間相同定義法。

(2) 第二個如與第一個「不同」出生時辰,按其生辰時間。

(3) 第二個如與第一個「相同」出生時辰,按其生辰時間
　　再加一個時辰。

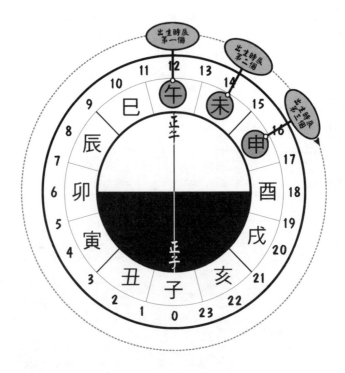

南半球出生者的八字

南半球出生者八字的定盤原則：

（1）年柱：南半球與北半球「相同」。

（2）月柱：南半球與北半球「相反」。（四季寒熱「節氣時間」相反）

（3）日柱：南半球與北半球「相同」。

（4）時柱：南半球與北半球「相同」。（出生地的「真太陽時」時間）

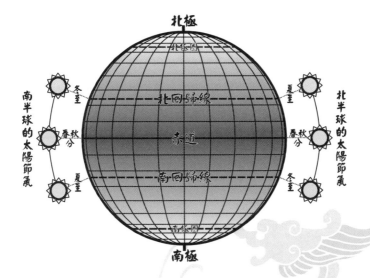

北半球與南半球節氣表

太陽視黃經度	節氣	315度	345度	15度	45度	75度	105度	135度	165度	195度	225度	255度	285度
	中氣	330度	0度	30度	60度	90度	120度	150度	180度	210度	240度	270度	300度

北半球	節氣	立春	驚蟄	清明	立夏	芒種	小暑	立秋	白露	寒露	立冬	大雪	小寒
	中氣	雨水	春分	穀雨	小滿	夏至	大暑	處暑	秋分	霜降	小雪	冬至	大寒
	地支	寅	卯	辰	巳	午	未	申	酉	戌	亥	子	丑

南半球	節氣	立秋	白露	寒露	立冬	大雪	小寒	立春	驚蟄	清明	立夏	芒種	小暑
	中氣	處暑	秋分	霜降	小雪	冬至	大寒	雨水	春分	穀雨	小滿	夏至	大暑
	地支	申	酉	戌	亥	子	丑	寅	卯	辰	巳	午	未

大 運

　　大運為生命的排程。每一人的「生命排程」皆不相同，在不同排程下，生命有著種種變化的展現體驗。

大運年歲	大運年歲	大運年歲	大運年歲	大運年歲	大運年歲	大運年歲	大運年歲
干	干	干	干	干	干	干	干
支	支	支	支	支	支	支	支

六十甲子表									
	甲子	乙丑	丙寅	丁卯	戊辰	己巳	庚午	辛未	壬申	癸酉
	甲戌	乙亥	丙子	丁丑	戊寅	己卯	庚辰	辛巳	壬午	癸未
	甲申	乙酉	丙戌	丁亥	戊子	己丑	庚寅	辛卯	壬辰	癸巳
	甲午	乙未	丙申	丁酉	戊戌	己亥	庚子	辛丑	壬寅	癸卯
	甲辰	乙巳	丙午	丁未	戊申	己酉	庚戌	辛亥	壬子	癸丑
	甲寅	乙卯	丙辰	丁巳	戊午	己未	庚申	辛酉	壬戌	癸亥

排列大運

大運干支排列從「月柱」干支起算：

陽男、陰女「順排」六十甲子。

陽男：年柱天干為「甲、丙、戊、庚、壬」出生年的男命。

陰女：年柱天干為「乙、丁、己、辛、癸」出生年的女命。

陰男、陽女「逆排」六十甲子。

陰男：年柱天干為「乙、丁、己、辛、癸」出生年的男命。

陽女：年柱天干為「甲、丙、戊、庚、壬」出生年的女命。

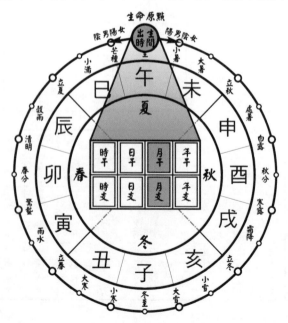

　　八字命盤第一組大運為「出生月干支」，也就是「出生時間」的「節氣干支」。

　　因為「出生大運」與「月柱干支」相同，八字命盤上皆從第二組大運開始排列。

　　第一組大運在分析命主幼年命局時相當重要。

行運年歲

大運行運歲數由「出生時間」起算：

陽男陰女「順數」至「節氣日」。

陰男陽女「逆數」至「節氣日」。

計算「出生時間」至第一個「節氣日」共有幾天幾時辰，將所得「天數與時辰乘上 120」可換算得大運行運歲數。簡易大運行運歲數換算為「三天為一年、一天為四月、一時辰為十日」。

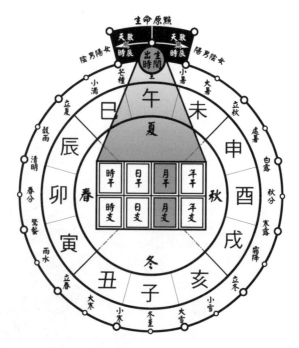

　　每組大運行運時間皆不相同，大運行運實際時間需計算每一「節氣日」至下一「節氣日」的節氣時間天數與時辰，將所得「天數與時辰乘上120」可換算得大運行運時間。

　　一組大運行運時間約「十年」左右，「節氣日」後大運天干行運約「五年」，「中氣日」後大運地支行運約「五年」。但分析命局時，需天干地支整組大運一起分析，不可天干地支拆開單獨一字分析。

流　年

　　流年為生命的過程。時間如流水，每一人的「生命」隨著時間的流走，會有著種種不同的過程狀態。每一年的「年干支」就是當年的「流年干支」，例如 2010 年為「庚寅」年，流年干支就是「庚寅」。

　　如果要知道每一年的流年干支為何，可直接查詢「萬年曆」取得。如果要知道命主某年歲的流年干支，可用命主出生「年柱干支」順排六十甲子，算出其某年歲之「流年干支」，男女相同。

　　「立春」為論命流年之換算點（立春換流年）。傳統生活上我們皆以農曆正月初一為新的一年開始，但八字論命不以正月初一為新的一年，而是以「立春」作為新的一年之換算點。

　　查「萬年曆」，可直接得知某年份的「流年干支」。或用「六十甲子流年表」直接查得「流年干支」，男女相同。

流 年	1984 甲子	1985 乙丑	1986 丙寅	1987 丁卯	1988 戊辰	1989 己巳	1990 庚午	1991 辛未	1992 壬申	1993 癸酉
	1994 甲戌	1995 乙亥	1996 丙子	1997 丁丑	1998 戊寅	1999 己卯	2000 庚辰	2001 辛巳	2002 壬午	2003 癸未
	2004 甲申	2005 乙酉	2006 丙戌	2007 丁亥	2008 戊子	2009 己丑	2010 庚寅	2011 辛卯	2012 壬辰	2013 癸巳
	2014 甲午	2015 乙未	2016 丙申	2017 丁酉	2018 戊戌	2019 己亥	2020 庚子	2021 辛丑	2022 壬寅	2023 癸卯
	2024 甲辰	2025 乙巳	2026 丙午	2027 丁未	2028 戊申	2029 己酉	2030 庚戌	2031 辛亥	2032 壬子	2033 癸丑
	2034 甲寅	2035 乙卯	2036 丙辰	2037 丁巳	2038 戊午	2039 己未	2040 庚申	2041 辛酉	2042 壬戌	2043 癸亥

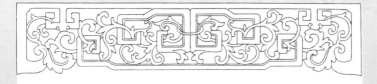

第三篇

八字分析

八字分析

　　八字分析篇，講述如何分析「命局」之「日主、格局、環境」。八字分析是八字論命的方法，有了正確的八字分析，方能正確的八字論命。

　　八字分析篇，共有「日主、格局、環境」三章。

　　　第一章　日主：「生命本質」（生命內在的能量）。

　　　第二章　格局：「生命特質」（生命外在的欲求）。

　　　第三章　環境：「生命品質」（生命欲求的滿願）。

八字論命流程

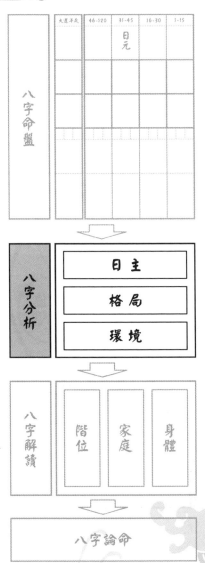

八字分析

分析「命局」之「日主、格局、環境」。

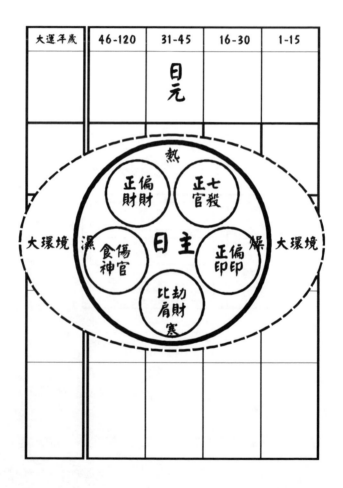

大運年歲	46-120	31-45	16-30	1-15

日元

正偏財財　正七官殺　熱

大環境　濕　食傷神官　日主　正偏印印　燥　大環境

比劫肩財　寒

八字本位年限

八字論命以「八字本命」加上「大運年歲」為命局，八字「本位年限」為論命時間的「生命主題」(焦點)。

八字四柱「本位年限」各有所主，年柱主少年時期為 1 至 15 歲，月柱主青年時期為 16 至 30 歲，日柱主青中年時期為 31 至 45 歲，時柱主中老年時期 46 至 120 歲。(人生命的天年為 120 年)

八字「本位年限」與「大運年歲」時間皆以「虛歲」計算。(出生日即一歲)

大運年歲	46-120	31-45	16-30	1-15
		日元		
大運行運年歲	時柱主 46-120 歲	日柱主 31-45 歲	月柱主 16-30 歲	年柱主 1-15 歲

八字調色盤

　　八字命局如一調色盤，五行如顏料。命局五行不同、比例不同，展現出的命運就不同。如同色盤顏色不同、比例不同，混合出的色彩就不同。生命之多變化如色彩之多變化，也如我們生活的這個世界－多采多姿。

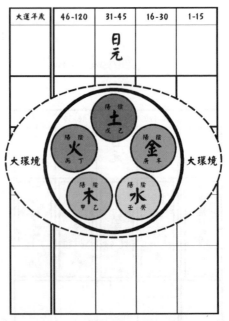

天干，天在干涉。天干決定五行能量的「有無」。

地支，地在支配。地支決定五行能量的「強弱」。

干支，天干地支。干支決定五行能量的「清濁」。

八字命象

　　八字命象，為「命局」某一時間期間的「生命現象」。命象是由八字命局中的「日主、格局、環境」所交互呈現的「生命本相」。每個人的生命本相，都是一個相互對立的太極命象圖。生命永遠在變化，每一時間期間的「生命現象」皆不相同。

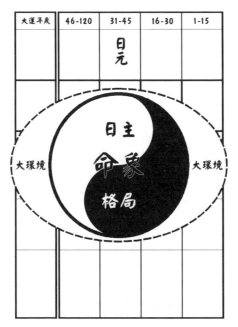

日主：「生命本質」（生命內在的能量）

格局：「生命特質」（生命外在的欲求）

環境：「生命品質」（生命欲求的滿願）

八字命象解析

　　藉由八字命象圖中所展現的「日主、格局、環境」生命現象資訊，識天地生命調和的法則，觀命局〈格局六神「調停」、日主格局「平衡」、環境氣候「中和」〉來解析生命的變化。

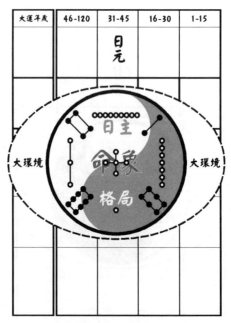

格局六神「調停」

日主格局「平衡」

環境氣候「中和」

八字生命曲線

八字論命最大的變數:「時間」。「時間」變,「五行強弱」就變;「五行強弱」變,「生命命象」就變。生命每一時間點的「五行強弱」都不同,牽動著「生命命象」的變化。集合生命每一關鍵時間點(大運行運年歲),可展現出每一生命的「生命曲線」。

命局的八字本命為「生命的主體」,大運年歲為「生命的排程」,本位年限為「生命的主題」。日主表「生命內在的能量」〈強、弱〉、格局表「生命外在的欲求」〈財(財富)、權(權勢)、名(名位)、色(享樂)、我(自我)〉、環境表「生命欲求的滿願」〈高、低〉。每個命造因五行變化之不同,而產生種種的命運變化,生命的「富貴貧賤」也因此有所不同。

五行在生命的意義上,代表著各種的生命能量。八字論命,將各種的生命能量假借「六神」代之,闡述說明生命變化的現象。

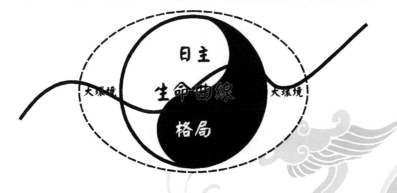

八字生命能量

八字命局的「生命能量」：

「本命・大運」為八字命局主體，為「整數生命能量」。

「流年・流月・流日・流時」為八字命局客體，為「小數
生命能量」。

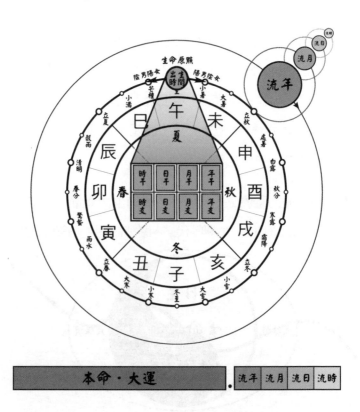

八字生命應期

八字命局，綜合「本命‧大運」與「流年‧流月‧流日‧流時」分析「生命應期」。

極大值

生命「高峰」時，生命應期找命局中生命能量的「極大值」。

極小值

生命「低谷」時，生命應期找命局中生命能量的「極小值」。

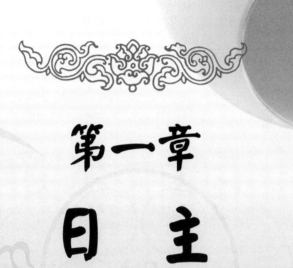

第一章

日　主

日 主

日主，「生命本質」（生命內在的能量）。

八字四柱中，以日柱天干為「我（日主、日元）」，為命局之中心。

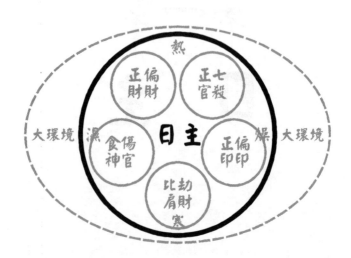

日主的定義

八字命局有「甲、乙、丙、丁、戊、己、庚、辛、壬、癸」十日主。

「甲」為「陽木」，形象如是「大樹」，俱「慈生」的生命能量。

「乙」為「陰木」，形象如是「小草」，俱「慈生」的生命能量。

「丙」為「陽火」，形象如是「太陽」，俱「滿願」的生命能量。

「丁」為「陰火」，形象如是「燭火」，俱「滿願」的生命能量。

「戊」為「陽土」，形象如是「高山」，俱「承載」的生命能量。

「己」為「陰土」，形象如是「平原」，俱「承載」的生命能量。

「庚」為「陽金」，形象如是「強風」，俱「肅殺」的生命能量。

「辛」為「陰金」，形象如是「微風」，俱「肅殺」的生命能量。

「壬」為「陽水」，形象如是「大水」，俱「伏藏」的生命能量。

「癸」為「陰水」，形象如是「小水」，俱「伏藏」的生命能量。

「日主」分析

一、干支「沖刑會合」

二、命局「生命本質」

三、命局「生命變質」

大運年歲	46-120	31-45	16-30	1-15
		日元		
		⬤		
◯	◯	◯	◯	◯

熱

正偏
財財

正七
官殺

大環境 濕

食傷
神官

日主

正偏
印印

燥 大環境

比劫
肩財
寒

一、干支「沖刑會合」

八字四柱中，以日柱天干為「我（日主、日元）」，為命局之中心。命局以干支「沖刑會合」定五行。命局五行配置不同，干支「沖刑會合」的變化亦會不同。

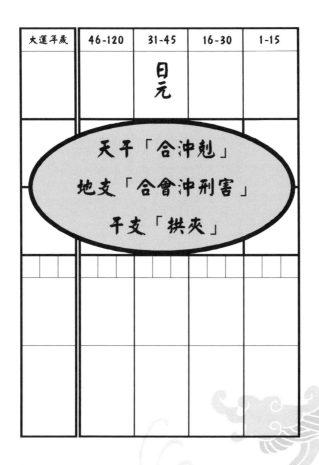

大運年歲	46-120	31-45	16-30	1-15
		日元		
		天干「合沖剋」 地支「合會沖刑害」 干支「拱夾」		

命局天干與地支的排列組合不同，會產生干支「沖刑會合」的各種變化。

天干與天干間有「合、沖、剋」的變化關係。

地支與地支間有「合、會、沖、刑、害」的變化關係。

天干與地支間有「拱、夾」的變化關係。

命局五行經過干支「沖刑會合」的變化程序，會轉化成「新命局五行」組合。

1. 天干「合沖剋」（天干與天干間的變化關係）

天干五合

甲己合化土、乙庚合化金、丙辛合化水、丁壬合化木、

戊癸合化火。

天干五合包含兩種變化，一為「合」，二為「化」。

「合」表「吸引」的力量，在命局中的影響力為「香甜黏」。

「化」表「轉化」的力量，在命局中會轉化成新「五行」。

天干四沖

甲庚沖、乙辛沖、壬丙沖、癸丁沖。

「沖」表「對立」的力量，在命局中的影響力為「直接衝擊」。

天干二剋

　丙庚剋、丁辛剋。

　「剋」表「排斥」的力量，在命局中的影響力為「強制壓迫」。

天干變化規則

（1）天干合化後轉化成新「陽干五行」。

（2）天干合化後轉化之新五行如為反令者，則只論合不論
　　化。

（3）日主只論合不論化。

（4）日主在「日主極弱、化氣極強」的條件下方可論化，
　　成「化氣命局」。

（5）天干如「合沖剋」一體，則五行力量無法發揮，稱為
　　「打糊」。

2. 地支「合會沖刑害」（地支與地支間的變化關係）

地支六合

子丑合化土、寅亥合化木、卯戌合化火。

辰酉合化金、巳申合化水、午未合化火。

地支六合包含兩種變化，一為「合」，二為「化」。

「合」表「吸引」的力量，在命局中的影響力為「香甜黏」。

「化」表「轉化」的力量，在命局中會轉化成新「五行」。

地支三合局

申子辰合水、亥卯未合木、寅午戌合火、巳酉丑合金。

「合局」表「吸引」的力量，在命局中的影響力為「香甜黏」。

「合局」表「轉化」的力量，在命局中會轉化成新「五行」。

地支三會方

亥子丑會水、寅卯辰會木、巳午未會火、申酉戌會金。

「會方」表「吸引」的力量，在命局中的影響力為「香甜黏」。

「會方」表「轉化」的力量，在命局中會轉化成新「五行」。

地支六沖

子午沖、丑未沖、寅申沖、卯酉沖、辰戌沖、巳亥沖

「沖」表「對立」的力量，在命局中的影響力為「直接衝擊」。

地支三刑

寅巳申三刑、丑戌未三刑、子卯相刑

辰辰自刑、午午自刑、酉酉自刑、亥亥自刑

「刑」表「折磨」的力量，在命局中的影響力為「心與身」的折磨。「心」的折磨為「愛別離、怨瞋懟、求不得」。「身」的折磨為身體有「常期無故的病痛」與「慢性無明的病症」。

地支六害

子未害、丑午害、寅巳害、卯辰害、申亥害、酉戌害

「害」表「傷害」的力量，在命局中的影響力比較輕微。

命局中有「合會」者，見「害」影響力較大。

命局中有「沖刑」者，見「害」影響力較小。

地支變化規則

（1）地支合化後轉化成新「能量強旺之五行」。

（2）地支合化後轉化之新五行如為反令者，則只論合不論
化。

（3）地支合會後轉化成新「能量強旺之五行」，不再作自刑
論。

（4）辰戌丑未為土庫，受「沖刑害無合化」時則開庫，轉
化成其五行庫。

（5）地支如「合會沖刑害」一體，則五行力量無法發揮，
稱為「打糊」。

3. 干支「拱夾」（天干與地支間的變化關係）

拱夾的定義

八字中暗藏之地支。

「年柱、月柱」可為拱夾。

「日柱、時柱」可為拱夾。

「月柱、日柱」不為拱夾。

大運可加入與「年柱」或「時柱」為拱夾。

拱夾的效驗

拱夾，屬命局暗藏的生命力，有拱夾「財祿」、「貴人」、「咸池」和「驛馬」等。

拱夾僅用於斷事，不做「五行」論。

拱的條件

「年柱、月柱」或「日柱、時柱」，有「相同天干」且地支為「三合」缺一者，所缺之地支可視為八字中暗藏之一地支，稱之為「拱」。但，如拱出之地支在原命局已有相同者，則所拱出之地支不做重複論斷。

夾的條件

「年柱、月柱」或「日柱、時柱」，有「相同天干」且地支為「三鄰」缺中者，所缺之地支可視為八字中暗藏之一地支，稱之為「夾」。但，如夾出之地支在原命局已有相同者，則所夾出之地支不做重複論斷。

二、命局「生命本質」

命局中，日主「天干與地支」的排列組合不同，日主「生命能量」亦不同。日主「生命能量」不同，日主「生命本質」亦會有不同的展現變化。

大運年歲	46-120	31-45	16-30	1-15
		日主		
○	○	○	○	○

天干	甲	乙	丙	丁	戊	己	庚	辛	壬	癸
陰陽五行	木		火		土		金		水	

地支	寅	卯	辰	巳	午	未	申	酉	戌	亥	子	丑
月令、四時	春			夏			秋			冬		
方位	東			南			西			北		

命局日主「生命本質」的展現

（1）五行：日主如是「天干」的生命能量。

（2）強弱：日主五行強旺本質「顯明」、日主五行衰弱本質「隱暗」。

（3）清濁：日主五行清純本質「銳利」、日主五行混濁本質「鈍拙」。

五行能量強度

月令	子	午	卯	酉
五行	癸	丁	乙	辛
能量強度	1	1	1	1

月令	寅		申		巳		亥	
五行	甲	丙	庚	壬	丙	庚	壬	甲
能量強度	0.7	0.3	0.7	0.3	0.7	0.3	0.7	0.3

月令	辰			戌			丑			未		
五行	戊	乙	癸	戊	辛	丁	己	癸	辛	己	丁	乙
能量強度	0.5	0.3	0.2	0.5	0.3	0.2	0.5	0.3	0.2	0.5	0.3	0.2

「辰戌丑未」為土庫，受「沖刑害無合化」時則開庫，轉化成其五行庫。

五行	癸（水庫）	丁（火庫）	辛（金庫）	乙（木庫）
能量強度	1	1	1	1

五行能量強旺清純表

六十甲子中，只有十二組天干地支的排列組合，五行能量「強旺清純」。

強旺：天透地藏。

清純：陰陽分明。

甲寅（0.7 甲）、乙卯（1 乙）丙寅（0.3 丙）、丁未（0.3 丁）、戊辰（0.5 戊）、戊戌（0.5 戊）、己丑（0.5 己）、己未（0.5 己）、庚申（0.7 庚）、辛酉（1 辛）、壬申（0.3 壬）、癸丑（0.3 癸）。

五行能量強旺清純表	甲子	乙丑	丙寅	丁卯	戊辰	己巳	庚午	辛未	壬申	癸酉
	甲戌	乙亥	丙子	丁丑	戊寅	己卯	庚辰	辛巳	壬午	癸未
	甲申	乙酉	丙戌	丁亥	戊子	己丑	庚寅	辛卯	壬辰	癸巳
	甲午	乙未	丙申	丁酉	戊戌	己亥	庚子	辛丑	壬寅	癸卯
	甲辰	乙巳	丙午	丁未	戊申	己酉	庚戌	辛亥	壬子	癸丑
	甲寅	乙卯	丙辰	丁巳	戊午	己未	庚申	辛酉	壬戌	癸亥

「乙卯、辛酉」五行能量最「強旺清純」可稱之為「水晶柱」。

「丙午、壬子」五行能量「強旺」，但陰陽混雜，五行能量為「混濁」。

1.「甲」日主

「甲」日主為「陽木」，形象如是「大樹」，俱「慈生」的生命能量。

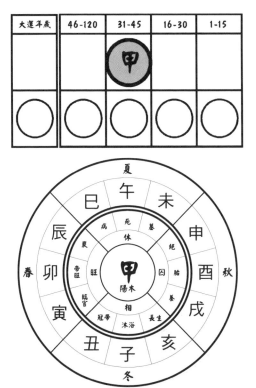

大運年歲	46-120	31-45	16-30	1-15
		甲		
○	○	○	○	○

寅	卯	辰	巳	午	未	申	酉	戌	亥	子	丑
甲 0.7	乙 1	乙 0.3	0	0	乙 0.2	0	0	0	甲 0.3	0	0
清	濁	濁	濁	濁	濁	濁	濁	濁	濁	濁	濁

2.「乙」日主

「乙」日主為「陰木」，形象如是「小草」，俱「慈生」的生命能量。

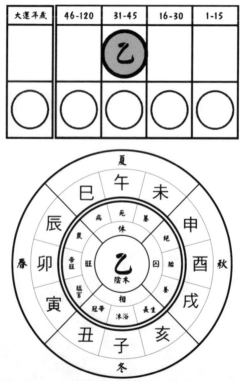

大運年歲	46-120	31-45	16-30	1-15
		乙		
○	○	○	○	○

寅	卯	辰	巳	午	未	申	酉	戌	亥	子	丑
甲 0.7	乙 1	乙 0.3	0	0	乙 0.2	0	0	0	甲 0.3	0	0
濁	清	濁	濁	濁	濁	濁	濁	濁	濁	濁	濁

3.「丙」日主

「丙」日主為「陽火」，形象如是「太陽」，俱「滿願」的生命能量。

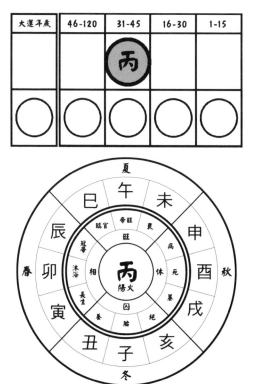

大運年歲	46-120	31-45	16-30	1-15
		丙		
○	○	○	○	○

寅	卯	辰	巳	午	未	申	酉	戌	亥	子	丑
丙 0.3	0	0	丙 0.7	丁 1	丁 0.3	0	0	丁 0.2	0	0	0
清	濁	濁	濁	濁	濁	濁	濁	濁	濁	濁	濁

4.「丁」日主

「丁」日主為「陰火」，形象如是「燭火」，俱「滿願」的生命能量。

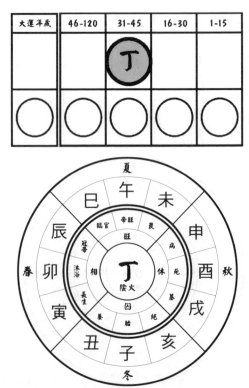

大運年歲	46-120	31-45	16-30	1-15
		丁		
◯	◯	◯	◯	◯

寅	卯	辰	巳	午	未	申	酉	戌	亥	子	丑
丙 0.3	0	0	丙 0.7	丁 1	丁 0.3	0	0	丁 0.2	0	0	0
濁	濁	濁	濁	濁	清	濁	濁	濁	濁	濁	濁

5.「戊」日主

「戊」日主為「陽土」，形象如是「高山」，俱「承載」的生命能量。

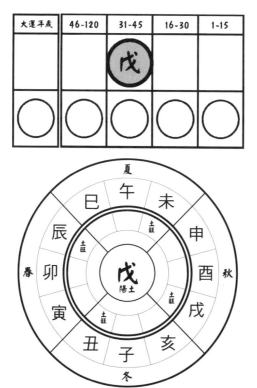

大運年歲	46-120	31-45	16-30	1-15
		戊		
○	○	○	○	○

寅	卯	辰	巳	午	未	申	酉	戌	亥	子	丑
0	0	戊 0.5	0	0	己 0.5	0	0	戊 0.5	0	0	己 0.5
濁	濁	清	濁	濁	濁	濁	濁	清	濁	濁	濁

6.「己」日主

「己」日主為「陰土」，形象如是「平原」，俱「承載」的生命能量。

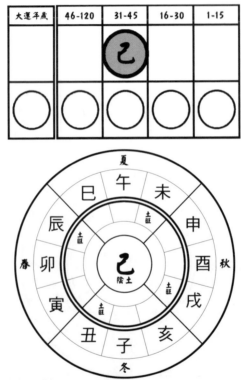

大運年歲	46-120	31-45	16-30	1-15
		己		
○	○	○	○	○

寅	卯	辰	巳	午	未	申	酉	戌	亥	子	丑
0	0	戊 0.5	0	0	己 0.5	0	0	戊 0.5	0	0	己 0.5
濁	濁	濁	濁	濁	清	濁	濁	濁	濁	濁	清

7.「庚」日主

　　「庚」日主為「陽金」，形象如是「強風」，俱「肅殺」的生命能量。

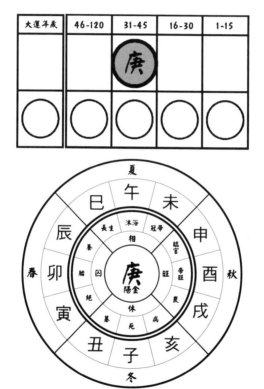

大運年歲	46-120	31-45	16-30	1-15
		庚		
	○	○	○	○

寅	卯	辰	巳	午	未	申	酉	戌	亥	子	丑
			庚			庚	辛	辛			辛
0	0	0	0.3	0	0	0.7	1	0.3	0	0	0.2
濁	濁	濁	濁	濁	濁	清	濁	濁	濁	濁	濁

8.「辛」日主

　　「辛」日主為「陰金」，形象如是「微風」，俱「肅殺」的生命能量。

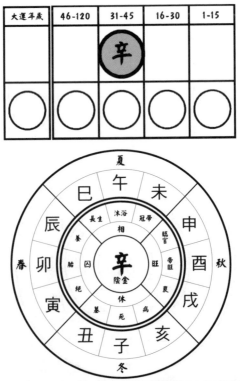

大運年歲	46-120	31-45	16-30	1-15
		辛		
○	○	○	○	○

寅	卯	辰	巳	午	未	申	酉	戌	亥	子	丑
0	0	0	庚 0.3	0	0	庚 0.7	辛 1	辛 0.3	0	0	辛 0.2
濁	濁	濁	濁	濁	濁	濁	清	濁	濁	濁	濁

9.「壬」日主

「壬」日主為「陽水」，形象如是「大水」，俱「伏藏」的生命能量。

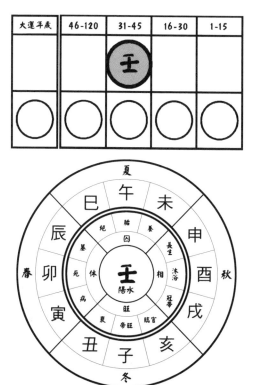

大運年歲	46-120	31-45	16-30	1-15
		壬		
◯	◯	◯	◯	◯

寅	卯	辰	巳	午	未	申	酉	戌	亥	子	丑
0	0	癸 0.2	0	0	0	壬 0.3	0	0	壬 0.7	癸 1	癸 0.3
濁	濁	濁	濁	濁	濁	清	濁	濁	濁	濁	濁

10. 「癸」日主

「癸」日主為「陰水」，形象如是「小雨」，俱「伏藏」的生命能量。

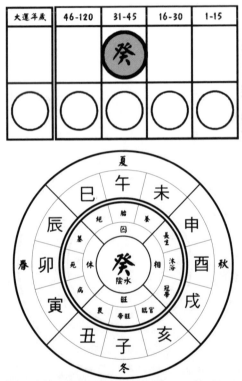

大運年歲	46-120	31-45	16-30	1-15
		癸		
◯	◯	◯	◯	◯

寅	卯	辰	巳	午	未	申	酉	戌	亥	子	丑
0	0	癸 0.2	0	0	0	壬 0.3	0	0	壬 0.7	癸 1	癸 0.3
濁	濁	濁	濁	濁	濁	濁	濁	濁	濁	濁	清

三、命局「生命變質」

命局中，日主五行「過強、過弱、合化」的變化。

命局日主「生命變質」

（1）日主五行「過強」成「專旺」命局。

（2）日主五行「過弱」成「從旺」命局。

（3）日主五行「合化」成「化氣」命局。

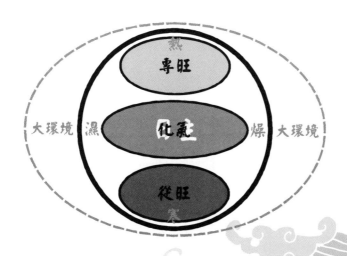

專旺命局

八字命局「日主五行過強」，以日主「專旺」論命局。

專旺命局可細分五名稱

曲直（木）、炎上（火）、稼穡（土）、從革（金）、潤下（水）

專旺命局的條件

日主五行「天透地藏」，命局日主五行皆旺，無「沖剋洩」。

如：日主「丙火」天透地藏，命局「火」旺，無「水土」。
論專旺「炎上」命局。

專旺命局的特色

專旺命局，可極致發揮專旺六神之「生命特質」。

從旺命局

八字命局「日主五行過弱」，以日主「從旺」論命局。

從旺命局可細分六名稱

從食神、從傷官、從正財、從偏財、從正官、從七殺

從旺命局的條件

日主五行無「地藏」，命局「沖剋泄」皆旺，無「生助」。

　　如：日主「癸水」無地藏，命局「丙火」旺，無「金水」。
　　論從旺「從正財」命局。

從旺命局的特色

從旺命局，可極致發揮從旺六神之「生命特質」。

化氣命局

八字命局「日主五行合化」，以日主「化氣」論命局。

化氣命局可細分五名稱

化木、化火、化土、化金、化水

化氣命局的條件

（1）日主五行與月干或時干成「天干五合」。

（2）日主五行無「地藏」、無「生助」。（日主極弱）

（3）日主化氣之新五行強旺。（化氣極強）

則日主化氣成「新五行」；否則日主只論合不論化。

如：日主「丙火」與月干或時干「辛金」成「天干五合」。

日主「丙火」無「地藏」、無「生助」。（日主極弱）

「水」天透地藏，命局「水」旺。（化氣極強）

日主化氣成「水」，論化氣「化水」命局。

化氣格局的特色

化氣命局，可極致發揮化氣六神之「生命特質」。

第二章

格　局

格 局

格局，「生命特質」（生命外在的欲求）。

五行生命能量達到一定程度時，會形成生命的「欲求」力量，進而成為生命的主題，這種「生命主題」稱為生命的「格局」。命局隨著時間的演進，生命的格局恆常會有二、三種格局一齊並現，形成多樣多變的混合格局，因而生命的起伏也變得更多樣化。八字論命，假借「六神格局」闡釋說明生命在人世間種種「欲求」的面象。

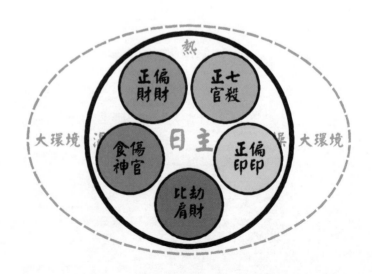

格局的定義

八字命局有「食神、傷官、正財、偏財、正官、七殺、正印、偏印、比肩、劫財」十格局。

格局	生命特質	格局	生命特質
食神格	才華洋溢	傷官格	聰明好學
正財格	勤儉務實	偏財格	思維靈活
正官格	保守包容	七殺格	奮鬥毅力
正印格	慈悲潔淨	偏印格	節儉發明
比肩格	交友廣闊	劫財格	交際融通

「格局」分析

一、五行「生剋制化」

二、命局「生命特質」

三、命局「生命特點」

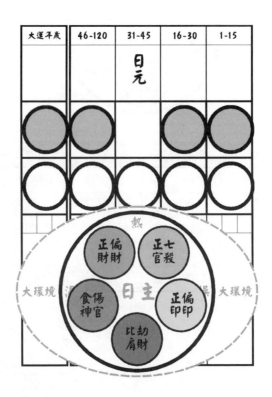

大運年歲	46-120	31-45	16-30	1-15
			日元		

熱

正偏
財財

正七
官殺

食傷
神官

正偏
印印

比劫
肩財

日主

大環境　　　　　　　　大環境

一、五行「生剋制化」

　　八字四柱中，以日柱天干為「我（日主、日元）」，為命局之中心。命局以五行「生剋制化」立六神。命局五行配置不同，五行「生剋制化」的變化亦會不同。

大運千歲	46-120	31-45	16-30	1-15
		日元		

六神

生剋制化	陰陽不同	陰陽相同
生（生我者）	正印	偏印
剋（剋我者）	正官	七殺
制（我剋者）	正財	偏財
化（我生者）	傷官	食神
同（同我者）	劫財	比肩

陰陽不同（陽見陰、陰見陽）者：傷官、正財、正官、正印、劫財

陰陽相同（陽見陽、陰見陰）者：食神、偏財、七殺、偏印、比肩

定格局

命局以「五行能量強旺」定格局，本位年限之格局為「主格局」。命局「天干」決定五行能量的「有無」，命局「地支」決定五行能量的「強弱」，命局「五行能量強旺」者，成「格局」。

命局成「格局」的條件

（1）天透地藏。

（2）天干雙透。

（3）地支合會。

格局天透生命特質「外顯」，格局地藏生命特質「內藏」。

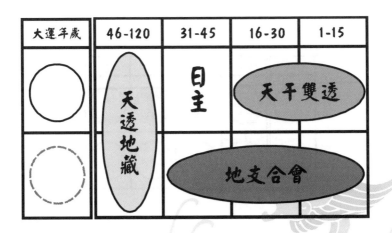

主格局

　　命局本位年限之格局為「主格局」，是此段時間的「生命主題」焦點。

　　（1）本位年限「1-15歲」之主格局

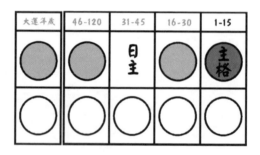

　　（2）本位年限「16-30歲」之主格局

大運年歲	46-120	31-45	16-30	1-15
◯	◯	日主	主格	◯
◯	◯	◯	◯	◯

（3）本位年限「31-45 歲」之主格局

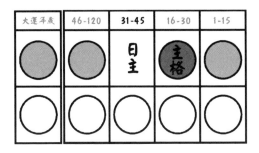

（4）本位年限「46-120 歲」之主格局

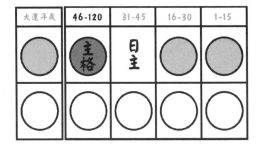

二、命局「生命特質」

命局中，格局「天干與地支」的排列組合不同，格局「生命能量」亦不同。格局「生命能量」不同，格局「生命特質」亦會有不同的展現變化。

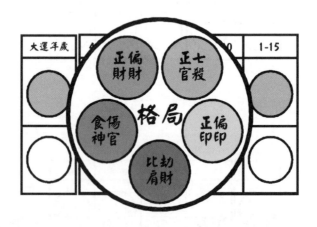

天干	甲	乙	丙	丁	戊	己	庚	辛	壬	癸
陰陽五行	木		火		土		金		水	

地支	寅	卯	辰	巳	午	未	申	酉	戌	亥	子	丑
月令、四時	春			夏			秋			冬		
方位	東			南			西			北		

命局格局「生命特質」的展現

（1）五行：格局如是「六神」的生命特質。

（2）強弱：格局六神強旺特質「顯明」、格局六神衰弱特質
「隱暗」。

（3）清濁：格局六神清純特質「銳利」、格局六神混濁特質
「鈍拙」。

五行能量強度

月令	子	午	卯	酉
五行	癸	丁	乙	辛
能量強度	1	1	1	1

月令	寅		申		巳		亥	
五行	甲	丙	庚	壬	丙	庚	壬	甲
能量強度	0.7	0.3	0.7	0.3	0.7	0.3	0.7	0.3

月令	辰			戌			丑			未		
五行	戊	乙	癸	戊	辛	丁	己	癸	辛	己	丁	乙
能量強度	0.5	0.3	0.2	0.5	0.3	0.2	0.5	0.3	0.2	0.5	0.3	0.2
「辰戌丑未」為土庫，受「沖刑害無合化」時則開庫，轉化成其五行庫。												
五行	癸（水庫）			丁（火庫）			辛（金庫）			乙（木庫）		
能量強度	1			1			1			1		

五行能量強旺清純表

六十甲子中，只有十二組天干地支的排列組合，五行能量「強旺清純」。

強旺：天透地藏。

清純：陰陽分明。

甲寅（0.7 甲）、乙卯（1 乙）丙寅（0.3 丙）、丁未（0.3 丁）、
戊辰（0.5 戊）、戊戌（0.5 戊）、己丑（0.5 己）、己未（0.5 己）、
庚申（0.7 庚）、辛酉（1 辛）、壬申（0.3 壬）、癸丑（0.3 癸）。

五行能量強旺清純表										
	甲子	乙丑	丙寅	丁卯	戊辰	己巳	庚午	辛未	壬申	癸酉
	甲戌	乙亥	丙子	丁丑	戊寅	己卯	庚辰	辛巳	壬午	癸未
	甲申	乙酉	丙戌	丁亥	戊子	己丑	庚寅	辛卯	壬辰	癸巳
	甲午	乙未	丙申	丁酉	戊戌	己亥	庚子	辛丑	壬寅	癸卯
	甲辰	乙巳	丙午	丁未	戊申	己酉	庚戌	辛亥	壬子	癸丑
	甲寅	乙卯	丙辰	丁巳	戊午	己未	庚申	辛酉	壬戌	癸亥

「乙卯、辛酉」五行能量最「強旺清純」可稱之為「水晶柱」。

「丙午、壬子」五行能量「強旺」，但陰陽混雜，五行能量為「混濁」。

格局六神「調停」

命局「調停」者，格局六神呈現「平和」狀態。

命局「內戰」者，格局六神呈現「爭戰」狀態。

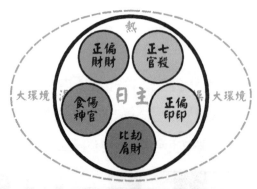

格　局	狀　態	命　語	現　象
食傷　生　財星	格局六神 調　停	食傷生財	財華雙致
財星　生　官殺		財官雙美	財祿雙全
官殺　生　印綬		官印相生	福祿雙全
財星　生　官殺　生　印		財官印全	財福祿全
食神　剋　七殺		食神制殺	優雅王者
正印　剋　傷官		傷官配印	改革王者
七殺　剋　比劫		生殺兩停	權貴王者
比劫　剋　財星	格局六神 內　戰	財逢兄弟	散失錢財
傷官　剋　正官		傷官見官	傲慢刺蝟
偏印　剋　食神		食神逢梟	孤寂貧寒
正財　剋　正印		財印雙傷	思緒紊亂

日主格局「平衡」

命局「平衡」者,日主格局呈現「強弱相等」狀態。

命局「失衡」者,日主格局呈現「強弱偏執」狀態。

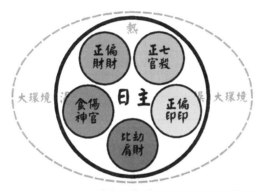

日　主	格　局	狀　態	命　語	現　象
強	食神　強	平衡	食神泄秀	展現才華
	傷官　強	平衡	傷官泄秀	展現才華
	正財　強	平衡	身旺任財	錢財富足
	偏財　強	平衡	身旺任財	錢財富足
	正官　強	平衡	身旺任官	輕鬆悠閒
	七殺　強	平衡	身旺任殺	獨霸天下
	正印　強	不平衡	印旺身旺	孤寂貧寒
	偏印　強	不平衡	印旺身旺	孤寂貧寒
	比肩　強	不平衡	比劫身旺	孤寂貧寒
	劫財　強	不平衡	比劫身旺	孤寂貧寒

日 主	格 局	狀 態	命 語	現 象
弱	食神 強	不平衡	食傷過重	帶血輸出
	傷官 強	不平衡	食傷過重	帶血輸出
	正財 強	不平衡	財多身弱	忙死累死
	偏財 強	不平衡	財多身弱	忙死累死
	正官 強	不平衡	官強身弱	無福消受
	七殺 強	不平衡	殺強身弱	身弱多病
	正印 強	平衡	印旺身弱	眾人愛護
	偏印 強	平衡	印旺身弱	眾人愛護
	比肩 強	平衡	比劫幫身	眾人愛護
	劫財 強	平衡	比劫幫身	眾人愛護

日 主	格 局	狀 態	命 語	現 象
強	食神 弱	平衡	身旺喜泄	才華小現
	傷官 弱	平衡	身旺喜泄	才華小現
	正財 弱	不平衡	身旺財淺	強迫掠奪
	偏財 弱	不平衡	身旺財淺	投機掠奪
	正官 弱	不平衡	身旺官淺	懶死閒死
	七殺 弱	不平衡	身旺殺淺	衝突犯暴
	正印 弱	不平衡	身旺印弱	依賴照顧
	偏印 弱	不平衡	身旺印弱	依賴照顧
	比肩 弱	不平衡	身旺比弱	依賴照顧
	劫財 弱	不平衡	身旺劫弱	依賴照顧

日 主	格 局	狀 態	命 語	現 象
弱	弱	平衡	小草春風	日子可過

格局六神的變化

命局格局六神「太過強旺」，會有六神特質陰陽反向展現變化現象。

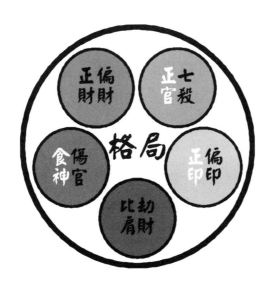

（1）「食神」過強作「傷官」論。

（2）「正官」過強作「七殺」論。

（3）「正印」過強作「偏印」論。

「正財、偏財」與「比肩、劫財」不作反向變化論。

命局五行「生剋太過」現象

命局五行「生剋制化」會因五行「強弱」的不同，形成五行「生剋太過」現象，有「生我-反剋、剋我-過剋、剋我-反生、我剋-反剋、我生-反剋、我生-正剋」的現象。

生：生我-反剋　　命語：印綬過旺

　　木賴水生，水多木漂。

　　火賴木生，木多火窒。

　　土賴火生，火多土焦。

　　金賴土生，土多金埋。

　　水賴金生，金多水濁。

剋：剋我-過剋　　命語：殺強身弱

　　木弱逢金，必為砍折。

　　火弱逢水，必為熄滅。

　　土衰遇木，必遭傾陷。

　　金衰遇火，必見銷鎔。

　　水弱逢土，必為淤塞。

剋：剋我-反生　　命語：身旺任殺

木旺得金，方成棟樑。

火旺得水，方成相濟。

土旺得木，方能疏通。

金旺得火，方成器皿。

水旺得土，方成池沼。

制：我剋-反剋　　命語：財多身弱

木能剋土，土重木折。

火能剋金，金多火熄。

土能剋水，水多土蕩。

金能剋木，木堅金缺。

水能剋火，火旺水乾。

化：我生-反剋　　命語：食傷過重

木能生火，火多木焚。

火能生土，土多火晦。

土能生金，金多土虛。

金能生水，水多金沉。

水能生木，木盛水縮。

化：我生-正剋　　命語：身旺喜泄

強木得火，方化其頑。

強火得土，方止其燄。

強土得金，方制其害。

強金得水，方挫其鋒。

強水得木，方泄其勢。

「木」日主

生：木賴水生，水多木漂。

剋：木弱逢金，必為砍折。木旺得金，方成棟樑。

制：木能剋土，土重木折。

化：木能生火，火多木焚。強木得火，方化其頑。

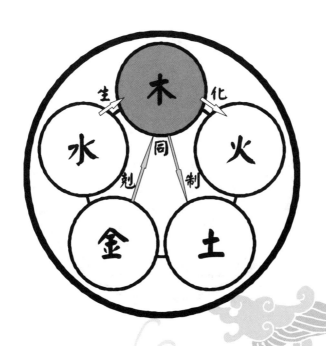

「火」日主

生：火賴木生，木多火窒。

剋：火弱逢水，必為熄滅。火旺得水，方成相濟。

制：火能剋金，金多火熄。

化：火能生土，土多火晦。強火得土，方止其燄。

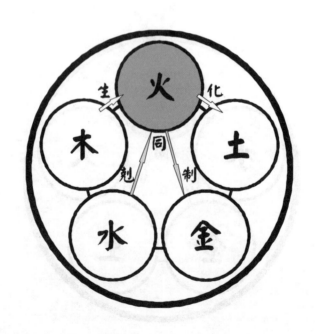

「土」日主

生：土賴火生，火多土焦。

剋：土衰遇木，必遭傾陷。土旺得木，方能疏通。

制：土能剋水，水多土蕩。

化：土能生金，金多土虛。強土得金，方制其害。

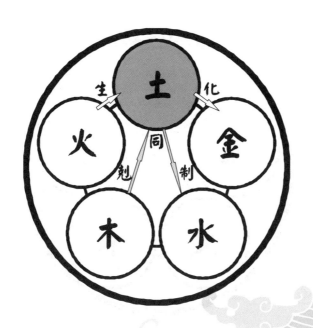

「金」日主

生：金賴土生，土多金埋。

剋：金衰遇火，必見銷鎔。金旺得火，方成器皿。

制：金能剋木，木堅金缺。

化：金能生水，水多金沉。強金得水，方挫其鋒。

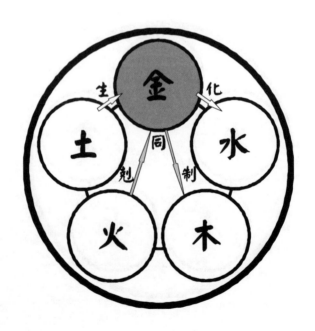

「水」日主

生：水賴金生，金多水濁。

剋：水弱逢土，必為淤塞。水旺得土，方成池沼。

制：水能剋火，火旺水乾。

化：水能生木，木盛水縮。強水得木，方泄其勢。

三、命局「生命特點」

命局中，具有「特定關係的天干地支組合」，會對「日主」產生特殊的內在生命能量。

1. **香甜黏**

2. **滿願力**

3. **生命力**

大運年歲	46-120	31-45	16-30	1-15
		日元		
	香甜黏　滿願力　生命力			

1. **香甜黏**

人氣指數「香、甜、黏」。

（1）「合會」命局

命局有「天干五合、地支六合、三合局、三會方」者。

表個性「香、甜、黏」，人氣指數高，人緣好。

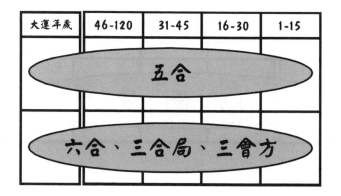

（2）「沖剋刑害」命局

命局有「天干四沖、天干二剋、地支六沖、地支三刑、地支六害」者。

表個性「臭刺破」，人氣指數低，人緣差。

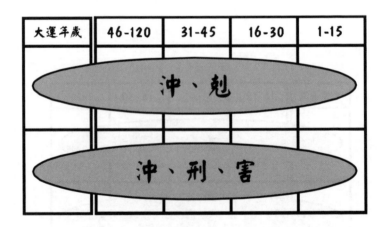

大運年歲	46-120	31-45	16-30	1-15
		沖、剋		
		沖、刑、害		

（3）「沖刑會合」命局

命局地支「沖刑會合」俱全者。

命局稱為「剝」，又名「災難磁鐵」。

大運年歲	46-120	31-45	16-30	1-15
		日 主		
沖、刑、會、合				

(4)「伏吟-反吟」命局

命局「伏吟-反吟」視「本位年限」年歲，生命處於各種不同的狀態。天干「戊、己」沒有反吟。

命局「本命四柱干支與大運干支相同」者為「伏吟」。
　　如：甲子見甲子，稱為「伏吟」（干支完全相同）。

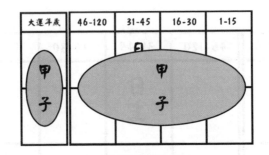

命局「本命四柱干支與大運干支相沖」者為「反吟」。
　　如：甲子見庚午，稱為「反吟」（干支完全相沖）。

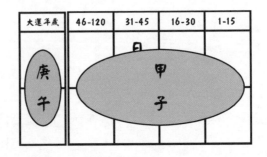

(5)「四柱震動」命局

命局四柱天干地支皆受「合會沖剋刑害」影響者。

命局稱為「四柱震動」，又分「本命四柱震動」與「行運四柱震動」。

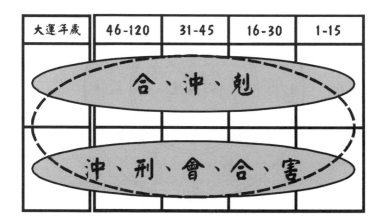

2. 滿願力

（1）四長生

四長生者，日主生命具有「大滿願力」。

命局中地支「寅、申、巳、亥」俱全，謂之「四長生」。

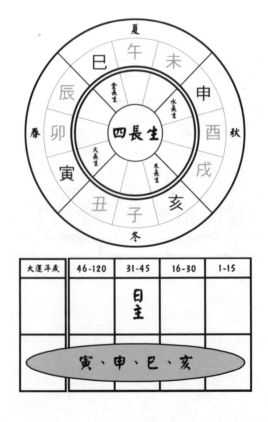

大運年歲	46-120	31-45	16-30	1-15
		日 主		
		寅、申、巳、亥		

（2）四帝旺

四帝旺者，日主生命具有「大滿願力」。

命局中地支「子、午、卯、酉」俱全，謂之「四帝旺」。

大運年歲	46-120	31-45	16-30	1-15
		日主		
	子、午、卯、酉			

（3）四墓庫

四墓庫者，日主生命具有「大滿願力」。

命局中地支「辰、戌、丑、未」俱全，謂之「四墓庫」。

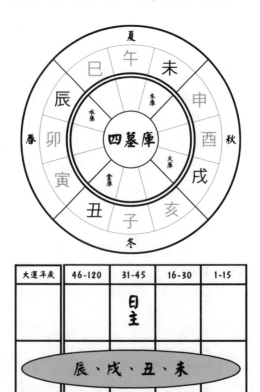

大運年歲	46-120	31-45	16-30	1-15
			日主	
	辰、戌、丑、未			

3. 生命力

（1）陽刃

陽刃者，日主生命「能量強旺」。

陽刃為陽干五行之「帝旺」，古名簡寫成「羊刃」。

戊土居中央，無地支五行之「帝旺」，故無陽刃。

命局條件：以日柱天干見四柱地支五行之「帝旺」「子、午、
　　　　　卯、酉」為陽刃。

日柱天干	甲	丙	庚	壬
四柱地支	卯	午	酉	子

（2）咸池

咸池者，日主生命「魅力強旺」。

咸池為地支三合局五行之「沐浴」。

咸池為「桃花」的古名，稱呼較文雅。

命局條件：以日柱地支見年月時支三合局五行之「沐浴」
　　　　　「子、午、卯、酉」為咸池。

日柱地支	亥	卯	未	巳	酉	丑	寅	午	戌	申	子	辰
年月時支		子			午			卯			酉	

(３) 驛馬

驛馬者，日主生命「心性不定」。

驛馬為地支三合局五行之「病」。

命局條件：以日柱地支見年月時支三合局五行之「病」「寅、
申、巳、亥」為驛馬。

日柱地支	申	子	辰	寅	午	戌	亥	卯	未	巳	酉	丑
年月時支	寅			申			巳			亥		

（4）魁罡

魁罡者，日主生命「個性剛強」，有傷官的生命特質。

命局條件：

日柱	庚辰、壬辰、戊戌、庚戌
條件	地支不見沖刑，見「沖、刑」者為破格。
	可和「年月時」柱並看，是否有雙魁罡。

（5）金神

金神者，日主生命「個性強悍」，有七殺的生命特質。

命局條件：

日柱	甲 或 己
時柱	己巳、癸酉、乙丑
條件	四柱須見「丙、丁、巳、午」火局。

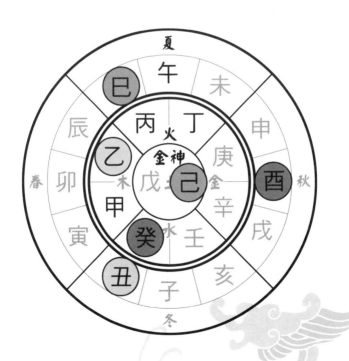

（6）紅豔煞

紅豔煞者，日主生命「多情多慾」，性情氣質浪漫風流，異性緣佳。

命局條件：以日柱天干見四柱地支

日柱天干	甲	乙	丙	丁	戊	己	庚	辛	壬	癸
四柱地支	午	午	寅	未	辰	辰	戌	酉	子	申

（7）天德貴人

天德貴人者，日主生命「護身保命」。

天德貴人能無代價的解難保身，是多生多世種下的無代價助人、救人、善因果報。天德貴人是自己種下的無私善因。

命局條件：以月柱地支見日柱干支

日柱地支	子	丑	寅	卯	辰	巳	午	未	申	酉	戌	亥
日柱干支	巳	庚	丁	申	壬	辛	亥	甲	癸	寅	丙	乙

(8) 月德貴人

月德貴人者，日主生命「護身保命」。

月德貴人能無代價的解難保身，是多生多世種下的無代價助人、救人、善因果報。月德貴人是祖先們種下的無私善因。

命局條件：以月柱地支見日柱干支

月柱地支	子	丑	寅	卯	辰	巳	午	未	申	酉	戌	亥
日柱干支	壬	庚	丙	甲	壬	庚	丙	甲	壬	庚	丙	甲

（9）天乙貴人

天乙貴人者，日主生命「護身保命」。

天乙貴人有代價的在事業上幫助，亦可解難保身，也是多生多世種下的助人、救人、善因果報，只是當初曾要求代價，故有此受報。

命局條件：以日柱天干見年月時支

日柱天干	甲	乙	丙	丁	戊	己	庚	辛	壬	癸
年月時支	未	申	酉	亥	丑	子	丑	寅	卯	巳
	丑	子	亥	酉	未	申	未	午	巳	卯

天乙貴人，分「陽貴人」與「陰貴人」。

陽貴人是有形的幫助，陰貴人是無形的幫助。

上表上欄是「陽貴人」，下欄是「陰貴人」。

（10）文昌貴人

文昌貴人者，日主生命「護身保命」。

文昌貴人有尊卑、高下的代價在學業上幫助，亦可解難保身，也是多生多世在師徒生涯上，諄諄教誨及幫助學生的助人、救人、善因果報，只是當初曾要求尊卑、高下的形相代價，故有此受報。

命局條件：以日柱天干見年月時支

日柱天干	甲	乙	丙	丁	戊	己	庚	辛	壬	癸
年月時支	巳	午	申	酉	申	酉	亥	子	寅	卯

生命力表

天干	甲	乙	丙	丁	戊	己	庚	辛	壬	癸	
陽刃	卯		午				酉		子		以日柱天干 見年月時支
紅艷煞	午	午	寅	未	辰	辰	戌	酉	子	申	
天乙貴人	未	申	酉	亥	丑	子	丑	寅	卯	巳	
	丑	子	亥	酉	未	申	未	午	巳	卯	
文昌貴人	巳	午	申	酉	申	酉	亥	子	寅	卯	

地支	子	丑	寅	卯	辰	巳	午	未	申	酉	戌	亥
	以日柱地支 見年月時支											
咸池	酉	午	卯	子	酉	午	卯	子	酉	午	卯	子
驛馬	寅	亥	申	巳	寅	亥	申	巳	寅	亥	申	巳
	以月柱地支 見日柱干支											
天德貴人	巳	庚	丁	申	壬	辛	亥	甲	癸	寅	丙	乙
月德貴人	壬	庚	丙	甲	壬	庚	丙	甲	壬	庚	丙	甲

	日柱				地支不見沖刑 見「沖、刑」者為破格
魁罡	庚辰	壬辰	庚戌	戊戌	

	日柱	時柱			四柱須見「火」局
金神	甲或己	乙丑	己巳	癸酉	

第三章

環　境

環　境

環境，「生命品質」（生命欲求的滿願）。

命局環境氣候在四季「寒熱燥濕」的變化。

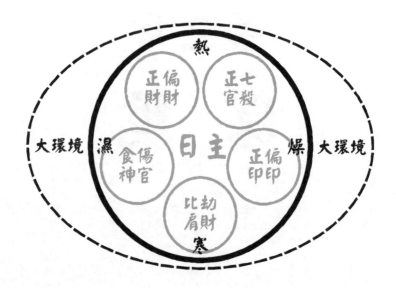

環境的定義

八字命局有「寒、熱、燥、濕」四環境。

潮濕（濕）：春季「寅、卯、辰」環境氣候「潮濕」。

炎熱（熱）：夏季「巳、午、未」環境氣候「炎熱」。

乾燥（燥）：秋季「申、酉、戌」環境氣候「乾燥」。

寒冷（寒）：冬季「亥、子、丑」環境氣候「寒冷」。

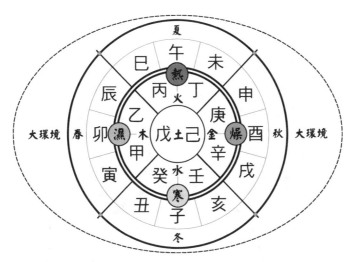

四時	春季			夏季			秋季			冬季		
月令	寅	卯	辰	巳	午	未	申	酉	戌	亥	子	丑
氣候	潮濕			炎熱			乾燥			寒冷		

「環境」分析

一、氣候「寒熱燥濕」

二、命局「生命品質」

三、命局「生命調質」

大運年歲	46-120	31-45	16-30	1-15

日元

一、氣候「寒熱燥濕」

八字四柱中，以日柱天干為「我（日主、日元）」，為命局之中心。命局以氣候「寒熱燥濕」辨寒熱。命局五行配置不同，氣候「寒熱燥濕」的變化亦會不同。

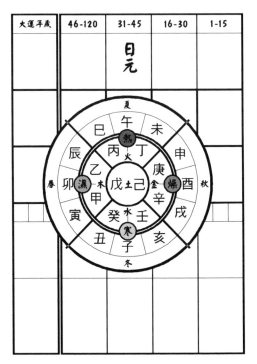

春季「寅、卯、辰」環境氣候「潮濕」
夏季「巳、午、未」環境氣候「炎熱」
秋季「申、酉、戌」環境氣候「乾燥」
冬季「亥、子、丑」環境氣候「寒冷」

「寒熱燥濕」强度

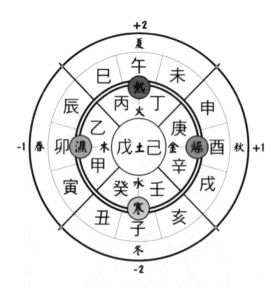

天干	甲	乙	丙	丁	戊	己	庚	辛	壬	癸
寒熱燥濕 强度	-1		+2		0		+1		-2	

地支	寅	卯	辰	巳	午	未	申	酉	戌	亥	子	丑
寒熱燥濕 强度		-1			+2			+1			-2	

二、命局「生命品質」

環境氣候「中和」

命局環境，氣候寒熱燥濕「中和」者，呈現「溫潤」狀態，生命滿願度高。

命局環境，氣候寒熱燥濕「失調」者，呈現「偏執」狀態，生命滿願度低。

命局環境氣候「寒熱」中和為「溫」，「燥濕」中和為「潤」。

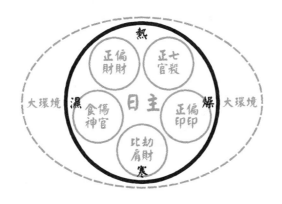

命局環境氣候	生命品質現象
中和溫潤	生命欲求「滿願」
過熱過燥	生命欲求「忙碌」
過寒過濕	生命欲求「孤寂」

三、命局「生命調質」

大環境的「調候」

命局環境氣候以「中和」為要。如命局環境氣候先天「失調」，則後天環境的選擇可給與命局「生命調質」為「調候」的關鍵。但後天環境的選擇，也是要看生命的因緣。

命局大環境有「社會大環境」與「地理大環境」。

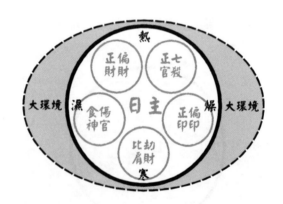

社會大環境

社會大環境的「調候」，常以「大集合」的能量出現。

社會大環境常見「歡樂大集合‧災難大集合」、「富貴大集合‧貧賤大集合」、「幸運大集合‧倒楣大集合」、「滿願大集合‧苦勞大集合」…等等，對命局總體影響力變化較大。

地理大環境

地理大環境的「調候」，常以「大自然」的能量出現。

台灣位置處於亞洲大陸東南太平洋地區，大約是在東經 120~122 度，北緯 22~25 度左右。北回歸線通過西部的嘉義及東部的花蓮，北回歸線以北是屬於「亞熱帶」季風氣候，以南是屬於「熱帶」季風氣候。台灣年平均溫度約在攝氏 22 度，整體氣候屬「高溫多濕」型態。

台灣地理大環境的「調候」為「癸巳」能量。

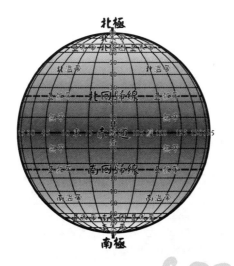

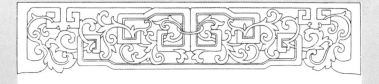

第四篇

八字解讀

八字解讀

　　八字解讀篇，講述如何解讀「命局」之「階位、家庭、身體」。八字解讀是八字論命的核心，有了正確的八字解讀，方能正確的八字論命。

八字解讀篇，共有「階位、家庭、身體」三章。

　　第一章　階位：個性、人際、才能、財富、事業、福德。

　　第二章　家庭：祖父母、父母、兄弟姊妹、夫・妻、子女、孫子女。

　　第三章　身體：部位、藏腑、經脈。

八字論命流程

大運干支	46-120	31-45	16-30	1-15
		日元		

八字命盤

↓

八字分析

日 主

格 局

環 境

↓

八字解讀

| 階位 | 家庭 | 身體 |

↓

八字論命

八字解讀

解讀「命局」之「階位、家庭、身體」。

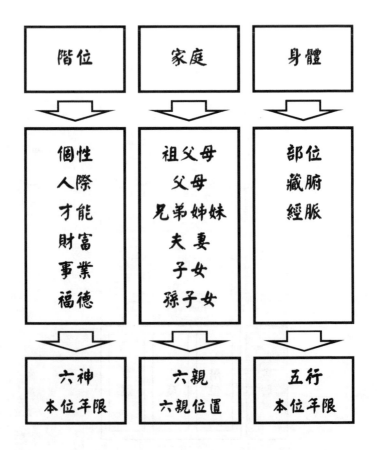

生命滿願場

生命滿願場:「人在世間的應許地」。

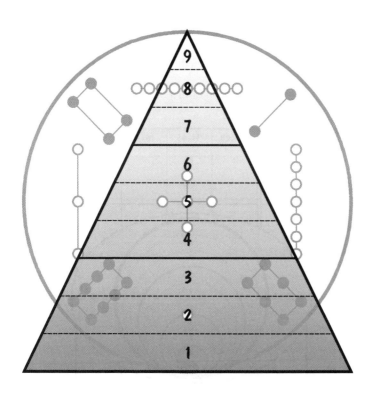

生命滿願度

「生命滿願度」，為人在世間「生命欲求」的滿願程度。每一生命的滿願點都不一樣，生命滿願度越高，滿願等級越高。八字論命中每一生命皆為一太極，只是每人生命福報大小不一樣，生命福報大者太極較大，生命福報小者太極較小。但是無論每人生命福報大小如何，每一生命皆有其滿願處。

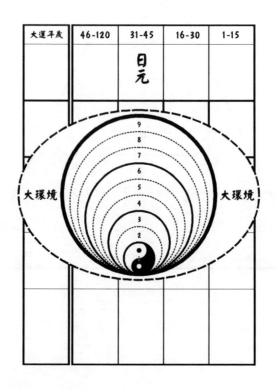

第一章

階　位

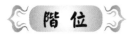

階　位

每個生命皆有其「階位」。

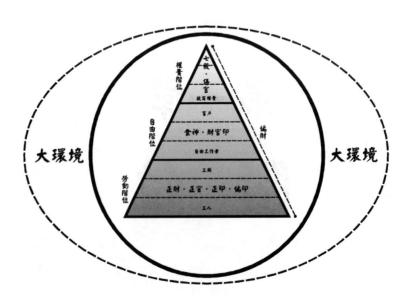

生命階位

生命階位，人在世間生命滿願場的應許地。

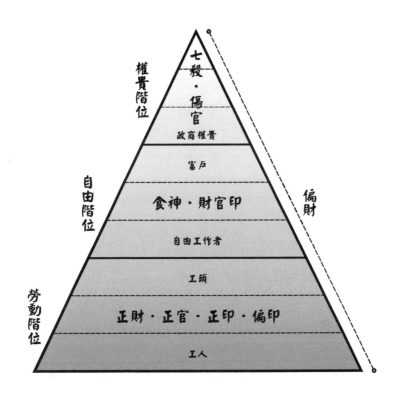

生命階位分「權貴階位三階、自由階位三階、勞動階位三階」
共九位階。

權貴階位

權貴階位，屬政商權貴者生命階位，為「七殺格、傷官格」的生命滿願場。

自由階位

自由階位，屬自由工作者生命階位，為「食神格、財官印格」的生命滿願場。

勞動階位

勞動階位，屬勞動工作者生命階位，為「正財格、正官格、正印格、偏印格」的生命滿願場。

全階位者

全階位者，遊走各生命階位，為「偏財格」的生命滿願場。

生命主題

生命主題有「個性、人際、才能、財富、事業、福德」。

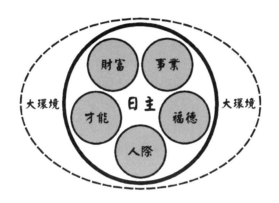

格局六神與生命主題之關係

命局格局六神所對應的生命主題,「男命、女命」相同。

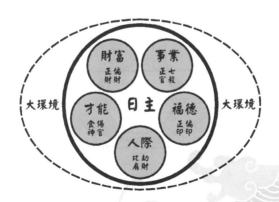

八字解讀「個性」（性格、性情），觀命局「日主」與「格局」。

一、生命本質

二、生命特質

三、生命特點

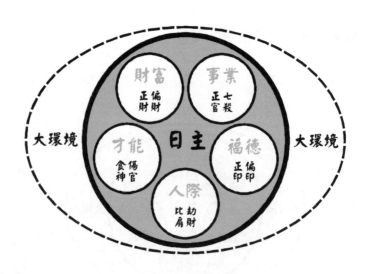

一、生命本質

「甲」為「陽木」，形象如是「大樹」，俱「慈生」的生命能量。

「乙」為「陰木」，形象如是「小草」，俱「慈生」的生命能量。

「丙」為「陽火」，形象如是「太陽」，俱「滿願」的生命能量。

「丁」為「陰火」，形象如是「燭火」，俱「滿願」的生命能量。

「戊」為「陽土」，形象如是「高山」，俱「承載」的生命能量。

「己」為「陰土」，形象如是「平原」，俱「承載」的生命能量。

「庚」為「陽金」，形象如是「強風」，俱「肅殺」的生命能量。

「辛」為「陰金」，形象如是「微風」，俱「肅殺」的生命能量。

「壬」為「陽水」，形象如是「大水」，俱「伏藏」的生命能量。

「癸」為「陰水」，形象如是「小水」，俱「伏藏」的生命能量。

命局日主「生命本質」的展現

（1）五行：日主如是「天干」的生命能量。

（2）強弱：日主五行強旺本質「顯明」、日主五行衰弱本質「隱暗」。

（3）清濁：日主五行清純本質「銳利」、日主五行混濁本質「鈍拙」。

二、生命特質

「比肩格」，俱「交友廣闊」的生命特質。

「劫財格」，俱「交際融通」的生命特質。

「食神格」，俱「才華洋溢」的生命特質。

「傷官格」，俱「聰明好學」的生命特質。

「正財格」，俱「勤儉務實」的生命特質。

「偏財格」，俱「思維靈活」的生命特質。

「正官格」，俱「保守包容」的生命特質。

「七殺格」，俱「奮鬥毅力」的生命特質。

「正印格」，俱「慈悲潔淨」的生命特質。

「偏印格」，俱「節儉發明」的生命特質。

命局格局「生命特質」的展現

（1）五行：格局如是「六神」的生命特質。

（2）強弱：格局六神強旺特質「顯明」、格局六神衰弱特質
　　　　　「隱暗」。

（3）清濁：格局六神清純特質「銳利」、格局六神混濁特質
　　　　　「鈍拙」。

三、生命特點

1. 香甜黏

2. 滿願力

3. 生命力

1. 香甜黏

日主人氣指數「香、甜、黏」。

(1)「合會」命局

命局「合會」多者（天干五合、地支六合、三合局、三會方），表個性「香、甜、黏」，人氣指數高，人緣好，人見人愛，有如「蜜糖」。

如命局有「天干五合」加上「地支六合」之「天地雙合」，為最極致之「香、甜、黏」，稱為「蝴蝶合」。

（2）「沖剋刑害」命局

沖

命局「沖」多者（天干四沖、地支六沖），表個性「刺」人氣指數低，人緣差，喜沖犯他人，不好相處，有如刺蝟。

日主強者沖犯他人時，只有我沖人非人沖我，愈沖愈旺。日主弱者被人沖犯時，常現夭折、暴斃、意外而亡等。沖犯力如同爆炸物，用之不當時，常易遭災惹禍，用之得當也能有成。

如命局有「天干四沖、地支六沖」天地雙沖，為最極致之「刺」，稱為「蠍子沖」。

日主強，沖別人。日主弱，被人沖。

特別「四正沖」命局

「四正沖」者,「極東」與「極西」之沖、「極南」與「極北」之沖。

命局「甲寅見庚申」或「壬子見丙午」(本命中有甲寅或壬子,大運或流年有庚申或丙午)為「四正沖」。「四正沖」非一般的「沖」,為滿願之沖,生命會愈沖愈發。

「四正沖」成局時,會有強大爆發之生命力,完成生命中所期望,但一直無法滿願之事。不過,若生命中未曾設定滿願目標與努力耕耘,則「四正沖」時滿願成就相對較低。日主越強,滿願力越強。若「四正沖」位於本位年限,則爆發力更強。

「四正沖」最好不要發生在老年,因年老體衰,承受不了強大的爆發力,而傷及性命。

本命四柱則不會產生「四正沖」的力量,如:「甲寅與庚申」或「壬子與丙午」同在本命四柱中。

剋

命局「剋」多者（天干二剋），表個性「臭」人氣指數低，人緣差，喜挑剔人，不好相處，有如臭鼬。如命局四天干全「天干二剋」，為最極致之「臭」。

日主強，剋別人。日主弱，被人剋。

刑

命局「刑」多者（地支三刑），表個性「磨」人氣指數低，人緣差，喜折磨人，不好相處。如命局四地支全「三刑」，為最極致之「磨」，稱為「精神虐待狂」。

「刑」表「折磨」的力量，在命局中的影響力為「心與身」的折磨。「心」的折磨為「愛別離、怨瞋懟、求不得」。「身」的折磨為身體有「長期無故的病痛」與「慢性無明的病症」。

命局刑強日主弱，如非夭折，則會極端下賤，受盡一切折磨。

日主強，刑別人。日主弱，被人刑。

害

命局「害」多者（地支六害），表個性「破」人氣指數低，
人緣差，喜損傷人，不好相處。如命局四地支全「六害」，
為最極致之「破」。

「害」表「傷害」的力量，在命局中的影響力比較輕微。

命局中有「合會」者有傷，但命局有「沖剋刑」者無害。

日主強，害別人。日主弱，被人害。

(3)「沖刑會合」命局

命局地支「沖刑會合」俱全者稱為「剝」，又名「災難磁鐵」。
「剝」者，命局五行力量無法發揮呈「打糊」狀態。

命局日主強格局好者，可成為執法者到處剝人。命局日主弱
格局差者，淪落為倒楣人到處被剝。

日主強，剝別人。日主弱，被人剝。

(4)「伏吟-反吟」命局

命局「伏吟-反吟」者，視發生時期的「本位年限」年歲，生命處於各種不同的變化狀態。

命局「伏吟-反吟」者，身體免疫功能較容易有狀況和有更年期症狀等。

(5)「四柱震動」命局

命局本命四柱天干地支皆受「合會沖剋刑害」影響者，稱為「四柱震動」。

四柱震動者之生命能量變動負荷衝擊力極大，生命常處於不穩定狀態。

天生四柱震動者，生命較具韌性，變動狀態「習慣」就好。

後天四柱震動者，生命較為脆弱，難以承受變動衝擊。

2. 滿願力

日主生命具有大滿願力者，容易滿願達成其心中所設定的追求目標。

(1) 四長生

四長生者，日主生命具有「大滿願力」。

命局中地支「寅、申、巳、亥」俱全，謂之「四長生」。

(2) 四帝旺

四帝旺者，日主生命具有「大滿願力」。

命局中地支「子、午、卯、酉」俱全，謂之「四帝旺」。

(3) 四墓庫

四墓庫者，日主生命具有「大滿願力」。

命局中地支「辰、戌、丑、未」俱全，謂之「四墓庫」。

3. 生命力

日主生命，具有特殊的「內在生命能量」。

（1）陽刃

陽刃者，日主生命「能量強旺」。

陽刃有：年刃、月刃、日刃、時刃，月刃最強。

有月刃或日刃時，年刃才可合起來看，力量才可延續。

配合陽刃的三種格局

（1）七殺制之：有七殺格局來與之平衡，成「陽刃駕殺」
　　　　　　　　格局。七殺制之，力量較強（七殺積極）。
　　　　　　　　正官制之，力量較弱（正官懶散）。

（2）傷官泄之：有傷官格局來與之平衡，成「傷官泄秀」
　　　　　　　　格局。傷官泄之，力量較強（傷官速簡）。
　　　　　　　　食神泄之，力量較弱（食神拖拉）。

（3）專旺格局：專旺日主五行格局。

日主極強的命局，解救之道為「制」或「泄」。

陽刃為劫財會破財（正偏財）。

陽刃見正印日主更強，無制或泄，成偏印格局。

陽刃無制又無泄為陽刃獨大「任我行」，毫無自制力。

陽刃駕殺皆是武將。如：軍人、警察、外科醫生。（內科醫生是傷官）

個性「白目」的八字特徵有三

（1）日主陽刃：日主強，只知進、不知退。

（2）格局傷官：傷官者，好高、好辯。

（3）本命沖多：沖多者，說話負面、不好相處。

(2) 咸池

咸池者,日主生命「魅力強旺」。

六合、三合、沖、刑到「咸池」皆主發動力量。

不管四柱或大運並流年,只要湊上「子午卯酉」俱全,就是「大咸池」。

女命咸池在夫位(月支),夫妻恩愛。

喜歡風花雪月,浪漫唯美,詩情畫意的感覺。

人際中的魅力強,人脈上會吸引異性的魅力。

用魅力作何事,是個人的「自由意志」。若能不陷入個人情慾中,能集合大眾之力而有所成。與人群接觸也需要有群眾魅力才能成事,如政治人物、公眾人物、影歌星、藝術家等。

格局中有「食神、偏財、七殺」格局者,也帶魅力。

咸池型態

咸池第一型：內桃花（春情發動）

基本桃花為內桃花。

咸池第二型：外桃花（環境桃花）

日支「子、午、卯、酉」見時支「子、午、卯、酉」為「外桃花」，有「卯見子、酉見午、午見卯、子見酉」。

工作環境皆會和八大行業有關，如和食神結合在一起力量加大。

咸池第三型：大桃花（帝王桃花）

A 型：「子、午、卯、酉」四字俱全（四帝旺）

　A1 型：四柱中四字俱全，名曰「四帝旺」天下第一，
　　　　無需再論格局。

　A2 型：四柱中四字缺一，由大運來補，力量有十年，
　　　　需論格局。

　A3 型：四柱中四字缺一，由流年來補，力量有一年，
　　　　需論格局。

B 型：「子、午、卯、酉」四字不全亂配。

　外桃花力量擴大。

咸池第四型：桃花逢合（桃花力量加倍）

桃花逢「六合、三合、三會」，桃花力量會加倍。

桃花力量加倍為六合加 2 倍、三合加 3 倍、三會加 3 倍。

咸池第五型：桃花驛馬（桃花變動快）

四柱中有桃花又有驛馬，又稱「桃花馬」。

如再加上偏印，表轉換速度更快。（偏印性頭熱尾冷）

如再加上「沖、刑」，更容易受傷。

咸池種類

地支有桃花，見天干為何「六神」，即為該桃花。

如日柱己酉見庚午，午為桃花，己見庚，庚為「傷官」，則為『傷官桃花』。

食神桃花

優雅的浪漫，柏拉圖式的戀愛，不會在情色上深入，風流不下流，如風般流動不黏住萬物，輕扣地能出又能入。

傷官桃花

桃花的品質如傷官，挑剔地要求高水準、高品質，否則寧缺勿濫，不濫情。

正財桃花

男命：會規矩地只對自己傾慕對象發動攻勢，不濫情。男命正財為妻，只對自己老婆發動風花雪月的浪漫情懷。若尚未成婚，也會對女方負責，視為要娶的對象。

女命：會規矩地只對自己傾慕對象發動風花雪月的浪漫情懷。

偏財桃花

男命：花心蘿蔔，到處拈花惹草，無國界、夫妻之定位，易將貌美幹練的女性納為妾，經營關係企業。

女命：因女命以偏財為父，易傾慕較年長的異性，或被父母指定者交往，為娘家賣命。

正官桃花

男命：會規矩地只對自己傾慕對象發動攻勢，不濫情。規矩地對一人。

女命：會規矩地只對自己傾慕對象發動攻勢，不濫情。規矩地對一人。但，女命官殺混雜（正官加七殺）強時，會有較多異性朋友。

七殺桃花

男命：喜歡男征北討，但要一個正宮娘娘持家，以便自己去外打天下，喜談些〝拋棄型戀愛〞，不會將女色帶回家。

女命：與男命正財同，為夫浪漫唯美。

正印桃花

會規矩地只對自己傾慕對象發動攻勢，不濫情。喜在好的
名聲下，規規矩矩地談戀愛。

正印桃花

會規矩地只對自己傾慕對象發動攻勢，不濫情。喜在好的
名聲下，規規矩矩地談戀愛。

比肩桃花

會形成激渴的強盜式略奪行為，無制又無泄者毫無自制力
會成為強暴、色情者，又花錢凶的破財。

劫財桃花

會形成激渴的強盜式略奪行為，無制又無泄者毫無自制力
會成為強暴、色情者，又花錢凶的破財。

(3) 驛馬

驛馬者，日主生命「心性不定」。

六合、三合、沖、刑到「驛馬」皆主發動力量。

不管四柱或大運並流年，只要湊上「寅申巳亥」俱全，就是「大驛馬」。

驛馬發動力量，表日主生命「心性不定」。

驛馬動在月令，一輩子心性不定。

驛馬動在時支，中老年心性不定。

驛馬動在大運，十年間心性不定。

驛馬動在流年，一年間心性不定。

驛馬動時，人事地物皆會無法定下來。常見心性不定、心浮氣燥、心不安穩，無法在一個地方待太長，喜改變。見驛馬，人的內心會恆不安定，難能安處一地，或安於工作，或者安心與一人談愛情的現象。如驛馬與咸池在四柱並現或大運並流年，則感情多紛擾，難定心安住一人，會多樣多變。

驛馬者，心伏動不安奔騰不得閒，故會常換工作、人、地等。

驛馬+七殺，喜歡南北奔波。

驛馬+桃花，好談戀愛，常換人。

驛馬在流年或大運，人心浮動不安，常換工作或地點等，也容易因心的浮動更換工作，夫妻吵架，出意外或災難等。

驛馬在年幼，無法心定而成績不好。

老年走驛馬，要有食神，日主強，才能出國玩樂。能否出國旅遊，要看是否能有大滿願之時，若八字平衡、日主強的食神格、或走食神大運兼日主強，就能滿願而有出國旅遊機會。

唯有驛馬加上食神為吃遍四方和玩遍四方。

（4）魁罡

魁罡者，日主生命「個性剛強」，有「傷官」的生命特質。

魁罡者，冷靜批判少慈悲，有傷官格之特質，但更甚於傷官的冷靜批判。其特質為聰慧（人間的世智辨聰之慧）、冷酷、好批判、少慈悲心（故無幽默感）。

因好批判的特質，易得罪人，若走運時，大家忍之。不走運時，或大運遇到沖、刑，易被人責罵而官訟多。

平常人若走魁罡大運無意義，但魁罡格走魁罡大運時，也形成「雙魁罡」。

見命局中出現「魁罡格」，則不論日主強弱，只論是否有沖或刑。若沖刑在命盤，則最易倒楣而亡。若刑多而日主弱，則刑自己，會自殺。若刑多但日主強則沒事。

「魁罡格」＋「傷官」：世間一條龍。

「魁罡格」＋「七殺」：冷靜有謀略。

「魁罡格」＋「食神」：優雅批判兼容。

（5）金神

金神者，日主生命「個性強悍」，有「七殺」的生命特質。

金神者，生命個性強悍，「攻堅」為名號，是七殺格與傷官格之混合體。金神「攻堅」之力更甚於七殺，會找尋各種不可能的任務或領域去攻堅。

金神要火煉，四柱要「火」旺，火愈多愈好。見「水」破局。

「金神格」＋「七殺格」：愈挫愈勇的敢死老將，偉大的將軍。

「金神格」＋「正財格」：會傻傻但搞不清楚狀況地攻堅。

「金神格」＋「偏財格」：攻堅財富的好手。但若為女命偏財，能活潑地運用錢財，將生命奉獻給娘家，但不似男命好鑽營。

（6）紅豔煞

紅豔煞者，日主生命「多情多慾」，性情氣質浪漫風流，異性緣佳。

(7) 天德貴人

天德貴人者，日主生命「護身保命」。

天德貴人能無代價的解難保身，是多生多世種下的無代價助人、救人、善因果報。天德貴人是自己種下的無私善因。

(8) 月德貴人

月德貴人者，日主生命「護身保命」。

月德貴人能無代價的解難保身，是多生多世種下的無代價助人、救人、善因果報。月德貴人是祖先們種下的無私善因。

（9）天乙貴人

天乙貴人者，日主生命「護身保命」。

天乙貴人有代價的在事業上幫助，亦可解難保身，也是多生多世種下的助人、救人、善因果報，只是當初曾要求代價，故有此受報。

（10）文昌貴人

文昌貴人者，日主生命「護身保命」。

文昌貴人有尊卑、高下的代價在學業上幫助，亦可解難保身，也是多生多世在師徒生涯上，諄諄教誨及幫助學生的助人、救人、善因果報，只是當初曾要求尊卑、高下的形相代價，故有此受報。

人際

八字解讀「人際」，觀命局「比肩、劫財」。

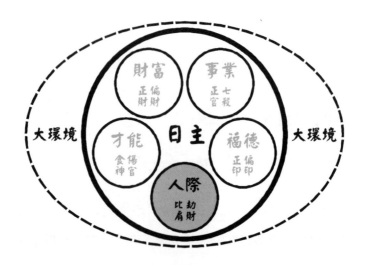

人際（朋友、人脈、人際關係）

命局「比肩、劫財」表人脈廣，人際關係可有效的發揮。

比肩：同性關係，男日主為兄弟，女日主為姊妹，挹注有形之人脈。

劫財：異性關係，男日主為姊妹，女日主為兄弟，劫走有形之錢財。

比肩與劫財的特性

命盤中有比肩或劫財齊透者，最易招感全世界的「依賴者」前來吸食。

命盤中有 1 個比肩或劫財在天干者，其 1/3 的錢財被「依賴者」拿走。

命盤中有 2 個比肩或劫財在天干者，其 2/3 的錢財被「依賴者」拿走。

命盤中有 3 個比肩或劫財在天干者，全部錢財被「依賴者」拿走。

劫財力量強過比肩。比肩力量為互有往來，劫財力量為單向付出。

吸食者非絕對「依賴者」，但有比肩或劫財者，最易招感「依賴者」來吸食。

日主陽刃為劫財會破財（正偏財）。

才 能

八字解讀「才能」，觀命局「食神、傷官」。

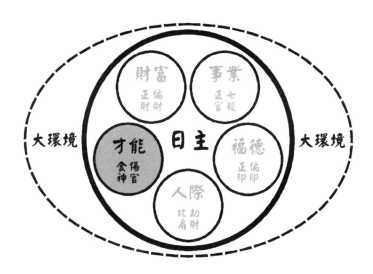

才能（才華、能力、智力、學問、學業）

年柱、月柱有「傷官」天透地藏者，讀書的能力較好，但如受「沖、刑」則無法發揮。

傷官好高較有企圖心，會讀書。有異性緣。

食神較無企圖心，有才華。

食神加上正財偏財可等於傷官。

食神的至愛為追求自己喜歡的學問。

食神為學問之神，如在時柱天透地藏更是學問之神。

食神加上正財最美，最會享受。

傷官太鋒芒畢露及氣燄太勝，需要「剋」之力，才能較收斂住自己的習性。

傷官若發生在年幼，通常為學業資優生，讀書沒問題。即使沒主動爭取，大地也會給其發光發亮的環境，讓眾人把他推到顯明之處。大運走傷官時，在傷官年限內，會有此傷官習性及環境。

金白水清

日主辛金，色白，曰：「金白」。

月支為水或地支多水，如：辰、亥等。

同為傷官格，日主為土、木、火、水中，以「金白水清」者
最犀利，是傷官格的頂尖，利中利，又稱「金水傷官」。

財 富

八字解讀「財富」，觀命局「正財、偏財」。

八字解讀「破財」，觀命局「劫財、比肩」。

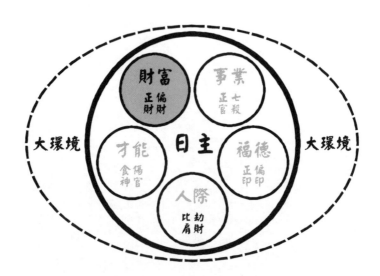

財富（自發財富、繼承財富）

「食神+正財」為食祿。

天透地藏「食神+正財」為有錢人。

天透地藏「食神+正財+偏財」為更加有錢人。

食神格天透兩「比肩、劫財」為敗家子。

四柱不見正財與財無緣。

八字本命大運，見「劫財、比肩」較易破財，地藏「陽刃」更加倍力量。命局走劫財運時，會散去聚斂之財。如正財者，因為怕虧錢，難以投資，也無法賺到大錢，只能靠自己一點一滴耕作所得。但即使守財到極點，也會被倒會、親友借貸、供養家人、天災人禍等事，使之散去聚斂之財。

寒（水）為清貧，水多則聰無財。

熱（火）為濁富，火多則愚有財。

只要命局有溫熱，即為財多也。

金溫水暖

日主：辛金或庚金。

月支：巳、午、未（夏季）或辰（春夏之交）月。

特徵：日主強自己用，日主弱兒女用。

食神或傷官格生若金溫水暖，是會發財的八字，可大富大貴。

金寒水冷

日主：辛金或庚金。

月支：亥、子、丑（冬季）。

特徵：一輩子為酸儒，窮書生，學問一大把但窮酸一輩子。

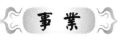

八字解讀「事業」，觀命局「正官、七殺」。

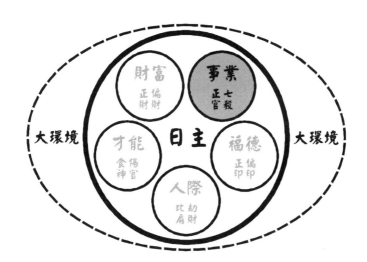

事業（職業、官祿、權勢）

七殺好強，較有企圖心。

七殺、傷官者，事業心較強。

「七殺+正財+桃花」，會有多追求者。

天透地藏「食神+七殺」為「優雅的帝王」。

七殺格格局清的男人，外號「小白臉」，外貌文雅斯文，為文雅的書生。

七殺太好強，需要「剋」之力，才能較收斂任自己的習性。

六神格局職業定位

食神

藝術家、音樂家、文學家、學問家、小說家、詩人、收藏家、
導遊、廚師、演藝人員、舞男、舞女…。

傷官

政治家、革命家、教育家、外科醫生、法官、檢察官、律師、
學者、作家、評論家、收藏家、藝術家、演藝人員、研發人
員、創新行業、開發新事物者…。

正財

公務人員、社會幹部、家庭主婦、佃農、資源回收員…。

偏財

企業家、商人、金融業、股票族、珠寶商、房地產、直銷商、
古董商、軍火商、八大行業…。

正官

公務人員、社會幹部、家庭主婦、佃農、資源回收員⋯。

七殺

政客、企業家、商人、律師、檢察官、警察、軍人、冒險家、屠夫、漁夫⋯。

正印

宗教家、慈善單位、佈施者、醫生、護士、家庭主婦⋯。

偏印

發明家、設計家、電腦工程師、研發人員⋯。

八字解讀「福德」，觀命局「正印、偏印」。

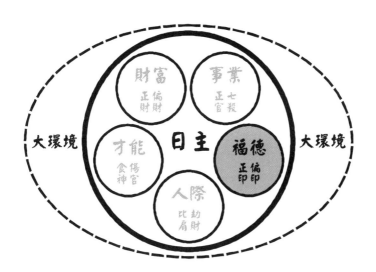

福德（福報、德行、名位、名聲、名氣）

食神為福報最大者（財福雙致）。

正印為福報大者（又稱次食神）。

偏印為福報最小者，偏印者福報被凍結。（又稱為梟－貓頭鷹）

食神逢梟（偏印）為乾熬之苦，但乾熬有助於修行與心靈的提昇。

偏印天透地藏力量最大。

偏印地藏獨支無天透力量大。

偏印天透無地藏力量還是很大。

比肩、劫財、偏印會掠奪福報（福祿壽－食衣住行吃喝玩樂）。

偏財為過水王，無法剋制偏印。

日主生命具有大滿願力者

四長生（寅申巳亥），身體健康，又能大滿願。

四帝旺（子午卯酉），身體健康，又能大滿願。

四墓庫（辰戌丑未），雖能滿願，但不易成功。因一生平順無嘗挫敗，無挫敗之力，便無精進心。

第二章

家　庭

家 庭

每個生命皆有其「家庭」。

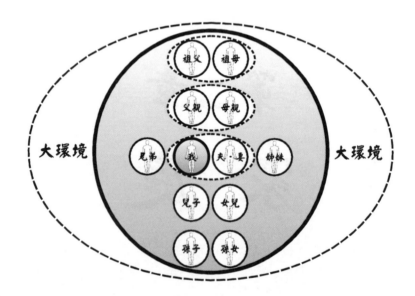

家庭六親

六親有「祖父母、父母、兄弟姊妹、夫・妻、子女、孫子女」。

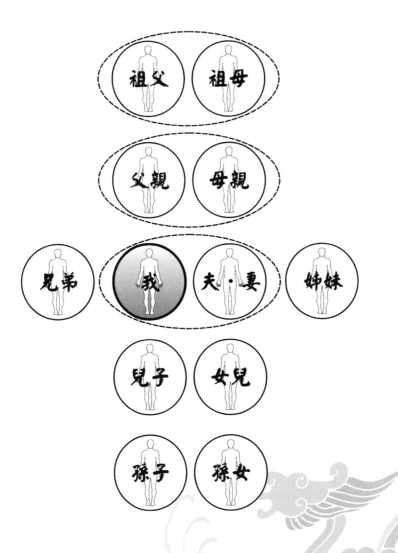

六親位置

命盤上「六親」所對應的「位置」,「男命、女命」不同。

46-120	31-45	16-30	1-15
	日元		
子女位	我	父位	祖父位
子女位	兄弟姊妹位 / 妻位	母位	祖母位
	男命		

46-120	31-45	16-30	1-15
	日元		
子女位	我	父位	祖父位
子女位	兄弟姊妹位	夫位 / 母位	祖母位
	女命		

六親與六神

命局「六親」所對應的「六神」,「男命、女命」不同。

男命六親	
比肩	兄弟
劫財	姊妹、兒媳
食神	女婿、孫子
傷官	祖母、孫女
正財	妻子
偏財	父親
正官	女兒
七殺	兒子
正印	母親、外孫女
偏印	祖父、外孫子

女命六親	
比肩	姊妹
劫財	兄弟
食神	祖母、女兒
傷官	兒子、
正財	父親、外孫子
偏財	外孫女
正官	丈夫
七殺	兒媳
正印	祖父、女婿孫子
偏印	母親、孫女

由「天干五合」發展出「六親」所對應的「六神」

以「甲」說明:甲己合,己是甲的正財(妻子),甲是己的正官(丈夫)。己土(妻子)生庚辛金(兒女),庚是甲的七殺(兒子),辛是甲的正官(女兒);庚是己的傷官(兒子),辛是己的食神(女兒)。癸水(母親)生甲木,癸是甲的正印(母親)。戊癸合,戊是癸(母親)的正官(丈夫),戊是甲的偏財(父親)。

六親與六神關係圖（男命）

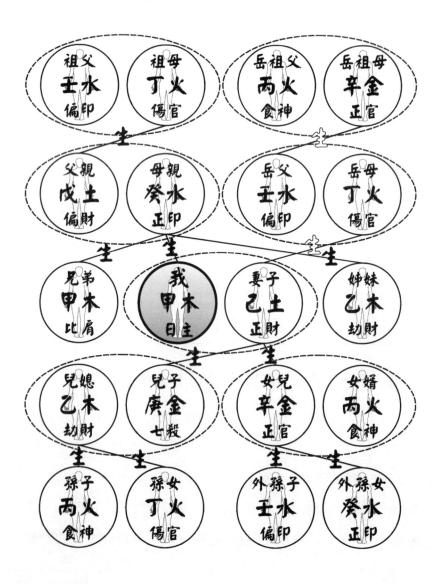

六親與六神關係圖（女命）

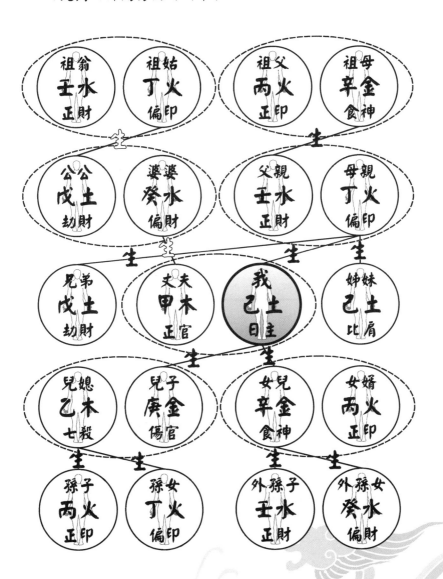

祖父母

八字解讀「祖父」，觀命局「年干」為祖父位、「偏印」為祖父。

八字解讀「祖母」，觀命局「年支」為祖母位、「傷官」為祖母。

46-120	31-45	16-30	1-15
子女位	我	父位	祖父位
子女位	兄弟姊妹位 妻位	夫位 母位	祖母位

祖父母位「合、會」者，與祖父母關係幸福美滿。

祖父母位「沖、剋、刑、害」者，與祖父母關係包容體諒。

祖父母位「合、會、沖、剋、刑、害」者，與祖父母關係備受考驗。

命局年干支「財、官、印」，表出生時家庭富裕。

父 母

八字解讀「父親」，觀命局「月干」為父位、「偏財」為父親。

八字解讀「母親」，觀命局「月支」為母位、「正印」為母親。

46-120	31-45	16-30	1-15
子女位	我	父位	祖父位
子女位	兄弟姊妹位 夫位	夫位 母位	祖母位

父母位「合、會」者，與父母關係幸福美滿。

父母位「沖、剋、刑、害」者，與父母關係包容體諒。

父母位「合、會、沖、剋、刑、害」者，與父母關係備受考驗。

命局「比劫過多」，表與父無緣。

兄弟姊妹

八字男命解讀「兄弟」，觀命局「日支」為兄弟姊妹位、「比肩」為兄弟。

八字男命解讀「姊妹」，觀命局「日支」為兄弟姊妹位、「劫財」為姊妹。

八字女命解讀「姊妹」，觀命局「日支」為兄弟姊妹位、「比肩」為姊妹。

八字女命解讀「兄弟」，觀命局「日支」為兄弟姊妹位、「劫財」為兄弟。

46-120	31-45	16-30	1-15
子女位	我	父位	祖父位
子女位	兄弟姊妹位 妻位	夫位 母位	祖母位

兄弟姊妹位「合、會」者，與兄弟姊妹關係幸福美滿。

兄弟姊妹位「沖、剋、刑、害」者，與兄弟姊妹關係包容體諒。

兄弟姊妹位「合、會、沖、剋、刑、害」者，與兄弟姊妹關係備受考驗。

夫・妻

八字男命解讀「妻子」，觀命局「日支」為妻位、「正財、偏財」為妻子。

八字女命解讀「丈夫」，觀命局「月支」為夫位、「正官、七殺」為丈夫。

46-120	31-45	16-30	1-15
子女位	我	父位	祖父位
子女位	兄弟姊妹位 妻位	夫位 母位	祖母位

夫妻位「合、會」者，夫妻關係幸福美滿。

夫妻位「沖、剋、刑、害」者，夫妻關係包容體諒。

夫妻位「合、會、沖、剋、刑、害」者，夫妻關係備受考驗。

男命結婚條件

（1）見妻子：見大運、流年有「正財、偏財」出現，最好
是正財。

（2）動妻位：日支妻位有任一「合、會、沖、刑、害」。

（3）見桃花：見大運、流年有「桃花」出現。

男命正財為妻為財富。（正財見桃花為妻，不見桃花為財富。）

若結婚但沒見桃花，表示婚姻有被外力逼迫而成。

女命結婚條件

（1）見丈夫：見大運、流年有「正官、七殺」出現，最好
是正官。

（2）動夫位：月支夫位有任一「合、會、沖、刑、害」。

（3）見桃花：見大運、流年有「桃花」出現。

女命七殺為夫為事業。（七殺見桃花為夫，不見桃花為事業。）

若結婚但沒見桃花，表示婚姻有被外力逼迫而成。

結婚力度

桃花逢合，愛情熱度高，結婚力度超強。

人在運勢強時，即使桃花力量強，愛情熱度高，也會因挑三揀四，不易成婚。

人在運勢弱時，即使桃花力量弱，愛情熱度低，也會因無力挑剔，容易成婚。

命局觀婚姻

日主強弱

夫妻命局的「日主強弱」最好能相互搭配，夫日主強配妻日主弱、夫日主弱配妻日主強。

若雙方日主皆強（日主陽刃），多因個性任性不肯謙讓，不是夫妻各居一方，就是夫妻相互廝殺，而難以維持婚姻關係。唯自己若能學習包容、體諒對方，就可化解婚姻考驗。

男命比肩、劫財天透，會剋正財（妻子），表示夫妻會聚少離多。

食神格局

日主弱之食神格女性，易成為偏房（小老婆）。

傷官格局

傷官者只欣賞傷官。純傷官會因太犀利，標準過高，而難成婚。若地位愈高，成就愈大者，挑剔心更強，即使結婚，也終日挑剔到離婚。

若兩個傷官結婚，最好的解決之道是聚少離多，沒時間爭辯，否則兩虎相鬥必有一傷，最後以離異收場。

傷官格局（女命）

日主強之傷官格女性，欣賞高大俊美有成就有地位權勢之男性。

日主弱之傷官格女性，易成為偏房（小老婆）。

偏財格局（男命）

偏財表父親、小老婆、情婦。

男命偏財者，在社會上以錢財及女色為欲求。故社會上帶偏財格的商人，多會娶很多小老婆。但娶小老婆並非只為女色，是要擔負事業任務者。如：鹿鼎記中的韋小寶。

偏財格局（女命）

也有男性偏財的特質，但會專注照顧自己的娘家，為娘家辛勞，有好處也會往娘家送。

正官格局（女命）

女命正官為大眾夢中情人命，再有桃花力量更強。

七殺格局（男命）

男命「正財、偏財與七殺」格局、日主陽刃者，一生以不斷
結婚及離婚為生命主題。因陽刃的任性容易為所欲為，不肯
替對方著想，不納人言。

七殺的需要、霸氣、又要有女人相伴，故容易有不斷結婚又
離婚，離婚又再婚狀況。

七殺格局（女命）

日主弱之七殺格女性，以夫為尊為貴，是最標準三從四德的
老婆。

七殺、偏財並格（男命）

男命偏財、七殺並格者，好鑽營買通人情，有小老婆更好，帶食神的花花公子享樂型，也是好酒色財氣之徒。

七殺與傷官格，喜好高大亮麗之位，易形成高不成低不就。不得志與貧窮低賤處，才能學習忍讓與謙下。

食神、偏財、七殺並格（男命）

男命食神、偏財、七殺格並格者，一旦發旺會在酒色中聲敗名裂。若年輕時不得志，使之降服其性，等老年時再發旺，反而是上天的恩寵。

子 女

八字男命解讀「兒子」，觀命局「時干」為子女位、「七殺」為兒子。

八字男命解讀「女兒」，觀命局「時支」為子女位、「正官」為女兒。

八字女命解讀「兒子」，觀命局「時干」為子女位、「傷官」為兒子。

八字女命解讀「女兒」，觀命局「時支」為子女位、「食神」為女兒。

46-120	31-45	16-30	1-15
子女位	我	父位	祖父位
子女位	兄弟姊妹位 妻位	母位 夫位	祖母位

子女位「合、會」者，與子女關係幸福美滿。

子女位「沖、剋、刑、害」者，與子女關係包容體諒。

子女位「合、會、沖、剋、刑、害」者，與子女關係備受考驗。

男命生子條件

（1）見子女：見大運、流年有「正官、七殺」出現。

（2）動子位：時干支子位，有任一「合、會、沖、剋、刑、害」現象。

女命生子條件

（1）見子女：見大運、流年有「食神、傷官」出現。

（2）動子位：時干支子位，有任一「合、會、沖、剋、刑、害」現象。

第三章

身　體

身　體

每個生命皆有其「身體」。

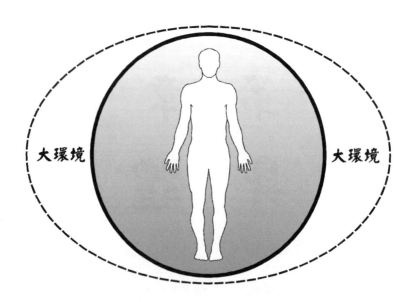

大環境　　　　　　　　　　　　大環境

身體系統

身體系統有「部位、臟腑、經脈」。

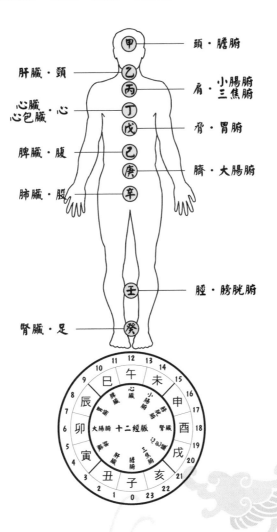

身體位置

命盤上身體所對應的位置，「男命、女命」相同。

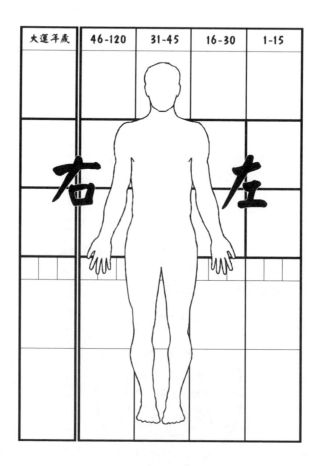

五行與身體「臟腑、生理系統」的關係

五行	六臟	六腑	生理系統
木	肝臟	膽腑	代謝系統
火	心臟、心包臟	小腸腑、三焦腑	循環系統
土	脾臟	胃腑	消化系統
金	肺臟	大腸腑	呼吸系統
水	腎臟	膀胱腑	泌尿系統

代謝系統：肝臟、膽囊、胰臟…等。

循環系統：心臟、動脈、微血管、靜脈…等。

消化系統：咽、喉、食道、胃、小腸、大腸、肛門…等。

呼吸系統：氣管、支氣管、肺臟…等。

泌尿系統：腎臟、攝護腺、子宮、卵巢、輸尿管、膀胱、尿
道…等。

天干與身體「部位、臟腑」的關係

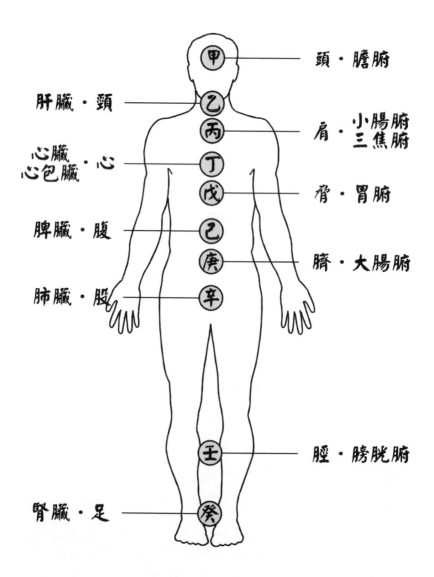

甲　頸・膽腑

肝臟・頸　乙

肩・小腸腑
丙　三焦腑

心臟　・心
心包臟　丁

脊・胃腑
戊

脾臟・腹　己

臍・大腸腑
庚

肺臟・股　辛

脛・膀胱腑
壬

腎臟・足　癸

五行	天干	部位	臟腑
木	甲	頭	膽腑
	乙	頸	肝臟
火	丙	肩	小腸腑、三焦腑
	丁	心	心臟、心包臟
土	戊	脅	胃腑
	己	腹	脾臟
金	庚	臍	大腸腑
	辛	股	肺臟
水	壬	脛	膀胱腑
	癸	足	腎臟

地支與身體「部位、臟腑、經脈」的關係

五行	地支	部 位	臟 腑	經 脈
水	子	耳部、膀胱、泌尿系統	膽腑	足少陽膽經
土	丑	腹部、脾臟	肝臟	足厥陰肝經
木	寅	膽、毛髮、血脈、兩手	肺臟	手太陰肺經
	卯	十指、肝臟	大腸腑	手陽明大腸經
土	辰	皮膚、肩膀、胸部	胃腑	足陽明胃經
火	巳	面部、咽喉、牙齒、肛門、尾柢	脾臟	足太陰脾經
	午	精神、眼目	心臟	手少陰心經
土	未	胃、胸膈、脊粱	小腸腑	手太陽小腸經
金	申	肺、大腸、經絡	膀胱腑	足太陽膀胱經
	酉	精、血、小腸	腎臟	足少陰腎經
土	戌	命門、腿、踝、足	心包臟	手厥陰心包經
水	亥	頭、腎	三焦腑	手少陽三焦經

疾　厄

　　由八字命局中觀個人先天疾厄，不論日主格局的強弱，五行一方過強亢或過衰弱皆是有病變。八字命局中只能預見個人先天性的疾病，無法預見後天性的疾病。後天性的病源，大多與個人生活習慣、居住環境和工作職業有關。

　　疾厄的傷害力量，依發生在「本位年限、大運、流年」的時間點遞減。

　　沖：嚴重傷害。

　　剋：重大傷害。

　　刑：折磨傷害。

　　害：輕微傷害。

　　合：若造成五行一方過強亢或過衰弱，皆會有病變。

　　會：若造成五行一方過強亢或過衰弱，皆會有病變。

五行	天干	五行衰弱 （受沖剋刑害）	五行強亢 （不受沖剋刑害）
木	甲	頭痛、腦神經	神經、頭痛、筋骨衰弱
	乙	肝弱、筋骨	肝硬化
火	丙	小腸、咽喉、眼疾	敗血、近視、耳弱
	丁	心臟衰竭	
土	戊	胃衰弱、消化系統不良	胃酸過多消化系統不良
	己	下腹、脾、腸	
金	庚	大腸、大腦	鼻疾、支氣管弱、肺弱
	辛	胸、肺、支氣管、氣喘	
水	壬	生殖科	便祕、痔、痰症
	癸	泌尿系統不良、 尿酸痛風、尿失禁	

五行過旺或過衰之疾病

木：肝臟、膽腑。屬「代謝系統」。

過旺或過衰，較宜患「肝，膽、頭、頸、四肢、關節、筋骨、筋脈、眼、神經」等方面的疾病。

火：心臟、心包臟、小腸腑、三焦腑。屬「循環系統」。

過旺或過衰，較宜患「小腸、心臟、肩、血液、經血、臉部、牙齒、腹部、舌部」等方面的疾病。

土：脾臟、胃腑。屬「消化系統」。

過旺或過衰，較宜患「脾、胃、肋、背、胸、肺、肚」等方面的疾病。

金：肺臟、大腸腑。屬「呼吸系統」。

過旺或過衰，較宜患「大腸、肺、臍、咳痰、肝、皮膚、痔瘡、鼻氣管」等方面的疾病。

水：腎臟、膀胱腑。屬「泌尿系統」。

過旺或過衰，較宜患「腦、腎、膀胱、脛、足、頭、耳、腰部、肝、泌尿、陰部、子宮、疝氣」等方面的疾病。

命局多水，表智慧聰明，性腺發達。

伏吟-反吟

命局「本命四柱干支與大運干支相同」者為「伏吟」。

如：甲子見甲子，稱為「伏吟」（干支完全相同）。

命局「本命四柱干支與大運干支相沖」者為「反吟」。

如：甲子見庚午，稱為「反吟」（干支完全相沖）。

天干「戊、己」沒有反吟。

命局「伏吟-反吟」者，視發生時期的「本位年限」年歲，生命處於各種不同的變化狀態。

命局「伏吟-反吟」者，身體免疫功能較容易有狀況和有更年期症狀等。

月柱碰上「伏吟或反吟」，為更年期症狀。

日柱、時柱碰上「伏吟或反吟」，為較嚴重的更年期症狀。

大運中見「伏吟或反吟」，表免疫功能降低及抵抗力減弱。

流年中見「伏吟或反吟」，表免疫功能輕微降低及抵抗力輕微減弱。

年輕時見「伏吟或反吟」，表免疫功能降低大病一場。

年老時見「伏吟或反吟」，表免疫功能系統全面崩潰。

四柱震動加上「伏吟或反吟」，通常一命嗚呼是為命關。

四柱震動

命局本命四柱天干地支皆受「合會冲剋刑害」影響者，稱為「四柱震動」。

四柱震動者之生命能量變動負荷衝擊力極大，生命常處於不穩定狀態。

天生四柱震動者，生命較具韌性，變動狀態「習慣」就好。

後天四柱震動者，生命較為脆弱，難以承受變動衝擊。

第五篇

八字論命

八字論命

八字論命篇，講述如何論述「命局」之「命象」。八字論命是學習命學的目的，有了相當的生命歷練，方能正確的知命論運。

八字論命，觀「命象」，論「階位、家庭、身體」。

第一章 論階位：個性、人際、才能、財富、事業、福德。

第二章 論家庭：祖父母、父母、兄弟姊妹、夫・妻、子女、
　　　　　　　孫子女。

第三章 論身體：部位、臟腑、經脈。

八字論命流程

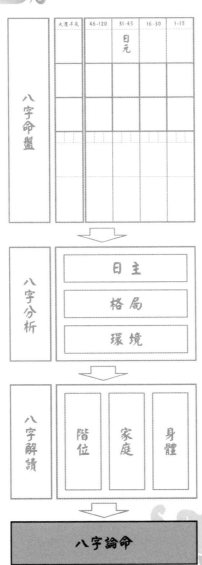

八字論命

論述「命局」之「命象」（論階位、論家庭、論身體）。

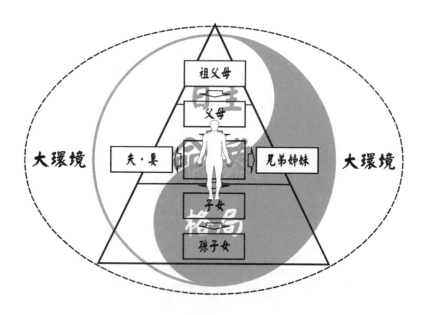

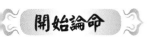

「實證」是探索命理最佳的方法。

一、「命盤」的確認

論命首重「命盤」的確認,「命盤」確認有三:

(1)主:命局與命主「個性氣質」的驗證。(觀花種)

(2)人:命局與命主「六親關係」的驗證。

(3)事:命局與命主「重大事件」的驗證。

命局與命主的「主、人、事」相符合,命盤方可確定無誤,
接著論命才會正確有意義。

二、觀「命象」論「階位、家庭、身體」

根據「命局」之「命象」，論述命主的「階位、家庭、身體」現象。

五行為體，六神為用，生命為心。

論命者，

須對「五行」有完整的堅實基礎；

再對「六神」有深入的體認了解；

並對「生命」有相當的正識歷練，

方能知命論運。

論命實務，融合了「命理學、心理學、生命學、社會學、天文學、地理學」等，多方面領域知識的綜合應用。初學命理，可多方參閱古今名師論命解盤，終能貫徹五行，知命論運。

生命影響力

影響「生命」的力量有「天時」「地利」與「人和」三者。

天時（時間）

天時，就是生命所處的時間。天時為影響「生命」最大的力量。時間未到，生命力量約制待發；時間一到，生命力量展現發揮。天時是大自然在掌管，生命無法選擇與改變，唯有順天應命，把握時機。

地利（空間）

地利，就是生命所處的空間。地利為影響「生命」次大的力量。環境不合，生命力量約制待發；環境適合，生命力量展現發揮。先天環境生命無法選擇，後天環境生命選擇也要看因緣。

人和（自由意志）

　　人和，就是個人生命的「自由意志」。個人生命的「自由意志」強弱，對「生命」會產生一定的影響力。「自由意志」有向上提昇的正向力量，也有向下沉淪的反向力量，可由個人生命自由取決。

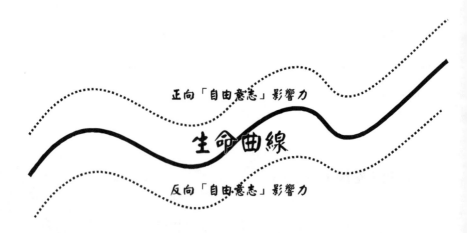

正向「自由意志」影響力

生命曲線

反向「自由意志」影響力

「天命」與「人為」

八字為「生命盟約」。

影響人一生命運的力量有「天命」與「人為」二者。天命者，為個人生命的「因緣果報」。人為者，為個人生命的「自由意志」。「天命力量」的示現由「時間」來控制，「人為力量」的示現由「自我」來控制，二者調和示現的結果就是個人一生的「生命現象」。

生命有學習的功德，生命的提昇與沉淪，可由個人生命的「自由意志」取決。但不論個人生命的「自由意志」如何的強烈，也無法改變個人生命即定的排程。生命中一切境遇，沒有吉凶禍福可以論斷，只是各各不同的生命流轉現象，故無趨吉避凶之法。

人欲勝天，天先屈而後信，必盡天極。

若問前世因，今生受者是；若問來世果，今生做者是。乘願而來，隨緣而去；恆觀自在，無失無得。生命是一場學習，重要的不是結果，而是過程。人們總以自己之好惡，妄想改變生命之排程，始是最大之「無明」。

謀事在人，成事在天。凡事「量力而為」，盡人事聽天命。改變人生命運之方法，唯有善用人為的「自由意志」（內蘊外感），消除自我性格中的「我執」（生命中的業力慣性），超越自身的缺點，學習生命輕扣要訣，方能化腐朽為神奇。「證悟生命」圓滿地依自己的天命與習性順天而行，方能離苦得樂，活出生命光輝。

本書《八字基本功》以說明八字基礎為主體，內容無深入探討說明八字命理論命的實例方法。讀者如有需求，可多方參閱古今名師論命解盤研究。

八字論命篇最後，附上詩偈一首與君共賞。

滿船空載月明歸

唐·船子德誠禪師

千尺絲綸直下垂，一波才動萬波隨；

夜靜水寒魚不食，滿船空載月明歸。

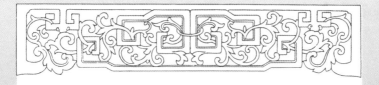

第六篇

基礎天文

基礎天文

　　天文數據是曆法編制的根據，曆法與天文的發展有著緊密不可分的關係。天文學是最早研究時間的科學，起先最重要的任務就是測量時間。

　　遠古時期，人們通過用肉眼觀察「太陽、月亮、星星」運動變化的規律，來確定日的長短，四季的變化，安排耕作農務，制定曆法。曆法的制定，在人類的文明史與實際的生活中佔有非常重要的地位，這是最早推動觀測宇宙天體的力量。

　　基礎天文說明有關天文的基礎常識，包含「七曜、太陽系、銀河系、星系、宇宙、宇宙觀、宇宙探索、天文量度、地理座標系統、天球、天球座標系統、星座、行星視運動、太陽視運動、月球視運動、地球運動、日食與月食、星曆表」等內容。

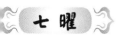

七曜：「太陽系的日月五行星」。

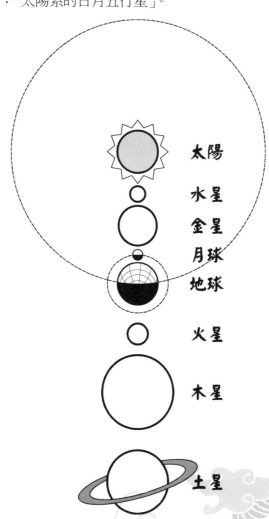

太陽
水星
金星
月球
地球
火星
木星
土星

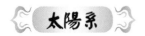

太陽

太陽為一恆星（Star），恆星是大質量本身能發光發熱的明亮天體。

太陽直徑約為 139 萬 2 千公里，佔太陽系內已知總質量的 99.86%。

太陽的生命週期約為一百億年，至今所經過的時間大約為 46 億年。

太陽系是以太陽為中心，和所有受到太陽的引力約束天體的集合體。

太陽系最近的恆星為半人馬座 α 星 C 比鄰星，距離約 4.22 光年。

太陽系主要成員分成「行星、矮行星及太陽系小天體」三類

（國際天文學聯合會 International Astronomical Union 2006 年 8 月
　24 日決議）

行星的定義

（1）環繞太陽公轉的天體。

（2）具有足夠的質量產生引力，令其本身的重力能維繫本
　　　體成球狀。

（3）能夠清空公轉軌道鄰近區域的小天體。（使小天體成為
　　　自身衛星）

矮行星的定義

（1）環繞太陽公轉的天體。

（2）具有足夠的質量產生引力，令其本身的重力能維繫本
　　　體成球狀。

（3）無法清空公轉軌道鄰近區域的小天體。

（4）不是行星的衛星。（衛星的定義：環繞行星公轉的天體）

太陽系小天體的定義

所有其他環繞太陽公轉的小天體，除了衛星之外其餘均稱為
太陽系小天體。

環繞著太陽運行的天體，都遵守「刻卜勒行星運動定律」，
軌道都以太陽為橢圓形的一個焦點，並且越靠近太陽時的速度越
快。行星的軌道接近圓形，彗星、小行星和古柏帶天體的軌道則
是高度橢圓形。

太陽系行星

水星：古稱「辰星」。

金星：古稱「太白」。早晨出現又稱「啟明」；黃昏出現又稱「長庚」。

地球：我們居住的星球。月球又稱「月亮」是地球的衛星。

火星：古稱「熒惑」。

木星：古稱「歲星」。木星環繞太陽公轉一周約 12 年（11.86 年）。

土星：古稱「鎮星」。

天王星：西元 1781 年發現。

海王星：西元 1846 年發現。

天空中，肉眼可以見到的星星都是恆星，肉眼可以見到的行星，只有太陽系中的五行星「水星、金星、火星、木星、土星」。

太陽系矮行星

穀神星：西元 1801 年發現。

冥王星：西元 1930 年發現。

妊神星：西元 2005 年發現。

鳥神星：西元 2005 年發現。

鬩神星：西元 2003 年發現。

太陽系小天體

太陽系小天體有小行星、彗星與流星體。

行星以表面特徵劃分

類地行星（岩石行星）：有水星、金星、地球和火星，表面
　　　　　　　　　　　　是岩石固體。

類木行星（氣體行星）：有木星、土星、天王星和海王星，
　　　　　　　　　　　　主要成分是氣體。

行星以環繞軌道劃分（由地球觀測行星環繞軌道）

內行星：在地球軌道以內環繞太陽公轉的行星，有水星和金
　　　　星。

外行星：在地球軌道以外環繞太陽公轉的行星，有火星、木
　　　　星、土星、天王星和海王星。

太 陽 系				
天體成員	天體名稱	天體大小	公轉週期	會合週期
恆星	太陽 Sun	1,392,000	中心點	基準點
行星	水星 Mercury（0）	4,880	87.97 日	115.88 日
	金星 Venus（0）	12,104	224.70 日	583.92 日
	地球 Earth（1 衛星）	12,742	365.25 日	基準點
	火星 Mars（2）	6,779	1.88 年	779.94 日
	木星 Jupiter（63）	139,822	11.86 年	398.88 日
	土星 Saturn（60）	116,464	29.46 年	378.09 日
	天王星 Uranus（23）	50,724	84.01 年	369.66 日
	海王星 Neptune（13）	49,244	164.79 年	367.49 日
矮行星	穀神星 Ceres	950		
	冥王星 Pluto	2,390	247.68 年	366.73 日
	妊神星 Haumea	1,500		
	鳥神星 Makemake	1,500		
	鬩神星 Eris	2,400		
太陽系小天體	小行星 Asteroid			
	彗星 Comet			
	流星體 Meteoroid			
衛星	月球 Moon（地球）	3,474	27.32 日	29.53 日

天體大小：天體的體積平均直徑，單位「公里」。

公轉週期：行星環繞太陽一週的時間，單位「地球日年」（恆星年）。

會合週期：地球和行星的會合週期，單位「日」。

從地球北極上空觀看，太陽系八大行星都是以橢圓形的軌道，逆時針方向環繞太陽公轉。（地球和月球均以逆時針方向公轉與自轉）

水星和金星無自己的衛星，其他六行星都有各自的衛星。行星各自的衛星都是以橢圓形的軌道，順著同一方向環繞各自的行星運轉。

行星名稱後之小括弧（X）內之數字為行星的衛星數。

銀河系

銀河系，我們太陽系所在的星系。她在天空中像一條銀白色璀璨的河流，由古至今皆暱稱為「銀河」，又稱「天河」，英文名為「Milky Way」。

銀河系外觀

銀河系為一內部結構非常對稱的「棒旋星系」，外觀像一個中間厚邊緣薄的扁平盤狀體。

銀河系主要的部分稱為「銀盤」，銀盤的直徑大約十萬光年，銀盤中央的厚度大約一萬光年，銀盤邊緣的厚度大約三千光年，擁有約數千億顆恆星，總質量大約是太陽質量的三萬億倍。銀盤外面是由稀疏的恆星和星際物質組成的球狀體，稱為「銀暈」。

銀河系旋臂

銀河系的中心位於人馬座的方向，為一質量約是太陽的四百萬倍的「黑洞」，命名為「人馬座 A 星」（Sagittarius A*）。

銀河系的中央有兩條光棒，一條叫作「銀河光棒」，一條叫作「長形光棒」。銀河系的銀盤有兩條旋臂，一條叫作「遠旋臂」，一條叫作「近旋臂」，每一條旋臂又可分成四段不同形態的旋臂。

銀河光棒兩頭在銀河系內部依逆時針方向延伸出兩條對稱的小旋臂「遠 3000 秒差距旋臂」和「近 3000 秒差距旋臂」。長形光棒兩頭向銀河系外圍依逆時針方向延伸出兩條對稱的主旋臂「盾牌-半人馬座旋臂」和「英仙座旋臂」，並伴隨在旁同向分出兩條次旋臂「矩尺座旋臂」和「人馬座旋臂」與兩條支旋臂「外部旋臂」和「獵戶座旋臂」。

銀河系旋臂	小旋臂	主旋臂	次旋臂	支旋臂
遠 旋 臂	遠 3000 秒差距旋臂	盾牌-半人馬座旋臂	矩尺座旋臂	外部旋臂
近 旋 臂	近 3000 秒差距旋臂	英仙座旋臂	人馬座旋臂	獵戶座旋臂

銀河系自轉

整個銀河系以順時針方向環繞著銀河系中心自轉，在銀河系內的天體，會依據自身距銀河系中心的距離，以不同的速率環繞著銀河系中心公轉，距離銀河系中心近的恆星運動速度快，距離銀河系中心遠的恆星運動速度慢。

太陽系屬於銀河系中的一個恆星系，距離銀河系中心大約是二萬六千光年，位在獵戶座旋臂內側邊緣，介於英仙座旋臂和人馬座旋臂之間，約在銀河系邊緣三分之一的位置上。

我們在地球的北半球觀察銀河，夏季時，在人馬座方向銀河星光明亮易見。冬季時，在獵戶座方向銀河星光黯淡不易見。

銀河星系群

銀河系屬於本星系群，本星系群成員包含銀河系和仙女座星系大約有 50 個星系，本星系群又屬於範圍更大的室女座超星系團。

銀河年

　　銀河年（GY），也稱為宇宙年。太陽系以每秒 220 公里的速度在軌道上環繞着銀河系中心公轉，環繞一周的時間約為 2.2 億地球年。

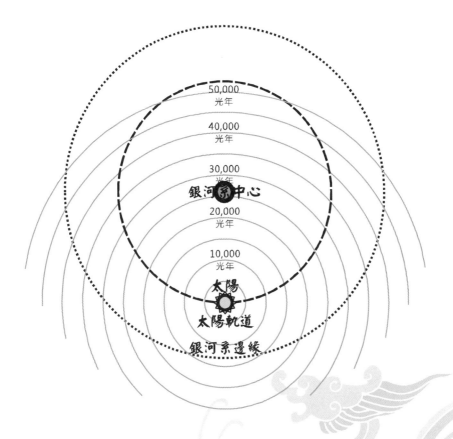

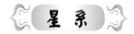

星系尺度：恆星系、星系、星系群與星系團、超星系團、總星系。

星系類型：橢圓星系、螺旋星系、棒旋星系、不規則星系。

恆星系 Star system

　　恆星系是以恆星為中心，和所有受到恆星引力約束的天體，相互吸引所形成的天體系統。地球所在的恆星系叫做「太陽系」。

星系 Galaxy

　　星系是由恆星系和星雲（雲霧狀散布在太空中的塵埃和氣體）組成，星群之間相互存在引力約束。太陽系所在的星系叫做「銀河系」。

星系群 Galaxy groups 和 星系團 Galaxy clusters

星系群和星系團是由星系組成，星系之間相互存在引力約束。其中包含了少量星系的叫做星系群，包含了大量星系的叫做星系團。銀河系所在的星系群叫做「本星系群」。

超星系團 Supercluster

超星系團是由星系群和星系團組成，星系群和星系團之間相互存在引力約束。本星系群所在的超星系團叫做「本超星系團」又稱「室女座超星系團」。本超星系團，包含銀河系和仙女座星系所屬的本星系群在內，至少有一百個星系團。室女座星系團位於中心，所以也稱為室女座超星系團。宇宙中可觀測到的超星系團有數百萬個。

總星系 Metagalaxy

總星系為我們觀測和探測所及的全部宇宙範圍，並不是一個具體的星系。總星系約擁有約數千億個銀河星系，所含的物質中，最多的是氫，其次是氦。

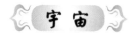

宇　宙

　　宇宙（Universe），其大無外，所有星系天體均在其內，天文
最大的單位。

　　「宇」代表「上下四方，即所有的空間」；「宙」代表「古往
今來，即所有的時間」。「宇宙」就是「在空間上無邊無界、在時
間上無始無終」，由「空間、時間、物質和能量」所構成我們所
存在的一個時空連續體系的統一體，亦是天地萬物的總稱。

　　人類對於宇宙的認識，從我們居住的地球開始，到太陽系，
再到銀河系，再擴展到星系群、星系團與超星系團，至目前所能
觀測到的整個宇宙。

　　現代科學家依據多年的觀測與研究推論，整個宇宙是均勻且
各方向對稱，亦即宇宙無特殊點和上下方位，任何一個觀測者無
論往那個方向看，所看到的宇宙都是一樣的。

現代宇宙模型

宇宙的年齡：137 億年。

宇宙的大小：整個宇宙處於不斷膨脹的狀態。

宇宙的結構：5%是普通物質、20%是暗物質、75%是暗能量。

宇宙未來的演化

開放的宇宙：整個宇宙處於不斷膨脹的狀態。

平坦的宇宙：整個宇宙處於平坦穩定的狀態。

封閉的宇宙：整個宇宙處於反向收縮的狀態。

宇宙觀

　　人類對於宇宙認知的演進，從遠古時期的「創世紀神話」開始，轉變到用哲學思辯的「萬物本源」，再到用科學思維的「球體地球說、地球是宇宙中心的地心說、太陽是宇宙中心的日心說、地球是銀河系的中心說、地球在銀河系的邊緣說、發現銀河系外星系說」，直至現代宇宙論的「宇宙膨脹說與宇宙大霹靂說」。

　　「神學」與「科學」兩大宇宙世界的對話，歷經了數千年的時間。

宇 宙 觀 演 進 歷 程

年 代	理論家	宇宙觀理論
遠古時期	創世紀	上帝創造宇宙萬物
前 6 世紀	泰勒斯	水是宇宙萬物的本源
前 6 世紀	畢達哥拉斯	地球是球形
前 4 世紀	柏拉圖	同心球宇宙結構
前 4 世紀	亞里斯多德	同心球宇宙體系
前 3 世紀	阿里斯塔克	宇宙太陽中心說
前 3 世紀	埃若塔色尼茲	測量出「地球周長」
前 2 世紀	喜帕恰斯	發現「歲差」現象
2 世紀	托勒密	地心宇宙體系：地球是宇宙的中心
16 世紀	哥白尼	日心宇宙體系：太陽是宇宙的中心
16 世紀	第谷	第谷宇宙體系：地球是宇宙的中心
17 世紀	刻卜勒	刻卜勒行星運動三大定律
17 世紀	伽利略	望遠鏡天文觀測的創始者
17 世紀	牛頓	萬有引力定律
20 世紀	愛因斯坦	廣義相對論
20 世紀	哈伯	哈伯定律、宇宙膨脹說
21 世紀	霍金	宇宙的起源由「奇點」大霹靂開始

創世記 Genesis

　　創世記的意思是萬物的起源「誕生」。創世記描述了上帝創造宇宙萬物的過程：光、天、地、植物、日月星、鳥、魚、動物和人類。創世記一開始就宣告「上帝」在空虛混沌的宇宙中，用六天的時間創造了「我們的世界」。

　　上帝，第一日造「光」、第二日造「天」、第三日造「地和植物」、第四日造「日月星」、第五日造「鳥和魚」、第六日造「動物和人」。上帝按照自己的形象造人「亞當和夏娃」，並將他們安置在伊甸園，賦予「人」權柄管治大地。人便在上帝的福蔭之下，生活在美麗的人間樂園中。

　　第七日，天地萬物都造齊了，上帝非常滿意這一切的創造，歇息一切的工作，定第七日為「安息日」。

※　創世記中伊甸園的位置，位在底格里斯河和幼發拉底河，兩河中間的肥沃區域。

泰勒斯

泰勒斯（Thales，西元前 625～547）古希臘哲學家、數學家、天文學家。

泰勒斯是西方哲學史上第一位哲學家，被尊為西方哲學之父，為米利都學派（愛奧尼亞學派）的創始人，古希臘七賢之一。他是古希臘第一位將當時西方的宇宙觀，由「神話傳說」改變成「哲學思辯」的人。

在泰勒斯以前，人們對於宇宙的理解，都是以神話傳說去解釋萬物的產生。泰勒斯摒棄《創世記》所記載「起初神創造天地」的神創說法，藉助知識觀察和理性思維來解釋大自然現象，他認為太陽和星星都不是神祇而可能是個大火球。

泰勒斯主張自然界存在一種基本物質，其本質比表面之無窮變化更深具涵義。泰勒斯認為，宇宙最初的形態是「水」，「水」是宇宙萬物的本源，一切萬物皆源自於「水」，大地就像是一塊木頭，飄浮在萬物的本源「水」之上。

泰勒斯宇宙觀的哲學思想為「物活觀」，物活觀主張宇宙萬事萬物都有生命的，物質與精神是一性的。他是古希臘第一個提出「什麼是萬物本源」哲學問題的人，其創新的思想被視為西方哲學的開端。

泰勒斯具有相當豐富的天文學知識，他曾遊歷埃及跟當地祭師學習研究天文學。他估量過太陽和月球的大小，最廣為人熟悉的是準確地預測到西元前 585 年 5 月 28 日發生的日食。在古希臘，他是首位提出將一年的長度修定為 365 日的天文學家。

泰勒斯的觀點是萬物本源於水。泰勒斯的學生阿那克西曼德（Anaximander，西元前 610～546）用「無限者（Infinite）」的概念來解釋萬物本源的「水」，他認為一切事物都有開端，而「無限者」沒有開端。世界萬物從「無限者」而生，最終時又復歸於「無限者」。

阿那克西曼德的學生阿那克西美尼（Anaximenes，西元前 585～528）認為萬物的本源是「空氣」，不同形式的物質是通過氣體聚和散的過程產生的，而「火」是最精純的空氣。

畢達哥拉斯

畢達哥拉斯（Pythagoras，西元前 570～495）古希臘哲學家、數學家和音樂理論家。

西元前 500 年，畢達哥拉斯是最早提出地球是「球形」的天文論證者。他「球形地球」的見解主要是基於美學和諧的觀點，而非有任何的實際物理證據。他認為「球體」，是所有幾何形狀中最完美的形狀。

畢達哥拉斯早年曾遊歷埃及做研究，後定居義大利南部城市克羅頓，並建立了自己的畢達哥拉斯學派。畢達哥拉斯學派證明確立了「正多面體」，正多面體是五種完美對稱的立體。

※ 五正多面體：正四面體、正六面體、正八面體、正十二面體、正二十面體。

畢達哥拉斯是數學基本的幾何定理「勾股弦定理」（又稱畢氏定理，我國古代稱商高定理），西方首先發現並證明者。

※ 畢氏定理：一直角三角形斜邊的平方等於兩直角邊的平方和。

柏拉圖

柏拉圖（Plato，西元前 427～347）古希臘天文學家。

柏拉圖是蘇格拉底（Socrates，西元前 469～399）的學生、亞里斯多德的老師。

柏拉圖的宇宙觀基本上是一種數學的宇宙觀，他認為宇宙是一球形，因為球形是所有幾何形狀中最完美的形狀。柏拉圖提出了一種「同心球宇宙結構」模型，描述宇宙天象。同心球是一種虛擬球形天體的觀念，並非物質實體天球，同心球之間也無實質關連。柏拉圖認為地球位於同心球的中央固定不動，從地球向外天球層依次是「月亮、太陽、水星、金星、火星、木星、土星和恆星」，這些天球層分別以完美的圓形運動圍繞著地球旋轉。

柏拉圖的「同心球宇宙結構」模型，並不能圓滿解釋行星時而順行，時而逆行的現象。為了能圓滿解釋行星視運動現象，他的學生歐多克斯（Eudoxus，前 400～347）將柏拉圖的「同心球」改進成「同心球組」。歐多克斯提出月亮和太陽各需要 3 個天球層，水星、金星、火星、木星和土星各需要 4 個天球層，加上最外面的恆星天球層，一共需要 27 個天球層，宇宙才能完美的運行。

　　為了更精確地描述行星視運動現象，歐多克索的學生卡里普斯（Callippus，前370～300）又改進了歐多克索的「同心球組」。他提出，月亮、太陽、水星、金星和火星各需要5個天球層，木星和土星各需要4個天球層，加上最外面的恆星天球層，一共需要34個天球層，宇宙才能更完美的運行。

　　柏拉圖認為宇宙的基本物質「土、水、風、火」四大元素，都是由五種完美的正多面體所組成，並賦與這五個正多面體具體的象徵，正四面體代表火，正六面體代表土，正八面體代表風，正二十面體代表水，第五個正十二面體代表天，這五種正多面體因此被稱為「柏拉圖立體」。

亞里斯多德

亞里斯多德（Aristotle，西元前 384～322）古希臘天文學家。

亞里斯多德是柏拉圖的學生、亞歷山大大帝（Alexander the Great，西元前 356～323）的老師。亞歷山大大帝佔領古巴比倫後，古巴比倫人的大量天文觀測記錄傳入希臘，促進了希臘天文學的發展。

西元前 340 年，亞里斯多德在《論天》一書中，提出「球體地球」的論證。書中他提出觀測上的證據：「月食是由於地球的影子投到月球上所致，發生月食時地球在月球上的影子總是圓形的。當人們往北或往南旅行時，會看到不同的星座和北極星高度的變化。在海邊遙望遠方的來船，會先看到船的帆出現在海平面上，然後才看到船身。」證明地球是一個球體的論證觀點。

亞里斯多德的宇宙模型是「同心球宇宙體系」，大地是球形的，地球位於宇宙同心球的中央固定不動，五大元素依次建構成實體的同心水晶圓球。亞里斯多德認為宇宙是由五大元素「土、水、風、火、大氣」構成，宇宙中央部份由「土、水、風、火」四種元素構成的物質是有生有滅的，由第五種元素「大氣」構成的天體是不生不滅的。

　　五大元素的每一種元素，在宇宙中都有一個天然性質與應許的位置。地球是寒冷和乾燥的「土」在宇宙中心，是絕對的重。寒冷和潮濕的「水」在土的外面，是相對的重。炎熱和潮濕的「風」在水的外面，是相對的輕。炎熱和乾燥的「火」在風的外面，是絕對的輕。最外層的「大氣」構成了水晶天球，向外依次是「月亮、水星、金星、太陽、火星、木星、土星和恆星」分別在不同水晶天球上，各層水晶天球都是完美的球形，並以完美的圓形運動圍繞著地球旋轉。在亞里斯多德的宇宙模型中，水晶天球層的總數達到 56 個。他還在恆星水晶天球之外，加上一個由上帝推動的「原動力天層」，把上帝是第一推動力的思想引進到宇宙學中。

阿里斯塔克

阿里斯塔克（Aristarchus，前 310～230）古希臘天文學家。

阿里斯塔克是歷史上記載最早用科學方法來研究天體，與提出「日心說」的天文學家。

阿里斯塔克是一位著名的數學家和出色的天文觀測家，他在其著作《論太陽和月球的大小與距離》一書中，說明他如何利用從地球上觀測月球上下弦時的角度變化，應用幾何學方法，測算出太陽和月球相對地球直徑的大小與距離，開創了人類用科學方法來研究天體的新頁（書中因測算假設所採用的數據誤差太大，導致測算獲得的結果與現代實際測量的數據相差很大）。阿里斯塔克依據這些測算的數據，確定宇宙中最大的天體是太陽而不是地球，太陽實際比地球大得多，結論認為太陽是不動的。

阿里斯塔克邏輯地推論，大的天體不能環繞著小的天體運行，提出了「宇宙太陽中心說」的理論，論述「太陽和恆星都是固定不動的，地球和行星是在環繞太陽的圓形軌道上運行，太陽位於軌道的中心，地球每年環繞著太陽公轉一周，同時地球自身又繞著自己的地軸每日自轉一周」。

但是，他的宇宙觀理論，在不同於柏拉圖和亞里斯多德宇宙觀的理論下，未能被古希臘人們所理解，因而未受到當時的天文學界重視與研究。

阿里斯塔克的《論太陽和月球的大小與距離》一書中，並沒有提及「宇宙太陽中心說」的理論，該理論只記載於阿基米德（Archimedes，前 287～212)著作中的一條評論。阿基米德透過阿里斯塔克的理論說明，開始懷疑柏拉圖和亞里斯多德宇宙觀的地球中心學說，並相信地球有可能環繞著太陽運行。

「日心說」這個觀念一直到 1800 年後，波蘭天文學家哥白尼（Nicolaus Copernicus，1473～1543）在其天文著作《天體運行論》一書中，正式發表了「太陽是宇宙的中心」的「日心宇宙體系」理論「日心說」（地動說），才開始受到天文學界重視與研究。

埃若塔色尼茲

埃若塔色尼茲（Eratosthenes，西元前 276〜195）古希臘天文學家。

埃若塔色尼茲是西方渾儀的發明者（西元前 255 年發明），也是世界上第一個準確測量出「地球周長」的人（西元前 240 年測量）。

當時的埃若塔色尼茲曾經聽人說過，在亞歷山卓正南方大約 800 公里的尼羅河東岸，有座城市叫做錫恩尼（Syene，現在的埃及亞斯文 Aswan），正位於北緯 23.45 度的北回歸線上。城中的一口井有一個有趣的現象，每當夏至正午太陽在正天頂時，陽光可以直射井底，在這時立上竹竿是不會有任何影子。但是，在夏至正午同一時間的亞歷山卓，立上竹竿卻有影子，表示說陽光和竹竿之間有個夾角。

埃若塔色尼茲測量出這個夾角大約是 7.2 度，一圓周是 360 度，7.2 度為圓周的 1/50。埃若塔色尼茲知道這個夾角正是亞歷山卓和塞伊尼在地球上的緯度差，所以地球的周長就等於亞歷山卓和塞伊尼之間距離的 50 倍。亞歷山卓和塞伊尼之間距離大約 800 公里，所以把 800 公里乘以 50 倍，等於 40,000 公里。

　　埃若塔色尼茲利用不同的太陽高度夾角，再應用簡單的幾何三角學，在西元前 240 年計算出了地球的周長。

　　埃若塔色尼茲設計出第一個地球經緯度系統，和繪製了一份當時已知世界的地圖。他又計算出地球與太陽的距離、地球與月球的距離，和地球赤道與黃道之間的夾角，並編製了一份記載 675 顆恆星的星表。

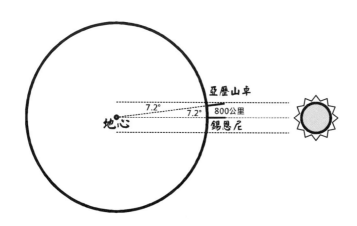

※ 現在測量數據：

　　地球赤道的周長是 40,076 公里，兩極的周長是 39,942 公里。

喜帕恰斯

喜帕恰斯（Hipparchus，西元前 180～125）古希臘天文學家。

喜帕恰斯是目視恆星亮度「星等」的創立者。

西元前 134 年，他因觀測當時的一顆新星，進而編製了一份記載 1025 顆恆星的星表，並測定了全天的恆星亮度。

喜帕恰斯將恆星由亮至暗，劃分為 1 等至 6 等。最亮的星體定為 1 等星，肉眼可見最暗的星體定為 6 等星。星等的數值越大，代表這顆星的亮度越暗；星等的數值越小，代表這顆星的亮度越亮。喜帕恰斯將恆星亮度劃分數值的方法，產生了最早的「星等」概念，稱為「目視星等」。

現在目視星等值	
星體	目視星等
金星最亮	-4.6
天狼星	-1.45
牛郎星	0.77
織女星	0.03

　　喜帕恰斯把自己測得的恆星位置與 150 年前阿里斯提爾（Aristille）和提莫恰里斯（Timocharis，西元前 320～260）的星表進行比較，發現了天球赤道與黃道的交點（春分點）每年會向西緩慢退行的「歲差」現象，並定出了歲差的數值。

※ 現在測量數據：每年春分點向西退行約 50.28 角秒。

托勒密

托勒密（Ptolemy，90～168）古希臘裔埃及天文學家。

西元 150 年，托勒密在當時羅馬帝國統治之下的埃及亞歷山卓，集古希臘天文學之大成，總結了柏拉圖、亞里斯多德等人的天文學說，寫成了當時天文學的百科全書《天文學大成》十三卷。

托勒密在《天文學大成》提出了一個完整的「地心宇宙體系」理論「地心說」（天動說），認為「地球是宇宙的中心」處於宇宙中心靜止不動。從地球向外觀看有「月球、水星、金星、太陽、火星、木星和土星」，各天體在自己的圓形軌道上環繞著「地球」轉動，在宇宙最外圍是鑲嵌著所有恆星的恆星天球。

托勒密地心宇宙體系描述，每個行星都在一個以偏心點為圓心，環繞著稱為「本輪」的小圓形軌道上勻速轉動（解釋某些行星的逆行現象）。「本輪」的中心在稱為「均輪」的大圓軌道上，環繞著「地球」勻速轉動。

通過「本輪」和「均輪」的勻速轉動，「地心說」可以解釋一些天文現象，所以一直被作為天文學宇宙觀的「正統理論」，主導了西方天文學界一千四百年之久。

　　托勒密的著作到了中世紀被天主教會所採用，並把「地心說」發展成天主教的宇宙觀。

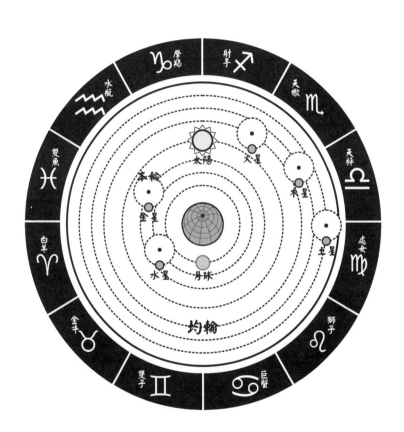

哥白尼

尼古拉・哥白尼（Nicolaus Copernicus，1473～1543）波蘭天文學家。

西元 1543 年，哥白尼的天文著作《天體運行論》出版，書中發表了一個科學的「日心宇宙體系」理論「日心說」（地動說），認為「太陽是宇宙的中心」，所有行星天體都環繞著「太陽」轉動。

哥白尼日心宇宙體系指出地球不是宇宙的中心，地球與五大行星一樣，只是一顆沿圓形軌道環繞著「太陽」公轉而行的普通行星，地球自身又繞著自己的地軸每日自轉一周。

哥白尼的《天體運行論》，在當時是天文學上最具革命性的著作，顛覆過往二千年以「地球是宇宙的中心」之「地心說」的宇宙觀。

哥白尼的「日心說」，因動搖了當時歐洲中世紀宗教神學的理論基礎，而遭教廷斥為異端邪說。但他的理論，為現代天文學揭開了科學獨立的序幕，改變了全人類對宇宙的認識。

第谷

第谷・布拉赫（Tycho Brahe，1546〜1601）丹麥天文學家。

第谷是在望遠鏡發明之前，最偉大的星象觀測家。他透過實際的觀測與精密的儀器，並編撰成精確的天文觀測記錄，對後世的天文學觀測做了最好的示範。

第谷並不贊成哥白尼的「日心說」（地動說）「太陽是宇宙的中心」，所有天體都環繞著「太陽」轉動的看法。他認為「地球是宇宙的中心」是不會動的。當第谷發現依據托勒密以「地球是宇宙的中心」的理論，所描述行星運動的觀測數據有嚴重誤差時，他決定自己重新進行行星運動的觀測。

西元 1576 年，第谷在丹麥國王弗雷德里克二世（Frederik II）的資助下，在丹麥與瑞典間的波羅的海的汶島上興建大型的天文台觀天堡，設計使用高精度的目視天文儀器觀天，進行長達 20 年的星象觀測與研究。

西元 1588 年，第谷在長時期進行星象的觀察、測量、紀錄後，創立了「第谷宇宙體系」（一種地球與太陽雙中心的宇宙體系，介於托勒密和哥白尼兩體系的折衷體系）。

　　第谷宇宙體系說明：「地球靜止不動居於宇宙中心，月亮、太陽環繞著地球運轉，水星、金星、火星、木星、土星和彗星環繞著太陽運轉，同時隨太陽一起環繞著地球運轉，而最外層的恆星天 24 小時環繞著地球運轉一周。」

　　第谷根據長期觀察測量的數據重新估算每一個天文常數，並精確測量一年的長度，建立了近代曆法編製的計算方法。

　　第谷的宇宙體系在明朝末年時，透過耶穌會士的宣教而傳入中國。明朝徐光啟所主持編撰的《崇禎曆書》，就是以第谷宇宙體系和幾何學的計算方法與第谷的觀測的數據而編製的曆書。清朝頒布實行時，正式命名為《時憲曆》。

　　西元 1600 年，年輕的德國天文學家刻卜勒受第谷聘為研究助理。西元 1601 年，第谷去世前，把自己畢生觀測所獲得的珍貴天文觀測資料贈給刻卜勒。刻卜勒傳承了第谷一生的研究成果，成就了非凡的天文研究。

刻卜勒

約翰尼斯・刻卜勒（Johannes Kepler，1571～1630）德國天文學家、數學家。

西元 1609 年，刻卜勒的天文著作《新天文學 Astronomia Nova》出版，書中發表了行星運動第一和第二定律，西元 1618 年，又發表行星運動第三定律，稱為「刻卜勒行星運動三大定律」。

行星運動定律說明了，行星各依其橢形圓軌道環繞太陽公轉運行。刻卜勒行星運動的理論，建立了近代的太陽系模型，徹底改變世人對太陽系行星軌道的認知。

刻卜勒是現代天文學的奠基者，他所提出的行星運動三大定律，影響深遠，促成牛頓導出「萬有引力定律」理論。

刻卜勒行星運動三大定律

第一定律：「橢圓定律」

各行星在各自不同的橢圓形軌道上，環繞太陽公轉，太陽位於橢圓的其中一個焦點上。

第二定律：「面積定律」

聯結行星到太陽的直線，在單位時間內，掃過的面積相同。

第三定律：「調和定律」

行星環繞太陽公轉的週期平方，和其橢圓軌道半長軸的三次方成正比。

伽利略

伽利略‧伽利萊（Galileo Galilei，1564～1642）義大利天文學家、物理學家。

西元 1608 年，荷蘭米德爾堡的眼鏡片製造商漢斯‧立浦喜（Hans Lippershey），將兩片凸凹鏡片疊在一起，製造出了世界第一支放大倍率 3 倍的「望遠鏡」。荷蘭望遠鏡的發明，啟發了在意大利的伽利略對於望遠鏡光學的研究。伽利略經過研究後重新作了改進，並自行製造了一支高倍率望遠鏡。

西元 1609 年，伽利略首先使用自行製造出放大倍率高達 30 倍的「望遠鏡」觀察星空，成為「望遠鏡天文觀測」的創始者。

伽利略在觀察中發現「月球表面是坑坑洞洞和有高低起伏的山脈、銀河中有無數的恆星、木星有四顆環繞的衛星、金星像月球一樣有盈虧相位的變化、太陽上有黑子」等天文現象。

西元 1632 年，伽利略的天文著作《關於托勒密和哥白尼兩大世界體系的對話》出版，書中全面系統地討論了哥白尼「日心說」和托勒密「地心說」的各種分歧，並使用自己大量觀測的事實，證實了哥白尼「日心說」的正確和托勒密「地心說」的謬誤。

西元 1633 年，伽利略因著作中的言論，被押到羅馬宗教法庭受審，他被判了宣傳異端之罪，被迫表示和哥白尼的假說決裂。伽利略的著作被羅馬宗教法庭列為禁書，並將其終身監禁在佛羅倫薩郊外樹林裡的一間小屋中。伽利略在此度過了他一生中的最後九年。

西元 1980 年，羅馬教廷復議平反，宣佈取消不公正的判決。平反了科學史上最大的一起迫害案。

伽利略是現代天文學的奠基者，對現代天文學有極大的貢獻。

牛頓

艾薩克・牛頓（Isaac Newton，1642～1727）英國物理學家、數學家、哲學家。

西元 1687 年，牛頓發表了《自然哲學的數學原理》的論文，論文中提出了「萬有引力定律」和「三大運動定律」。他通過論證「刻卜勒行星運動三大定律」與他的「重力」理論間的一致性，證明了地面的物體與天體的運動都遵循著相同的自然定律。進而揭示了行星環繞太陽運動的力學原因，為「日心說」說提供了強有力的理論支持，推動了近代天文科學革命。

牛頓萬有引力定律

任意兩個質點通過連心線方向上的力相互吸引，該引力的大小與兩者質量的乘積成正比，但與兩者距離的平方成反比。

古典力學牛頓三大運動定律

第一定律：慣性定律

物體沒受外力作用時，靜者恆靜，動者恆動，並呈等速直線運動。

第二定律：F ＝ ma

物體的加速度（a）與所受的外力（F）成正比與物體的質量（m）成反比。加速度的方向與外力的方向相同。

第三定律：作用力與反作用力定律

作用在物體上的每一個力，皆有其反作用。反作用力的大小與作用力相同，方向相反。

※ 牛頓和德國數學家萊布尼茲（Gottfried Wilhelm Leibniz，1646 ～1716），各自獨立地創建了「微積分」體系。現在所使用的微積分之名與其符號是萊布尼茲所創設的。

愛因斯坦

阿爾伯特・愛因斯坦（Albert Einstein，1879～1955）猶太裔美國理論物理學家。

愛因斯坦，相對論的創立者，被譽為是現代物理學之父，二十世紀最重要的科學家之一。愛因斯坦以「相對論」學說開闢了物理學的新紀元，徹底改變了人們對物理世界的瞭解，和有形世界所持穩定的宇宙模型的宇宙觀。愛因斯坦的理論，被視為人類思想史中最偉大的成就之一。

西元 1905 年，愛因斯坦發表了《論運動物體的電動力學》一文，首次提出了狹義相對論基本原理，論文中提出了兩個基本原理「光速不變原理：在所有慣性參考系中，真空中的光速為常數，與光源運動無關。宇宙中沒有任何物質運動的速度可以超過真空中的光速。」和「相對性原理：在所有慣性參考系中，物理定律具有相同的形式。」

狹義相對論認為「時間」和「空間」並不是相互獨立的，而它們應該用一個統一的「四維時空」來描述，並不存在絕對的時間和空間。

　　同年愛因斯坦又發表了《物體慣性與其所含能量有關嗎？》一文，認為「物體的質量可以度量其能量」，並導出了質能方程式「$E = mc^2$」的公式（E：能量。m：質量。c：常數，為光在真空中的速度每秒 299,792,458 公尺）。在狹義相對論裡，這一公式表明能量和質量等同，推動了物理學理論的革命。

　　西元 1915 年，愛因斯坦發表了《廣義相對論》，說明質量的存在會造成「時間」與「空間」的扭曲。引力大表示質量大與時空扭曲量大，引力小表示質量小與時空扭曲量小近似平面。當光經過扭曲的時空時，不再遵循直線前進的法則，而有其特定的偏折路徑。

　　廣義相對論將古典力學的牛頓萬有引力定律，包含在狹義相對論的範圍中。

　　愛因斯坦的廣義相對論理論，在天體物理學中有著非常重要的應用，它直接推導出某些大質量恆星會終結為一個「黑洞」。黑洞是宇宙中的某個時空區域發生極度的扭曲，導致任何東西包含光都無法從那裏逃逸。

　　西元 1917 年，愛因斯坦將廣義相對論理論應用於整個宇宙，開創了相對論宇宙學的研究領域。

哈伯

愛德溫・鮑威爾・哈伯（Edwin Powell Hubble，1889～1953）
美國天文學家。

哈伯是研究現代宇宙理論最著名的人物之一，他發現從星系
光譜的「紅移」可以推斷，越遠的星系以越快的速度離開我們而
去，這證實了銀河系外其他星系的存在，與整個宇宙處於不斷膨
脹的狀態。

西元 1929 年，哈伯對星系作光譜攝影時，發現了大多數遙遠
的星系在光譜上均呈「紅移」的現象，亦即在視線方向上遠離我
們而去，且距離愈遠的星系奔離的速度愈快。這種奔離速度與距
離成正比的關係式，稱為「哈伯定律」。哈伯定律中奔離速度與
距離的關係是個固定值，稱為「哈伯常數」。

在宇宙學研究中，哈伯定律成為宇宙膨脹理論的基礎，證明
了宇宙膨脹的事實。

哈伯定律

來自遙遠星系光線的「紅移」與他們的距離成正比。

V ＝ H × D

V ＝ 星系的徑向遠離速度。

H ＝ 哈伯常數，為每百萬秒差距每秒 74.2 公里。

D ＝ 星系與地球的距離，以 Mpc（百萬秒差距）為單位。

哈伯常數是個比例常數，說明宇宙膨脹中的星系並非以等速度地向外奔離，而是距離愈遠的星體，其遠離的速度愈快。星系距離每增加 100 萬秒差距時，它奔離我們的速度，約增加每秒 74.2 公里。

霍金

　　史蒂芬·威廉·霍金（Stephen William Hawking，1942～）英國物理學家、宇宙學家。

　　霍金被譽為繼愛因斯坦以來最傑出的理論物理學家，也是研究現代宇宙理論最著名的理論家之一。

　　霍金肯定了宇宙大霹靂學說，提出宇宙「奇點」理論，論述宇宙大霹靂自奇點開始，時間由此刻開始，黑洞最終會蒸發。

　　霍金量子宇宙論完美結合了 20 世紀物理學的兩大基礎理論，愛因斯坦的「廣義相對論」及普朗克的「量子力學」，說明宇宙「時間」與「空間」是有起點和終點的理論，推翻了古典物理學有關宇宙「時間」與「空間」是永恆存在的學說，改變了科學家對宇宙誕生的看法。

　　西元 1988 年，霍金的著作《時間簡史：從大霹靂到黑洞》發行，書中為一般讀者深入淺出地解釋宇宙、黑洞和大霹靂等天文物理學理論，探索了宇宙的起源再到遙遠的未來和宇宙的盡頭，使每個人都能一窺宇宙的神秘與奧秘。

　　霍金講述，宇宙的起源是由一個密度無限大與溫度無限高的「奇點」狀態，在一次大霹靂中開始的。大霹靂使得宇宙不斷的延伸、展開、膨脹，並創造出宇宙中的物質。隨著時間的推移，宇宙持續不斷的膨脹與逐漸冷卻，經過相當漫長時間的演變，宇宙到達現在的世界狀態。

　　霍金認為黑洞並非完全漆黑一片，黑洞會發出一種輻射能量，這種輻射能量以極緩慢的速度離開黑洞後，黑洞能量最終會耗盡導致黑洞蒸發，該輻射能量被命名為「霍金輻射」。

　　霍金提出「宇宙無邊界」（No Boundary Proposal）理論，指出在擴張中的宇宙外，並沒有任何人類認知的「空間」存在，解答了宇宙「時間有沒有開端，空間有沒有邊界」。

　　《時間簡史：從大霹靂到黑洞》被翻譯成 40 多種語言，出版銷售超過 1000 餘萬冊，為全球最暢銷的科普著作之一。

宇宙探索

　　宇宙探索說明認識宇宙有關的基礎知識，包含「宇宙的結構、普通物質、基本粒子、宇宙基本交互作用力、萬有引力、電磁波、光、紅移、宇宙微波背景輻射、宇宙探測衛星、哈伯太空望遠鏡 HST、黑洞、宇宙大霹靂」等內容。

宇宙的結構

　　宇宙大約是由「5%的普通物質、20%的暗物質、75%的暗能量」所構成。

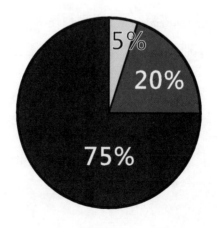

普通物質

充溢在宇宙中，可以以視覺、觸覺或科學儀器察覺的物質形態。

暗物質

充溢在宇宙中，但是無法直接通過科學儀器觀測察覺的物質形態。

暗能量

充溢在宇宙中，但是無法直接通過科學儀器觀測察覺的能量形態。

普通物質

普通物質的構成鏈：基本粒子、亞原子粒子、原子、分子、DNA。

整個宇宙中，可以以視覺、觸覺或科學儀器察覺的物質形態，都是屬於普通物質，而普通物質都是由「原子」構成。

原子的英文名稱 atom 是從古希臘語轉化而來，意指不可分割的物質微粒。原子的大小和質量極其微小，只有一種原子構成的物質叫做「化學元素」，許多個原子結合在一起，就構成了各種的物質。

原子的內部包含了更小的粒子，叫做「亞原子粒子」。亞原子粒子主要有三種質子（帶正電）、中子（電中性）和電子（帶負電）。在原子的內部，質子與中子在原子中心聚成「原子核」。帶負電的電子，則在不同的電子層上，圍繞著帶正電的原子核快速旋轉。

原子核的質子與中子再由更小的基本粒子「夸克」所構成，質子的內部是由兩個上夸克和一個下夸克構成，中子的內部是由一個上夸克和兩個下夸克構成。原子總質量的 99.9%集中在原子核，質子與中子的質量相近。

　　「分子」是由多個原子結合，所形成的化學化合物。分子是能單獨存在，並保持純物質的化學性質的最小粒子。每種化學元素所含的亞原子粒子數都不相同，各化學元素的原子核由不同數量的質子與中子所構成。當電子數與質子數相同時，原子是電中性的；如果電子數大於或小於質子數時，該原子就會被稱為帶有負電荷或者正電荷的「離子」。原子最外層電子可以移動至相鄰的原子，也可以由兩個原子所共有，結合成化學鍵形成「分子」或「化學化合物」。

　　DNA 去氧核糖核酸（Deoxyribonucleic acid），是一種長鏈聚合物分子，可組成遺傳基因，引導生物生長與生命機能運作。在人類基因中的 DNA，是由一組叫做核糖的分子構成的，這些分子重複百萬次的重疊，形成兩條互相配對並緊密纏繞的聚合物，結合成一條雙螺旋結構長而捲曲的鏈子。

基本粒子

依據物理學家所建立的物質「基本粒子標準模型」，宇宙中所有的物質都由「基本粒子」構成，「基本粒子」為人類認知構成物質的最小最基本的單位。

在基本粒子標準模型中，已知的基本粒子有 62 種。構成物質最基本粒子為「夸克」和「電子」，其中「希格斯玻色子」是最後一種未在實驗中觀察證實的基本粒子。

基本粒子依據「自旋」分類，可以分為「自旋為 1/2 的費米子」與「自旋為整數的玻色子」二大類。

基　本　粒　子		
費米子 Fermion （自旋為 1/2）	夸克 Quarks （有色荷）	上夸克（Up,u）
		下夸克（Down,d）
		奇夸克（Strange,s）
		魅夸克（Charm,c）
		底夸克（Bottom,b）
		頂夸克（Top,t）
	輕子 Leptons （無色荷）	電子 e、電子中微子 μ 子（渺子）、μ 中微子 τ 子（陶子）、τ 中微子
玻色子 Boson （自旋為整數）	規範玻色子 （傳遞粒子）	重力子 （重力交互作用：假設粒子）
		光子（電磁交互作用）
		膠子（強核交互作用）
		W^+ 和 Z^0 玻色子 （弱核交互作用）
	希格斯玻色子 Higgsboson （自旋為零）	希格斯玻色子是至今尚未在實驗中觀察證實的假設玻色子。英國物理學家希格斯提出，希格斯玻色子是物質的質量之源，基本粒子夸克和電子是在希格斯玻色子構成的希格斯場中才形成了質量。

宇宙基本交互作用力

　　基本交互作用，是物質間最基本的交互作用力。自然界中存在「引力、電磁力、強核力和弱核力」等四種力，常稱為「宇宙四基本力」或「自然界四基本力」。在物理學中，可用這四種基本交互作用，來描述和解釋所有關於宇宙中物質的物理現象。

宇宙四個基本交互作用力				
交互作用力 Interaction	相對 強度	作用 範圍	作用力 傳遞子	交互作用 說　明
引力 Gravitation	1	無限大	重力子	原子與原子間相互結合的一種交互作用。
電磁力 Electromagnetic	10^{38}	無限大	光子	原子內的電子與原子核相互結合的一種交互作用。
強核力 Strong nuclear	10^{40}	10^{-15}	膠子	原子核內的質子與中子相互結合的一種交互作用。
弱核力 Weak nuclear	10^{15}	10^{-18}	W 和 Z 玻色子	原子核內的質子與中子相互衰變的一種交互作用。

相對強度：以引力為準的相對強度。

作用範圍：交互作用力的作用範圍，單位公尺。

弱核力是核能的來源，主要是不穩定的「原子核」自發性地放射能量輻射。

物理學家們，希望能將研究極小粒子的量子力學與研究極大天體的廣義相對論，用一個單一理論將二個理論統合為一，對整個宇宙現象做出最完美的詮釋。

目前量子力學解釋了「電磁力、強核力和弱核力」，廣義相對論解釋了「引力」。直至今日，尚未有成功完美統合單一的終極理論。

萬有引力

萬有引力（又稱重力或重力交互作用）是一種看不到、摸不著、無所不在又無遠弗屆的力，為宇宙四個基本交互作用力之一。

宇宙中任何物質都有引力，吸引著其它的物質，從極微小的原子到超級大的超星系團，都互相吸引著對方。

物體萬有引力的強弱，視物體自身的質量與兩物體間的距離。物體的質量越大，萬有引力就越強，物體的質量越小，萬有引力就越弱。物體離得越近，萬有引力就越強，物體離得越遠，萬有引力就越弱。

萬有引力不需要依靠介質傳播，所有萬有引力的傳播速度為「光速」，宇宙中的天體運動都遵循著萬有引力定律運行。萬有引力是形成恆星系、星系、星系群與星系團、超星系團的力量。

在太陽系中，萬有引力使地球和其它行星按其自身的軌道環繞太陽運行，月球按其自身的軌道環繞地球運行。沒有萬有引力天體將無法相互吸引形成天體系統，而我們所知的生命世界形式與各種的自然現象也將不會存在。

牛頓與愛因斯坦對萬有引力不同的思考觀念

牛頓萬有引力定律

任意兩個質點相互吸引而產生引力。

愛因斯坦廣義相對論

質量的存在造成時間與空間的扭曲而產生引力。

電磁波

電磁波又稱電磁輻射，以輻射能的形式傳播。電磁波是由同相振盪且互相垂直的電場與磁場，在空間中以波的形式傳播移動，其傳播方向垂直於電場與磁場構成的平面，有效的傳遞能量和動量。

電磁波不需要依靠介質傳播，所有電磁波在真空中的傳播速度為「光速」。世界上只要是本身溫度大於絕對零度的物體，都會發射電磁波。因為世界上並不存在溫度等於或低於絕對零度的物體，所以人們周邊所有的物體分分秒秒都在發射電磁波。

電磁波譜包括電磁波所有可能的「頻率」和「波長」，按頻率分類有低頻率到高頻率，按波長分類有長波到短波。電磁波譜從低頻率長波到高頻率短波輻射種類可分為「無線電波、微波、紅外線、可見光、紫外線、X射線、伽瑪射線」等電磁波段。

電磁波譜的波長是無限且連續的，長波有長到數千公里的波長，短波有短到只有原子核大小的波長。

　　一個物體的電磁波譜，是專指這物體所發射或吸收的電磁波的特徵頻率分佈。頻率的單位是赫茲（Hz），頻率是單位時間內某事件重複發生次數的度量，1 赫茲表示事件每一秒發生一次。波長的單位是公尺（m），波長在波的圖形中指相鄰兩個波峰或波谷之間的距離。

　　人的眼睛可以感知的電磁波，稱為「可見光」。可見光譜顏色「紅、橙、黃、綠、藍、靛、紫」，波長大約在 380 到 780 奈米（nm）之間，在寬廣的電磁波譜中只佔一很小的部分。

　　波長 380 奈米的電磁波處於光學頻譜的「紫光」區域，波長 780 奈米的電磁波處於光學頻譜的「紅光」區域，波長 500～600 奈米的電磁波處於光學頻譜的「綠黃光」區域，是人的眼睛最為敏感的波長。

　　從太陽發出的光，波長小於 380 奈米的紫外線（UV）光，無法以肉眼看到。波長大於 780 奈米的紅外線（IR）光，也需利用夜視或熱感測設備才能進行觀測。

光

　　光是一種能，是一種人類眼睛可以看見的「電磁波」（可見光譜），由一種稱為「光子」的基本粒子組成，非常熱的物體就會產生光。

　　光具有粒子性（光子）與波動性（電磁波），稱為「波粒二象性」。光的一個重要特性是具有色彩，光以波的形式出現產生了顏色，光的波長不同顏色也就不相同。光在可見光譜的顏色為「紅、橙、黃、綠、藍、靛、紫」，紅色光波長較長，紫色光波長較短，可見光譜的顏色混合後變成「白色光」。

　　光波的傳播不需要依靠介質，光波可以在真空、空氣、水等透明的物質中傳播。光波在透明或者半透明的介質（如玻璃和水）中傳播速度會降低，降低的速度比就是介質的「折射率」。

　　光波的傳播路徑稱為「光路」，光路在折射和反射後具有可逆性。光波能以一條路徑從 A 點出發到達 B 點，再從 B 點以射進相同的方向回射，經完全反向的同一的路徑回到 A 點。光波反射時，反射角等於入射角，在同一平面，位於法線兩邊。

　　光波的傳播為直線進行，但重力的改變能使光波產生彎曲，就像光波通過凸透鏡一樣發生彎曲，所以光波彎曲的現象稱為「重力透鏡效應」。

　　根據愛因斯坦的「相對論」，宇宙中沒有任何物質運動的速度可以超過真空中的「光速」。當任一物質運動的速度接近「光速」時，相對速度的概念不再是正確，笛卡爾座標系不再適用。在接近「光速」情況下的兩物質迎面飛行時，在物質上所感覺的相對速度，不會超越光的速度。

　　光（光波）傳播的速度稱為「光速」。真空中的光速是一個重要的物理常數 c（constant），定義值為「每秒 299,792,458 公尺」。

紅移

西元 1842 年，奧地利物理學家都卜勒（Christian Doppler，1803～1853）說明了當觀測者與聲波源發生相對運動時，觀察者接受到聲波的頻率與聲波源發出的頻率並不相同的原因。例如遠方急駛過來的火車鳴笛聲，因聲波頻率變高、波長變短而變得尖細；而離我們而去的火車鳴笛聲，因聲波頻率變低、波長變長而變得低沉。這種運動中聲波的變化現象，稱為「都卜勒效應」。

西元 1848 年，法國物理學家斐索（Armand Hippolyte Louis Fizeau，1819～1896）對來自恆星的光波長偏移做了說明，提出了測量恆星相對速度的方法。斐索應用電磁波的「都卜勒效應」，觀測運動中光波的變化現象，其光的譜線也有同樣的效應。光波與聲波一樣具有波動性，但光波與聲波的不同之處，在於可見光波段之光波頻率的變化使人感覺到是顏色的變化。當光源遠離時，觀測者所觀測到的光，其波長會加長、頻率會降低，則光的譜線就向紅光方向移動，稱為「紅移」（Redshift）；當光源接近時，觀測者所觀測到的光，其波長會減短、頻率會升高，則光的譜線就向藍光方向移動，稱為「藍移」（Blue shift）。

　　所有天體的熱輻射，皆以電磁波的形式向外傳遞。由於宇宙膨脹的帶動，使星體發出的電磁波輻射光，波長被拉長、頻率降低，在可見光波段，星體光的譜線向紅光方向移動。這種「紅移」並非來自星體的自身運動，稱為「宇宙學紅移」。

　　天文學家利用這種光譜位移效應，可以推斷出星體的運動是向地球接近或者遠離地球。光譜位移效應也可以依光譜位移的量，計算出星體其視線方向的運動速度。

宇宙微波背景輻射

宇宙微波背景輻射是一種充滿整個宇宙的電磁輻射，頻率屬於相當寬的微波範圍，黑體輻射譜絕對溫度 2.725K，又稱 3K 背景輻射。

西元 1964 年，美國紐澤西州貝爾電話實驗室的兩位無線電天文學家彭齊亞斯（Arno Penzias，1933～）和威爾遜（Robert Wilson，1936～）在使用一具原本為測試衛星通訊而設計的反射式天線工作時，接收到了來自天空均勻且不隨時間變化的噪聲訊號。他們研究發現，這種噪聲訊號是一種能量極度微弱，但散佈於整個天空無法解釋的「輻射」。

西元 1965 年，他們在《天體物理學報》上以《在 4080 兆赫上額外天線溫度的測量》為題發表論文，宣布了這個發現。隨後，在附近的普林斯頓大學的兩位物理學家狄克和皮帕爾斯，在同一雜誌上以《宇宙黑體輻射》為標題發表了一篇論文，解釋這個「輻射」就是「宇宙微波背景輻射」。論文中說明，要合理解釋這種輻射，宇宙早期必定非常熱，隨著宇宙膨脹，輻射持續冷卻，最終才會有出現微波背景。也就是說，宇宙中這個額外的輻射就是「宇宙微波背景輻射」。

　　西元 1978 年，彭齊亞斯和威爾遜因發現了宇宙微波背景輻射的成就，獲得 1978 年的諾貝爾物理學獎。

　　宇宙微波背景輻射的發現，在近代天文學上具有非常重要的意義，它為「宇宙大霹靂」理論提供了一個強而有力的證據。

宇宙探測衛星

WMAP 探測衛星

西元 2001 年 6 月 30 日，美國國家航空暨太空總署（National Aeronautics and Space Administration，NASA）發射了「威爾金森微波異向性探測器」（Wilkinson Microwave Anisotropy Probe，WMAP）。WMAP 探測衛星以美國物理學家宇宙微波背景輻射的先驅研究者威爾金森（David Wilkinson，1935～2002）命名。

WMAP 探測衛星的任務是探測「宇宙大霹靂」後，宇宙中殘留的輻射熱「宇宙微波背景輻射」，找出輻射溫度之間的微小差異，用以測試有關宇宙產生的各種理論。

西元 2003 年，WMAP 探測衛星對宇宙微波背景輻射在不同方向上的漲落的測量表明，宇宙的年齡是 137 億年。宇宙的結構成分中，5%是普通物質，20%是暗物質，75%是暗能量。

普朗克探測衛星

西元 2009 年 5 月 14 日，歐洲太空總署（European Space Agency，ESA）與美國國家航空暨太空總署（National Aeronautics and Space Administration，NASA）共同合作發射了「普朗克探測衛星」。普朗克探測衛星以德國物理學家量子力學創始人普朗克（Max Planck，1858～1947，1918 年諾貝爾物理學獎）命名。

普朗克探測衛星是 WMAP 探測衛星的繼承者，普朗克探測衛星的靈敏度比 WMAP 探測衛星要高十倍，可以探測百萬分之一的強度變化。普朗克探測衛星的主要任務是掃描宇宙的全景，探測宇宙微波中的輻射光譜。

西元 2010 年，普朗克探測衛星上的太空望遠鏡經過半年時間的掃描，取得了最新宇宙微波背景輻射的數據和圖像。這些數據和圖像有助於科學家們重新審視恒星和星系的形式，了解「宇宙大霹靂」後各種天體的形成過程與宇宙的起源。

哈伯太空望遠鏡 HST

　　西元 1990 年 4 月 24 日，美國國家航空暨太空總署（National Aeronautics and Space Administration，NASA）與歐洲太空總署（European Space Agency，ESA）共同合作發射了「哈伯太空望遠鏡」（Hubble Space Telescope，HST）。哈伯太空望遠鏡以美國天文學家哈伯（Edwin Powell Hubble，1889～1953）命名。

　　哈伯太空望遠鏡是一個具有機器人功能的太空望遠鏡，外型為圓柱狀，質量為 11 公噸，長度為 13.2 公尺，鏡片的口徑為 2.4 公尺，可觀測波段有紅外線、可見光和紫外線，影像光學解析度高達 0.1 弧秒。

　　哈伯太空望遠鏡以每小時二萬八千公里的速度環繞地球，運行的軌道為橢圓形低地球軌道，距離地球表面約 589 公里，位於地球大氣層外緣，環繞地球一周約 96 至 97 分鐘。

　　哈伯太空望遠鏡因位於地球大氣層外緣，不受空氣擾動影響，也無大氣漫射造成的背景光，並能觀測到會被臭氧層吸收的紫外線，觀測太空視相度比任何地球上的大口徑望遠鏡還清晰，所以可以獲得最敏銳的太空光學影像。

　　經由哈伯太空望遠提供的高解析光譜和影像觀測資料，很明確的證實了宇宙正在膨脹加速中與星系的核心是「黑洞」。

　　透過哈伯太空望遠鏡的觀測資料計算，宇宙自大霹靂開始至今，所經過的時間大約為 137 億年。

黑洞

　　黑洞是宇宙中一種質量密度相當大的星球天體。黑洞的形成是由一個質量足夠大光亮的恆星，在核聚變反應的燃料耗盡而死亡後，發生強大塌縮而成形。由於黑洞質量密度相當大，所以產生極強大的重力場。

　　現代物理中的黑洞理論建立在廣義相對論的基礎上，根據愛因斯坦的相對論，宇宙中沒有任何物質運動的速度可以超過真空中的「光速」和重力會使「時間」與「空間」扭曲。

　　因為黑洞的重力場強度超越了光速，所以任何靠近黑洞的物體、輻射和光等，都會受到黑洞極強大的重力場所約束，而無法逸出。「時間」與「空間」，也會發生極度的扭曲。

　　由於射進去黑洞的光沒有反射回來，形成我們的眼睛看不到任何東西，只感覺所見是黑漆一片。因此我們無法直接觀測到黑洞，只能通過測量黑洞對周圍天體的作用和影響來觀測黑洞的存在，故科學家稱其名為黑洞（Black Hole）。

　　黑洞大都是星系的中心，帶領著整個星系奔馳在廣闊的宇宙中。我們所在的星系銀河系的中心位於人馬座的方向，為一質量約是太陽的四百萬倍的黑洞，名為「人馬座 A 星」（Sagittarius A*）。

　　整個銀河系以順時針方向環繞著銀河系中心黑洞自轉，在銀河系內的天體，會依據自身距銀河系中心的距離，以不同的速率環繞著銀河系中心公轉，距離銀河系中心近的恆星運動速度快，距離銀河系中心遠的恆星運動速度慢，整個銀河系都受到銀河系中心黑洞重力的牽引。

宇宙大霹靂 Big Bang

「宇宙大霹靂」理論是現今大部分科學家接受的宇宙起源學說，具有「哈伯膨脹」和「宇宙微波背景輻射」兩大觀測證據。

西元 1927 年，比利時宇宙學家喬治‧勒梅特（1894～1966）首次提出現代「宇宙大霹靂」理論。勒梅特發表了「愛因斯坦重力場方程式」的一個嚴格解，並推演出宇宙最初起源於一個「原始原子」的大霹靂，再經膨脹演化形成現在的世界狀態。

西元 1948 年，美籍俄裔物理學家喬治‧伽莫夫（1904～1968）將相對論引入宇宙學，提出了「熱大霹靂宇宙學模型」理論。伽莫夫論述宇宙最初開始於高溫高密的原始物質，隨著宇宙膨脹，宇宙溫度逐漸下降，形成了現在的星系等天體。伽莫夫認為早期「宇宙大霹靂」的輻射，仍殘存在整個宇宙中。不過由於宇宙持續不斷的膨脹與逐漸冷卻，經過相當漫長時間的演變，其絕對溫度已冷卻至幾度左右。宇宙在這種溫度下，輻射是處於微波的波段，推論了「宇宙微波背景輻射」的存在。

西元 1965 年，美國貝爾實驗室兩位物理科學家彭齊亞斯和威爾遜偶然中發現了「宇宙微波背景輻射」，證實了早期「宇宙大霹靂」時的高溫。

　　西元 1970 年，英國物理學家霍金發表論文，指出如果廣義相對論是正確，「宇宙大霹靂」前必然有「奇點」存在。霍金論述，宇宙是由一個密度無限大與溫度無限高的「奇點」狀態，在一次「大霹靂」中開始的。

　　宇宙處於「奇點」時，宇宙只有內部，無宇宙外部。在那時，宇宙只是一團極端微小超高溫的「能量霧」，沒有「光」和「物質」，也不存在「時間」和「空間」。

　　在「宇宙大霹靂」那一剎那，宇宙開始膨脹，並釋放出巨量的輻射光。在極短的時間內，宇宙誕生了。宇宙中有了「光」、「時間」、「空間」與「萬有引力」。

　　「宇宙大霹靂」使得宇宙不斷的膨脹、展開、延伸，並創造出宇宙中的「物質」。隨著時間的推移，宇宙持續不斷的膨脹與逐漸冷卻，經過相當漫長時間的演變，宇宙到達現在的世界狀態。

　　依據宇宙演化模型的推算，宇宙自大霹靂開始至今，所經過的時間大約為 137 億年。

天文量度

　　天文學上使用「天文單位、光年、秒差距」等量度單位，來量度天體的距離。

天文單位　Astronomical Unit（AU）

1 天文單位 AU = 149,597,870,691±30 公尺

　　1 天文單位 AU 為地球與太陽的平均距離。

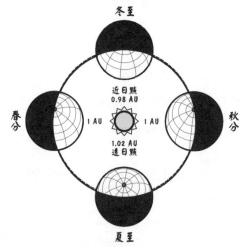

　　地球與太陽的平均距離約為 1 億 5 千萬公里（1AU）。

　　地球與月球的平均距離約為 38 萬 4 千公里（0.0026AU）。

光年 Light year（ly）

1 光年 ly = 9,460,730,472,580,800 公尺 = 63,240AU

1 光年 ly 指光在真空中一年時間行進的距離。

光速是光在真空中的行進速度為每秒 299,792,458 公尺。

一年時間的數值定義為一年 365.25 日，一日 86,400 秒。

光速 c

光（光波）傳播的速度稱為「光速」。真空中的光速是一個重要的物理常數 c（constant），定義值為「每秒 299,792,458 公尺」。根據愛因斯坦的「相對論」，宇宙中沒有任何物質運動的速度可以超過真空中的「光速」。

光每秒環繞地球約 7.5 圈。

光由地球到達月球需時約 1.2 秒。

光由太陽到達地球需時約 8 分鐘。

太陽系最近的恆星為半人馬座 α 星 C 比鄰星，距離約 4.22 光年（1.29pc）。

秒差距 Parsec（pc）

1 秒差距 pc = 206,265 天文單位 AU = 3.2616 光年 ly

1 秒差距 pc 為恆星的周年視差為 1 角秒的距離。

測量恆星距離時，以地球環繞太陽軌道的兩端當基線，所測量的恆星與相對更遠的背景恆星在天空中位置的差異稱為「視差」，視差所對應以太陽為中心的三角形內角稱為「視差角」。當「視差角」為「1 角秒」時，地球與所測量恆星的距離，就稱為「1 秒差距」。

恆星的視差越大，距離地球就越近；恆星的視差越小，距離地球就越遠。計算恆星周年視差的秒差距，就可以算出恆星與地球的距離。

秒差距計算

地球與太陽的平均距離「1AU（天文單位）」，可視為「恆星
與地球的距離 d（半徑）」與恆星的「視差角 p」所對應的
「弧長」。當恆星的「視差角 p」定為「1 角秒」時，其「恆
星與地球的距離 d」定義為「1 秒差距 pc」。

角度與弧度關係

角的量度單位有兩種：「度度量：角度」與「弳度量：弧度」

一圓周 ＝ 360°（角度）＝ 2π（弧度）（又稱弳度）

1（角秒）＝ 2π／360 × 60 × 60 ＝ 1／206,264.806（弧度）

弧長計算公式

弧長 ＝ 半徑 d × 弧度 p

1AU 天文單位 ＝ 1 秒差距 pc × 1／206,264.806（弧度）

1 秒差距 pc ＝ 206,264.806 AU ＝ 206,265 天文單位 AU

視差

由於「觀測地點」的不同，觀測者所見星體的位置和星體的真實位置之差，叫做「視差」。

位在「地面」觀測天體的位置與位在「地心」觀測天體的位置之差，稱為「地心周日視差」。位在「地心」觀測天體的位置與位在「日心」觀測天體的位置之差，稱為「日心周年視差」。

太陽和月亮在天空中的視位置，與觀測者所在的地理「緯度」有關。對北半球的觀測者來說，當月亮在黃道之北時，視差使月亮更加靠近黃道，因而更容易發生日月交食。當月亮在黃道之南時，視差使月亮更加遠離黃道，因而不容易發生日月交食。

測量天體的「視差」，是確定天體之間距離最基本的方法。觀測者只要知道「視差角度」和「基線長度」，就可以計算出天體和觀測者之間的距離。

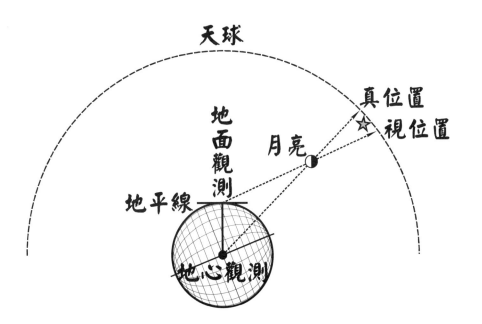

光行差

　　由於「地球自轉與公轉」的運動，觀測者所見星體的位置和星體的真實位置之差，叫做「光行差」。

　　西元 1725 年，英國天文學家詹姆斯・布拉德利（James Bradley，1693～1762）在觀測恆星視差時發現光行差現象。光行差是由觀測者運動所引起的。觀測者在同一時間同一地點，觀察相同目標的星光，靜止著的觀測者與運動著的觀測者，所觀察的結果會有不同的差異。

　　光在真空中的速度為每秒約 30 萬公里。地球以每秒約 30 公里的速度，在軌道上環繞着太陽公轉。太陽系以每秒約 220 公里的速度，在軌道上環繞着銀河系中心公轉。由於「地球自轉與公轉」的運動，在地球上觀察星體的位置時總是存在著「光行差」的偏差現象。

　　光行差的角度變化非常微小，光行差的大小，決定於星體與觀測者的運動速度和運動方向間的變化。

依據地球上的觀測者與星體之間的相對運動，光行差可分成「週年光行差、週日光行差、長期光行差」。

週年光行差

地球環繞太陽公轉造成的光行差，最大可以達到 20.5 角秒。

天文學中定義週年光行差常數 κ 為「$\kappa = v/c$」，c 是光速，v 是地球環繞太陽公轉的平均速度。光行差常數（J2000）$\kappa = 20.49552"$。

週日光行差

地球自轉造成的光行差，比週年光行差小，只有約為 0.x 角秒。

長期光行差

太陽系運動造成的光行差。太陽本身運動造成的光行差，約為 13 角秒，方向不變。太陽系環繞銀河系公轉造成的光行差，約為 100 多角秒，週期很長，方向可以看成是不變的。

濛氣差

由於「大氣折射」的物理現象,觀測者所見星體的位置和星體的真實位置之差,叫做「濛氣差」。

星光由真空中進入地球表面的大氣層時,由於大氣會對於觀測的星光產生法線方向折射的效應,星體的實際位置與眼睛所見的星體位置會有所偏差,這種效應叫做「濛氣差」。因為濛氣差效應的關係,我們觀測所見星體的位置,會比實際的位置要高一些,所以當日月星辰實際上還在地平線以下時,我們就可以看到它們。當我們看到太陽從地平線上剛剛升起時,實際看到的是它處在地平線的下方時發出的光,由於太陽光在大氣中發生折射,我們才會看到太陽處於地平線的上方。這就是為什麼,日出的時間會提早,日落的時間會延遲,白晝會多延長 8 至 12 分鐘的原因。

濛氣差大小與星體的位置有關,濛氣差效應越是接近地平線就越是明顯。我們可以把地球表面上的大氣,看作是由折射率不同的許多水平氣層組成的,越接近地表越稠密,折射率也越大。星體在天頂時,濛氣差為 0 度。星體在地平線上時,濛氣差最大。平時我們看到靠近地平線的星體的位置,要比它的實際的位置高約 34 角分(地平線的大氣折射值)。

　　由於地球各地區的氣候條件不一，大氣折射率效應的修正也不一樣。濛氣差的修正，對太陽和月亮與星體昇落時刻的計算相當重要。

　　計算太陽和月亮昇落時刻時，可採以「日月中心點」或以「日月輪邊緣」為基準點。

地理座標系統

　　地理座標系統是標示地球地理位置的座標系統。地理座標系統中，將地球平分為兩個半球的假想幾何平面，定義為座標「赤道平面」。將垂直「赤道平面」的自轉軸與地球表面相交會的兩個交點，定義為座標「極點」。北半球的極點稱為「北極」，南半球的極點稱為「南極」，平分地球南北兩半球周長最長的圓周線稱為「赤道」。地理座標系統，使用經度與緯度來標示地球地理的位置。

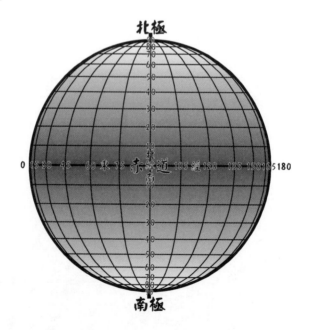

經度γ

連接南極與北極的子午線稱為「經線」。將通過「英國倫敦格林威治天文台」的經線訂為「零度」經線，零度以東稱為「東經」，以西稱為「西經」，東西經度各有 180 度。經度與時間有關（時區經度時差）。

緯度ψ

平分地球南北兩半球的圓周線稱為「赤道」，平行赤道的圓圈線就是「緯線」。赤道的緯線訂為「零度」緯線，零度以北稱為「北緯」，以南稱為「南緯」，南北緯度各有 90 度。緯度與寒熱有關（赤道熱兩極寒）。

天 球

　　從地球上觀測天空，天球是一個想像半徑無限大與地球同心的球，天空中所有的星體都想像成是在天球上。天球與地球相對應，有「赤道、極點、經緯」。地球繞地軸（自轉軸）自西向東自轉，以相對於地球不動的概念來觀看天球，天球上所有的星體皆是圍繞著天極自東向西旋轉，太陽、月亮、星星等星體都是東昇西落。

　　天文學上的天球儀是在天球外看天球，天象廳或模擬星象是在天球內看天球。

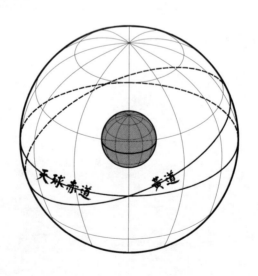

天球赤道

　天球赤道是地球赤道投影在天球上同一個平面延伸的一個
大圓。

天球極點

　天球極點是地球的地軸（自轉軸）向天球延伸後，至無窮遠
處與天球相交的兩個假想幾何點，有北天極和南天極。

黃道

黃道是由地球上觀察太陽一年中在天球上的視運動所經過
的路徑軌跡，即地球環繞太陽公轉的軌道平面和天球相交的
大圓，這個大圓稱做黃道。

黃道極點

黃道極點是垂直黃道面的軸線向天球延伸後，至無窮遠處與
天球相交的兩個假想幾何點，有北黃極和南黃極。

白道

白道是由地球上觀察月球一年中在天球上的視運動所經過
的路徑軌跡，即月球環繞地球公轉的軌道平面和天球相交的
大圓，這個大圓稱做白道。

黃道與天球赤道交角

黃道面和天球赤道面的交角約為 23.45 度。

地球自轉軸與公轉軌道平面（黃道面）的傾角約 23.45 度。

黃道與天球赤道在天球上的交點，定為「春分點」（太陽由
南向北穿越天球赤道的昇交點）和「秋分點」（太陽由北向
南穿越天球赤道的降交點）。

天球赤道與白道交角

天球赤道面和白道面的交角約為 28.59 度〜18.31 度（23.45
度 ± 5.14 度）。月球赤緯的極大值以 18.6 年為週期循環，同
一地點所見月球上中天時的地平高度並不一樣。

黃道與白道交角

黃道面和白道面的交角約為 5.14 度。

月球自轉軸與公轉軌道平面（白道面）的傾角約 6.68 度。

月球自轉軸與黃道面的傾角約 1.54 度。

由於太陽對月球的引力，黃道與白道的交點隨著地球與月球
運行的變化，而在黃道上與月球運行的相反方向向西移動。
這種交點退行的現象，是造成地球自轉軸章動的主要成因。
黃道與白道的交點每年約移動 19 度 21 分，整個循環週期大
約是 18.6 年。

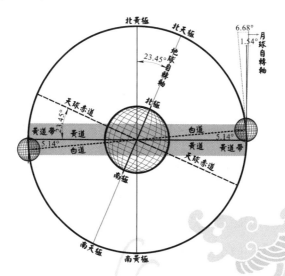

黃道帶

　　黃道帶是指天球上黃道南北兩邊各 8 度寬的的環形區域。黃道帶環形區域，涵蓋了太陽與月亮和八行星「水星、金星、火星、木星、土星、天王星、海王星」在天球上運行的區域範圍。

太　陽　系			
天體成員	**天體名稱**	**軌道半徑**	**軌道面與黃道傾角** / **赤道與軌道面傾角**

天體成員	天體名稱	軌道半徑	軌道面與黃道傾角	赤道與軌道面傾角
恆星	太陽 Sun	中心點	基準點	7.25
行星	水星 Mercury（0）	0.3871	7.005	0.01
	金星 Venus（0）	0.7233	3.395	177.36
	地球 Earth（1 衛星）	1.0000	0.000	23.45
	火星 Mars（2）	1.5237	1.850	25.19
	木星 Jupiter（63）	5.2026	1.304	3.13
	土星 Saturn（60）	9.5549	2.485	26.73
	天王星 Uranus（23）	19.2184	0.772	97.77
	海王星 Neptune（13）	30.1104	1.769	28.32
衛星	月球 Moon（地球）	0.0026	5.14	6.68

軌道半徑：天體公轉軌道半徑，單位「天文單位 AU」。

軌道面與黃道傾角：天體公轉軌道面與黃道傾角，單位「度」。

赤道與軌道面傾角：天體赤道與公轉軌道面傾角，單位「度」。

赤道與軌道面傾角，也是天體的自轉軸與公轉軌道面的傾角。

天球座標系統

　　天球座標系統，是天文學標示天體在天空中位置的座標系統。天球座標系統中，將天球平分為兩個半球的假想幾何平面，定義為座標「基準平面」；將垂直「基準平面」的軸線，向天球延伸至與天球相交的兩個假想幾何點，定義為座標「極點」。

　　曆元，是天文學標示天體在天球座標位置的某一特定時刻。其它時刻天體的位置可以依據歲差和天體的自行運動而計算出。現在使用的標準曆元是 J2000.0，「J」代表儒略曆元。

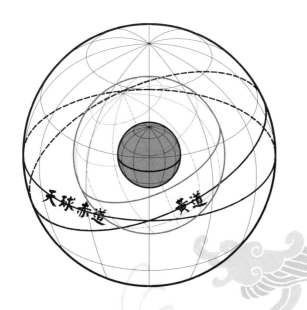

天球座標系統

天球座標系統依據不同的「基準平面」定義出不同的座標系。

地平座標系：使用「地平面」為基準平面。

赤道座標系：使用「天球赤道面」為基準平面。

黃道座標系：使用「黃道面」為基準平面。

銀道座標系：使用「銀道面」為基準平面。

超星系座標系：使用「超星系面」為基準平面。

地平座標系

地平座標系是以「地平面」做為基準平面的天球座標系統。在地平座標系中，天球以「觀測者」為原點，所在地的「地平線」為基準平面。天球分成能看見的上半球和看不見的下半球，上半球的最高頂點稱為「天頂」，下半球的最低頂點稱為「天底」。

地平座標系是固定在地球上。因天球上所有天體的運動都受到由西向東的周日運動支配，所以天體在天球上的高度角和方位角會隨著時間不停的改變。觀測者在相同的時間，從不同的位置觀察天體，會測得不同的高度角和方位角。

地平座標系在測量天體的出沒非常的好用。當一個天體的高度角為 0 度時，就表示她位於地平線上。如其高度角有增減，就代表天體有升降。

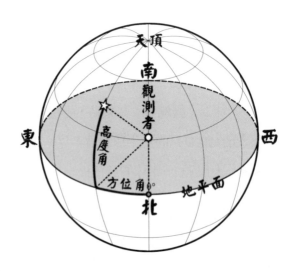

高度角 h

地平座標系的高度角，也稱為仰角，符號為 h，是天體和觀測者所在地的地平線的夾角。「地平線」的高度角為 0 度，「天頂」的高度角為＋90 度，「天底」的高度角為－90 度。

方位角 A

地平座標系的方位角，符號為 A，是天體和觀測者所在地，由「正北方」向東順時針沿地平線量度的夾角。正北方的方位角為 0 度，正東方為 90 度，正南方為 180 度，正西方為 270 度，一圓周為 360 度。

赤道座標系

赤道座標系是以「天球赤道面」做為基準平面的天球座標系統。在赤道座標系中，天球被「赤道面」分割為南北兩個半球，對應的兩個幾何天球極點稱為「北天極」與「南天極」，使用赤經與赤緯來標示天球上所有天體的位置。

赤道座標系主要用於確定天體的位置，是使用最廣泛的天球座標系統，例如使用赤道儀與星圖觀測已知天體在天球上的位置。赤道座標系有歲差現象需標示曆元。

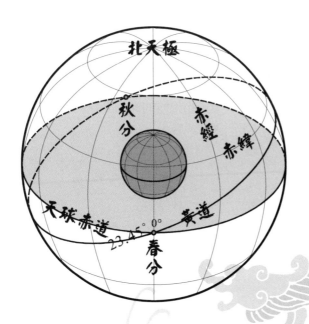

赤經 α

赤道座標系的經度，稱作赤經，符號為 α。赤經用「時 h、分 m、秒 s」來標示天體的位置。赤經一圓周為 24 時，每時為 60 分，每分為 60 秒。赤經以春分點為 0 時，由西向東依太陽移動的方向量度。

赤緯 δ

赤道座標系的緯度，稱作赤緯，符號為 δ。赤緯用「度、角分、角秒」來標示天體的位置。赤緯是以天球中心為原點，以天球赤道面做為基準平面，將天球赤道面與南北天極之間各劃分為 90 度，每度為 60 角分，每分為 60 角秒。天球赤道面的赤緯為 0 度，北天極的赤緯為＋90 度，南天極的赤緯為－90 度。

黃道座標系

黃道座標系是以「黃道面」做為基準平面的天球座標系統。在黃道座標系中,天球被「黃道面」分割為南北兩個半球,對應的兩個幾何黃道極點稱為「北黃極」與「南黃極」,使用黃經與黃緯來標示天球上所有天體的位置。

黃道座標系主要用於研究太陽系天體的運動,例如在曆法上就以太陽位置的黃經度來確定節氣。黃道座標系有歲差現象需標示曆元。

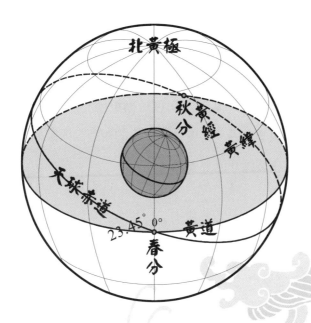

黃經 λ

黃道座標系的經度，稱作黃經，符號為 λ。黃經以「度、角分、角秒」來標示天體的位置。黃經一圓周為 360 度，每度為 60 角分，每分為 60 角秒。黃經以春分點為 0 度，由西向東依太陽移動的方向量度。

黃緯 β

黃道座標系的緯度，稱作黃緯，符號為 β。黃緯以「度、角分、角秒」來標示天體的位置。黃緯是以天球中心為原點，以黃道面做為基準平面，將黃道面與南北黃極之間各劃分為90 度，每度為 60 角分，每分為 60 角秒。黃道面的黃緯為 0 度，北黃極的黃緯為 +90 度，南黃極的赤緯為 −90 度。由地球上觀測太陽一年中在天球上的視運動所經過的路徑，太陽永遠在黃緯 0 度上運動。

銀道座標系

銀道座標系是以「太陽」為原點，以銀河系赤道平面「銀道面」做為基準平面的天球座標系統。銀河系環繞著銀河系中心自轉，銀河系內的天體，會隨著銀河系一起自轉，其銀道座標位置是固定的。銀河系外的天體，不會隨著銀河系一起自轉，其銀道座標位置會相對改變。

銀道座標系主要用於研究星系的位置，黃道面與銀道面有 62 度夾角，天球赤道面與銀道面有 123 度夾角。

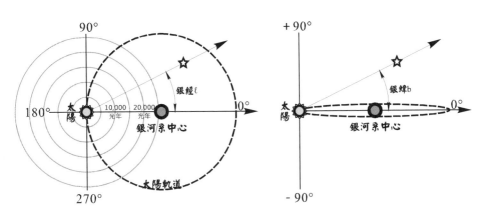

銀經 ℓ

銀道座標系的經度，稱作銀經，符號為 ℓ。銀經以「度、角分、角秒」來標示天體的位置。銀經一圓周為 360 度，每度為 60 角分，每分為 60 角秒。銀經的起點是從太陽測量到的銀河中心方向，沿著銀道面移動，人馬座為銀經 0 度，天鵝座為銀經 90 度，御夫座為銀經 180 度，船帆座為銀經 270 度。

銀緯 b

銀道座標系的緯度，稱作銀緯，符號為 b。銀緯以「度、角分、角秒」來標示天體的位置。銀緯是以太陽為原點，以銀道面做為基準平面，將銀道面與南北銀極之間各劃分為 90 度，每度為 60 角分，每分為 60 角秒。銀道面的銀緯為 0 度，北銀極的銀緯為＋90 度，位置在牧夫座，南銀極的銀緯為－90 度，位置在玉夫座。

超星系座標系

超星系座標系是以「超星系面」做為基準平面的天球座標系統。宇宙中的星系大都分佈在一個平面上，包含室女座超星系團、英仙-雙魚超星系團、鳳凰座超星系團、后髮座超星系團、天爐座超星系團…等，超星系團平面分佈的狀態形成一「超星系面」做為超星系座標系的基準平面。

超星系座標系主要用於研究宇宙超星系團的位置。

經度 SGL

超星系座標系的經度符號為 SGL，經度以「度、角分、角秒」來標示天體的位置，一圓周為 360 度，每度為 60 角分，每分為 60 角秒。經度的起點 SGL ＝ 0，定義為銀河系平面與超星系平面的交叉點。

緯度 SGB

超星系座標系的緯度符號為 SGB，緯度以「度、角分、角秒」來標示天體的位置。超星系座標系的緯度原點，定義為銀緯為 0 度銀道面之處，將緯度的起點與南北極點之間各劃分為 90 度，每度為 60 角分，每分為 60 角秒。緯度的起點 SGB ＝ 0，緯度的北極點 SGB ＝ ＋90 度，南極點 SGB ＝ －90 度。

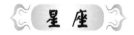

星 座

　　西洋星座最早始於古巴比倫時代，古巴比倫人為了方便研究及觀測天空中的星星，就運用想像力把天空中一群群的星星組合成美麗的「星座」，再將每一個星座以神話人物、動物或器具等名稱命名。

　　西元 1930 年，國際天文學聯合會 International Astronomical Union 正式公布了「新天文星座」體系。

　　「新天文星座」將全天按區域劃分成「88 個星座」及「星座界線」，「北天」有 28 個星座，「黃道」有 12 個星座，「南天」有 48 個星座。

　　「新天文星座」體系的使用，使天空中的每一顆恆星，都有其所屬的特定「星座」。

新 天 文 星 座					
仙女座	唧筒座	天燕座	寶瓶座	天鷹座	天壇座
白羊座	御夫座	牧夫座	雕具座	鹿豹座	巨蟹座
獵犬座	大犬座	小犬座	摩羯座	船底座	仙后座
半人馬座	仙王座	鯨魚座	堰蜓座	圓規座	天鴿座
后髮座	南冕座	北冕座	烏鴉座	巨爵座	南十字座
天鵝座	海豚座	劍魚座	天龍座	小馬座	波江座
天爐座	雙子座	天鶴座	武仙座	時鐘座	長蛇座
水蛇座	印第安座	蠍虎座	獅子座	小獅座	天兔座
天秤座	豺狼座	天貓座	天琴座	山案座	顯微鏡座
麒麟座	蒼蠅座	矩尺座	南極座	蛇夫座	獵戶座
孔雀座	飛馬座	英仙座	鳳凰座	繪架座	雙魚座
南魚座	船尾座	羅盤座	網罟座	天箭座	人馬座
天蠍座	玉夫座	盾牌座	巨蛇座	六分儀座	金牛座
望遠鏡座	三角座	南三角座	杜鵑座	大熊座	小熊座
船帆座	室女座	飛魚座	狐狸座		

☆依星座英文名的字母順序排列。

黃道十二宮

五千年前古巴比倫時代，古巴比倫人為了能正確掌握太陽在黃道上運行所在的位置，把黃道帶劃分成十二個天區，以「黃經0度春分點」為起算點，每隔30度為一宮，表示為太陽所在的宮殿，稱為「黃道十二宮」。每一宮依據其天空的星象命名，共有「十二星座」。

黃道十二宮以「春分點」的「白羊座」為第一宮（二千年前春分點正位於白羊座），由春分點起向東依序為「白羊座、金牛座、雙子座、巨蟹座、獅子座、處女座、天秤座、天蠍座、射手座、摩羯座、水瓶座、雙魚座」，也就是占星學所定義的星座。

占星學定義的黃道十二宮與天文學上的黃道星座不同。由於歲差的關係，春分點每年平均向西退行約 50.28 角秒，現今春分點已退到「雙魚座」。

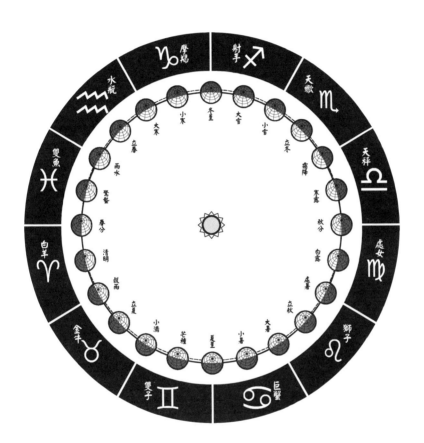

三垣二十八宿

　　中國古代天文學家，為了能正確掌握太陽和月亮與五行星「水星、金星、火星、木星、土星」的運行天象，利用天空中星星的位置來做為天空定位的標記，將天空劃分成中央與四方名為「三垣二十八宿」的星區。

　　中央的天空，以「北極星」為中心點。將北極天空劃分成三個星區，上垣「太微垣」、中垣「紫微垣」、下垣「天市垣」，合稱「三垣」。

　　四方的天空，以「黃道面」為基準面。將環天一周的黃道帶劃分成四個星區，以「春分」日黃昏天空所見之星象命名。東方星象名「青龍」、北方星象名「玄武」、西方星象名「白虎」、南方星象名「朱雀」，合稱「四象」。

　　「四象」再依「七曜」，每象劃分成七個不同大小的「星宿」，合稱「二十八宿」。

　　青龍七宿「角、亢、氐、房、心、尾、箕」。

　　玄武七宿「斗、牛、女、虛、危、室、壁」。

　　白虎七宿「奎、婁、胃、昴、畢、觜、參」。

　　朱雀七宿「井、鬼、柳、星、張、翼、軫」。

　　「二十八宿」的每一星宿，再由不同數量的恆星群組成「星官」。「星官」相較於現代天文學的星座，「星官」的涵蓋範圍較小，但數量較多。

　　中國曆法，以「月亮朔望定月份」，以「太陽位置定節氣」。中國歷代曆法編製，就是依據每宿星象的出沒和中天時刻，推算太陽和月亮與五行星「水星、金星、火星、木星、土星」的運行位置，計算「二十四節氣」交節氣的時刻。

星星的名字

夜空中明亮的星星多的數不清，天文學家們為了方便研究及觀測天空中的星星，便把天空中一群群的星星組合成「星座」，每個星座都取一個名字，後再替星座中的每一顆星星命名。

西方最早是古巴比倫人，對天空中的一些亮星命名，再加上古希臘人陸續增列命名，現今大約有 200 顆恆星有專屬的名字。如：Polaris（北極星）、Sirius（天狼星）、Vega（織女星）等。

中國古天文學家們，對天空中的一些亮星，也都取了專屬的名字。如：北極星勾陳一（小熊座 α 星）、織女星（天琴座 α 星）、牛郎星（天鷹座 α 星）、天狼星（大犬座 α 星）等。

拜耳命名法

西元 1603 年，德國天文學家約翰・拜耳（Johann Bayer）在發表新的星圖《測天圖》中，所使用的一套恆星體系命名法，稱為「拜耳命名法」。拜耳在每一個星座中，先依恆星的亮度分成不同的等級。再按星星亮度等級，依循星圖，由上而下，先東後西的順序排列。星名依序用 24 個小寫希臘字母 α、β、γ 等，和小寫拉丁字母與大寫拉丁字母的順序來命名。並在小寫希臘字

母後面，加上拉丁文所有格的星座名稱。如天狼星的星名為「α Canis Majoris」，簡寫星名為「α CMa」。拜耳命名法，將許多星座中最明亮的恆星都選定為α星。

佛蘭斯蒂德命名法

西元 1712 年，英國皇家天文學家約翰‧佛蘭斯蒂德（John Flamsteed）在其著作中，提出一套恆星體系命名法，稱為「佛蘭斯蒂德命名法」。佛蘭斯蒂德鑑於星座中恆星過多，24 個小寫希臘字母不敷使用，就用數字取代小寫希臘字母來命名。數字的次序，依星座由東至西編排，如「獅子座 18、天蠍座 36、飛馬座 9」。

中文星名

用中文書寫星名，則是希臘字母前面加上星星所屬星座的名字，如天狼星的中文星名為「大犬座 α 星」、織女星的中文星名為「天琴座α星」。

大多數明亮的恆星，都有中國傳統的名字。用中文表示現代星星名字的時候，習慣上會在星星名字後面，再加上中國傳統的古星名。如「大犬座 α 星天狼星」、「天琴座α星織女星」、「天鷹座 α 星牛郎星」、「小熊座α星勾陳一（北極星）」。

目視星等

星等是天文學上觀察星體在天空中亮度的度量。

天上的星體，因距離及發光強度的關係有亮有暗。天文學家為考察星體的目視亮度，在不考慮距離的因素下，將由肉眼觀測到的星體定出明暗亮度的等級。

星等，最先由古希臘天文學家喜帕恰斯（Hipparchus，西元前180～125）創立。

西元前 134 年，他因觀測當時的一顆新星，進而編製了一份記載 1025 顆恆星的星表，並測定了全天的恆星亮度。

喜帕恰斯將恆星由亮至暗，劃分為 1 等至 6 等。最亮的星體定為 1 等星，肉眼可見最暗的星體定為 6 等星。星等的數值越大，代表這顆星的亮度越暗；星等的數值越小，代表這顆星的亮度越亮。喜帕恰斯將恆星亮度劃分數值的方法，產生了最早的「星等」概念，稱為「目視星等」。

西元 1860 年，英國天文學家諾曼‧羅伯特‧普森（Norman Robert Pogson）重新將恆星亮度用數學量化劃分定義星等。他將 1 等星定義為比 6 等星亮 100 倍，每暗一星等光度減少 2.512 倍（$100^{1/5}$）。因 1 到 6 級星等並不能標示所有星體的亮度，比 1 等星還亮的星定為 0 星等，再亮的則為負星等用負數表示，成為新的「目視星等」度量。

在清澈晴朗沒有月亮的夜晚環境下，肉眼可見視星等約為 6 等星。整個天空用肉眼能看得見的星星，大約有 8000 顆。現在，地面上最大的望遠鏡可看到 24 等星，太空哈勃望遠鏡可看到 30 等星。

天空中，肉眼可以見到的星星都是恆星，肉眼可以見到的行星，只有太陽系中的五行星「水星、金星、火星、木星、土星」。

絕對星等

絕對星等，為恆星本身的發光強度。

目視星等是從地球上觀察星體亮度的度量。因不同恆星與地球的距離不同，所以並不能表示出恆星本身的發光強度。

我們假設將所有的星體都放在距離目測點皆為「10 秒差距（32.6 光年）」遠的地方，所觀測到的目視星等，稱為該星體的「絕對星等」。

星　等		
星體	目視星等	絕對星等
太陽	-26.7	4.8
月球滿月	-12.8	太陽反射光
金星最亮	-4.6	太陽反射光
天狼星	-1.45	1.43
牛郎星	0.77	2.19
織女星	0.03	0.5

行星視運動

　　行星為自身不發光，環繞著特定恆星公轉的天體。行星公轉的方向，常與所環繞恆星的自轉方向相同。

　　行星視運動，指從地面上看到行星在天空中位置的變化。由於地球自轉的周日運動，使各行星對於背景恆星的相對位置不斷地發生變化，我們在地球上所看到的這種行星運動，叫做「行星視運動」。

　　行星相對於背景恆星運動一周所經歷的時間，叫做行星運動的「恆星週期」。行星按同一方向連續兩次經過同一距角位置所經歷的時間，叫做行星運動的「會合週期」。

　　因地球與各行星環繞太陽公轉運行的速度不同，從地球上觀察行星在天空中運行的路徑，會有行星「順行」、「留」、「逆行」改變運動方向的視覺效應變化。

順行

我們從地球上觀察天空，由於地球自轉的周日運動是由西向東，太陽、月球和恆星都是由東向西運行，當行星在天空中相對於背景恆星向東的運動（相同的方向），稱為行星視運動「順行」。

留

我們從地球上觀察天空，由於地球自轉的周日運動是由西向東，太陽、月球和恆星都是由東向西運行，當行星在天空中相對於背景恆星停留不動（順逆行運動的轉折點在視覺上像是停留在天空中），稱為行星視運動「留」。

逆行

我們從地球上觀察天空，由於地球自轉的周日運動是由西向東，太陽、月球和恆星都是由東向西運行，當行星在天空中相對於背景恆星向西的運動（相反的方向），稱為行星視運動「逆行」。

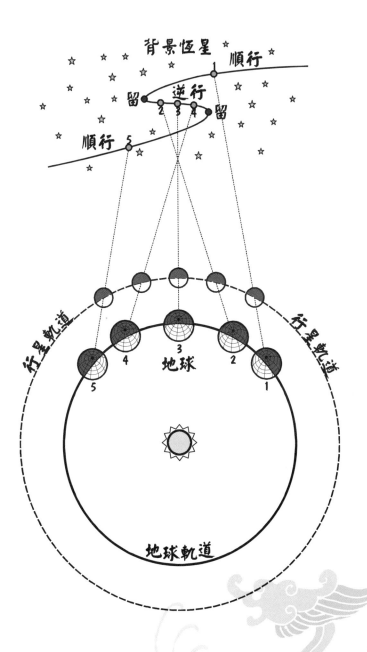

地球與行星環繞太陽運行時，以「合」、「衝」、「大距」、「方照」表示地球與行星在公轉軌道上與太陽相對應的位置。

合或衝

內行星在環繞太陽運行時，當地球、行星和太陽成一直線，太陽在行星與地球中間時叫「上合」，行星在太陽與地球中間時叫「下合」。

外行星在環繞太陽運行時，當地球、行星和太陽成一直線，太陽在行星與地球中間時叫「合」，地球在行星與太陽中間時叫「衝」。

大距

內行星在環繞太陽運行時，當地球、行星和太陽成最大角距時叫「大距」，行星在太陽的東側叫「東大距」，行星在太陽的西側叫「西大距」。

方照

　　外行星在環繞太陽運行時，當地球、行星和太陽成直角時叫
「方照」，行星在太陽的東側叫「東方照」，行星在太陽的西側叫
「西方照」。

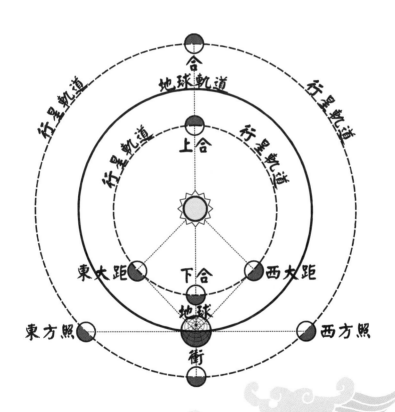

太陽視運動

太陽視運動，指從地面上看到太陽在天空中位置的變化。太陽每日東昇西落，太陽視位置的仰角高度，與我們觀察太陽時所在的緯度有關，和經度無關。太陽正午時刻的時間點，與我們觀察太陽時所在的經度有關，和緯度無關。

春分秋分

在北半球觀察太陽的運行，只有在「春分秋分」兩日，太陽是從正東方昇起，正西方落下。「春分、秋分」陽光直射赤道，南北半球晝夜平分之日。

夏至

從春分到夏至到秋分的半年中，太陽從東偏北的方向昇起，在西偏北的方向落下。「夏至」日太陽仰角高度最大，陽光直射北回歸線，北半球晝最長夜最短之日。

冬至

從秋分到冬至到春分的半年中，太陽從東偏南的方向昇起，在西偏南的方向落下。「冬至」日太陽仰角高度最小，陽光直射南回歸線，北半球晝最短夜最長之日。

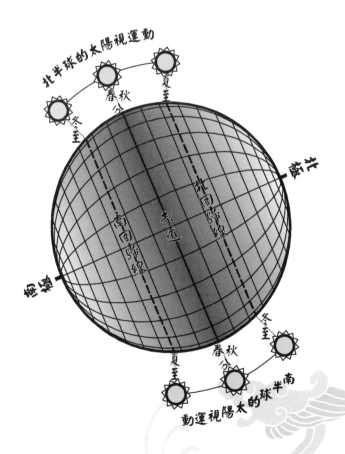

月球視運動

　　月球視運動，指從地面上看到月球在天空中位置的變化。月球運行的白道面相對於地球赤道面（地球赤道面以 23.45 度傾斜於黃道面）的夾角會在 28.59 度（23.45 度＋5.14 度）至 18.31 度（23.45 度－5.14 度）之間變化。月球運行每日逆時針公轉約 13.2 度，每小時上升約 15 度，每天慢約 50 分鐘升起。

　　因月球的公轉週期和自轉週期時間相同，所以我們永遠只能看到月亮面向地球的一面。月球環繞地球公轉時與太陽的相對位置每日皆會改變，在地球上只能看見月球被太陽光照亮的部分。

朔

　　新月，日月經度交角 0 度，月球和太陽在天上的方向相同。

望

　　滿月，日月經度交角 180 度，月球和太陽在天上的方向相反。

上弦

弦月，日月經度交角 90 度，月球在太陽東邊 90 度。

（月東日西）

下弦

弦月，日月經度交角 90 度，月球在太陽西邊 90 度。

（日東月西）

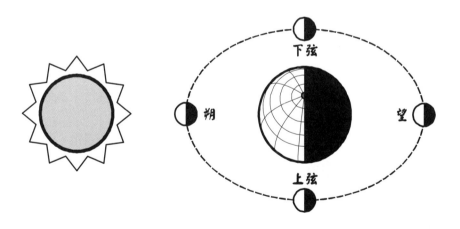

地球運動

地球運動，指地球自轉與環繞太陽公轉時位置的變化。

地球赤道的周長是 40,075 公里，兩極的周長是 39,942 公里。

自轉

從地球北極上空觀看，地球「自西向東」繞着自轉軸自轉。

地球表面各點自轉的「角速度」均為每小時 15 度。

地球表面各點自轉的「線速度」隨著緯度而變化。

地球赤道上的「線速度」最大，約為每秒 465 公尺。

地球兩極上的「線速度」最小，兩極點的「線速度」為零。

地球自轉速度不均勻，存在著時快時慢的不規則變化，並有長期減慢現象。

公轉

地球以每秒約 30 公里的速度，在軌道上環繞着太陽公轉。

太陽系以每秒約 220 公里的速度，在軌道上環繞着銀河系中心公轉。

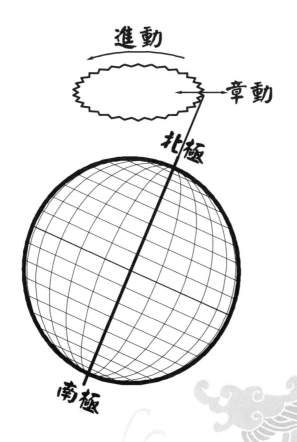

歲差

歲差為地球自轉軸的「進動」和「章動」引起春分點位移的現象。天球赤道與黃道的交點（春分點）每年會因地球自轉軸的進動和章動向西退行約 50.28 角秒，地球在公轉軌道上運行此段距離約需 20 分 24 秒，故回歸年（以春分點為準）較地球實際環繞太陽一周 360 度的時間短約 20 分 24 秒左右。完整的歲差圈要經歷 25,776 年，分點在黃道上正好退行一周 360 度。

進動

進動為地球環繞太陽公轉時，地球的自轉軸受到太陽和月球等天體共同引力的影響，而在空中做圓錐形轉動的極軸運動現象。地球自轉軸進動依逆時針方向環繞黃道軸轉圓圈，轉動週期大約是 25,800 年。

章動

章動為地球自轉軸在進動過程中，因太陽和月球兩天體共同引力循環的改變相對的位置，造成地球自轉軸一種輕微不規則振動的現象。地球自轉軸章動最大分量的振動週期大約是 18.6 年，振幅小於 20 角秒。

極移

極移為地球自轉軸在自轉過程中，因自轉軸中心受到潮汐洋流攪動、大氣蒸發凝結融化循環、地函和地核的運動等多種因素影響，造成地球自轉軸一種輕微不規則擺動的現象。地極的移動只有幾公尺，擺動週期大約一年多。因為極移擺動的變化迅速且不規則，目前只能預測未來短期的變化。

攝動

攝動是天文學上用於描述一個天體的軌道，因其他天體的重力場（引力）影響，產生交互作用而改變或偏離其原本運行軌道的現象。

北極星的輪換

現在的「北極星」是北方星空「小熊星座中的 α 星勾陳一」，在星圖的位置是「赤經 2 時 43 分 5.2 秒、赤緯正 89 度 18 分 18 秒、距離天球北極 0.7 度」。從地球上觀測，北極星因位在北天極上，看似固定在星空中心，滿天的星星都圍繞著她旋轉。

由於「歲差」引起「春分點」位移的關係，天球上的「北極」並不是永恆固定不動的，北天極會逐漸離開現在的北極星位置，未來北極星「小熊座 α 星勾陳一」將不在是北極星。

不同的時期，有不同的北極星。在西元前 12,000 年，當時的北極星是「天琴座 α 星織女星」。在西元前 3,000 年，當時的北極星是「天龍座 α 星」。在西元前 1,000 年，北極星是「小熊座 β 星」。在西元 2,000 年，現在的北極星是「小熊座 α 星勾陳一」。到西元 4,000 年，「仙王座 γ 星」將會成為北極星。到西元 10,000 年，「天鵝座 α 星天津四」將會成為北極星。到西元 14,000 年，「天琴座 α 星織女星」將再度成為「北極星」。

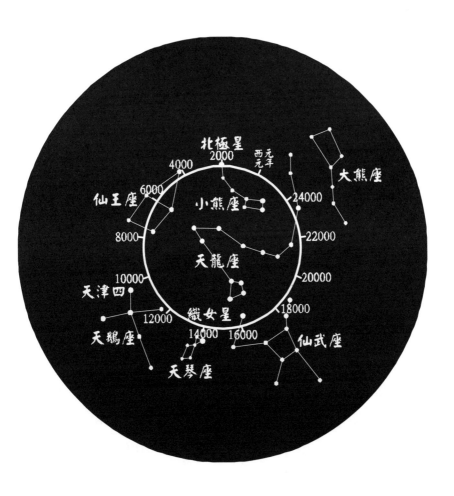

日食與月食

　　日食與月食，是地球上能直接觀測到最奇特的天文現象。日食與月食必須是太陽、地球與月球三天體的相對位置，在黃道與白道交點附近才會發生，食限值為「日食在 18.52 度內、月食在 12.85 度內」。

　　日食一定發生在月朔日（農曆初一），月球運行至太陽與地球之間（日月經度交角 0 度）。月食一定發生在月望日（農曆十五或十六），地球運行至太陽與月球之間（日月經度交角 180 度）。但因黃道面（地球公轉軌道面）與白道面（月球公轉軌道面）約成 5.14 度的交角，所以並非每次月朔望日皆會發生日食與月食。

　　由於太陽、地球和月亮的運動都是有規律的週期性運動，因此日食和月食的發生也是有一定的規律性週期。古巴比倫時代，巴比倫人根據對日食和月食的長期統計，發現日食和月食的天體運動在一定的時間後又會規律的循環出現。在這段時間內，太陽、月亮和黃道與白道交點的相對位置在經常改變著，而經過一段時間之後，太陽、月亮和黃道與白道交點又會回到原來相對的位置。亦即每次日月交食後再經過一定的時間，必會再發生另一次類似的日月交食現象，這個循環週期稱為「沙羅週期」。

　　沙羅週期的時間為 223 個朔望月，一朔望月是 29.530,588,2 日，223 個朔望月等於 6585.32 日（223×29.5305882），即為 18 年 11.3 日，如果在這段時期內有 5 個閏年，就成為 18 年 10.3 日。

　　依據沙羅週期的推論，同樣的日月交食時間每 223 個朔望月或 6585.32 日會發生一次，但能觀測到的地區並不一樣，日月交食的類型也不一定一樣。因為一個沙羅週期的時間長度是 6585.32 日，並不是個整數日，所以需三個沙羅週期大約 54 年 33 日（19756 日），才會重複出現相同的日月交食時間與相同的觀測地區。

　　歷史學中應用日食與月食的天文現象，考證歷史事件發生的時間，是可信度高且實用的方法。在歷史時間的考證中，根據歷史中的日月交食記載，可以精確地確定歷史事件的具體時間。

星曆表

　　星曆表是現代天文學上最重要的天文工具。星曆表刊載著「太陽、月球、太陽系行星和主要恆星」等天體，每日「赤道座標位置、天體亮度、離地球距離、行星軌道、運行速度、視直徑、相位角、出沒時刻、上下中天時刻」等的天文數據資料。星曆表依據天體力學高精度的計算，可以推導過去與未來數個世紀的天體位置，在天文觀測與定位工作上，提供重要精準的資訊。

　　現代的星曆表可分成三種。一是提供給天文軟體開發者的一個工具集資料庫，二是提供給一般使用者的天文星曆星盤軟體，三是書冊式星曆表可簡易直接查閱各天體資訊。星曆表使用者，可根據自己的需求做適當的選擇。

DE 星曆表

美國「國家航空暨太空總署」（NASA）的噴射推進實驗室（Jet Propulsion Laboratory，JPL）最新的高精度星曆表 DE406，精度可達 0.001 角秒，時間涵蓋跨度為西元前 5400 年到西元 5400 年，共 10,800 年。DE 星曆表不是一個一般使用者的產品，它是提供給天文軟體開發者的一個工具集資料庫。

參考網站：http://ssd.jpl.nasa.gov/?ephemerides
適用領域：開發天文星曆星盤軟體

瑞士星曆表

瑞士星曆表（Swiss Ephemeris）是依據最新的 NASA JPL DE406 星曆表，發展而來的一個高精度星曆表，精度可達 0.001 角秒，時間涵蓋跨度為西元前 5400 年到西元 5400 年，共 10,800 年。瑞士星曆表不是一個一般使用者的產品，它是提供給天文軟體開發者的一個工具集資料庫。

參考網站：http://www.astro.com/swisseph
適用領域：開發西洋占星術占星盤

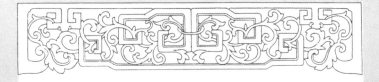

第七篇

基礎曆法

基礎曆法

遠古時期，人們通過用肉眼觀察「太陽、月亮、星星」運動變化的規律，來確定日的長短，四季的變化，安排耕作農務，制定曆法。五千年前，中國古天文學家用「圭、表」測量日影，確定日的長短與一年四季、冬至、夏至、二十四個節氣的變化。執政者編制曆法，指導人民安排農牧耕作等生活事宜。

曆法的制定，在人類的文明史與實際的生活中佔有非常重要的地位。在世界歷史上，曆法是一個時代文明的象徵，是人類生活與記錄歷史的依據，內容具有豐富的文化資產。古今中外在不同時期和不同地區，每一個民族都有其自己的曆法，中國是世界上最早有曆法的國家之一。

基礎曆法說明有關曆法的基礎常識，包含「曆法、時間、曆法時間、國曆、星期、西曆源流、儒略日、儒略日的計算、農曆、農曆置閏法、生肖、朔望、節氣、干支、中國歷代曆法、中國曆法年表、中國歷代年表」等內容。

　　曆法，主要分為「太陽曆、太陰曆、陰陽曆」三種。曆法隨著人類在「天文和科技」的能力提升，不斷的發展與改革。現代曆法，涵蓋「天文、數學、歷史」三方面知識。

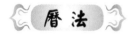
曆 法

依據「太陽、月球、地球」三天體運行的週期,使用「年、月、日」三個時間單位,來計算時間的方法,稱為曆法。曆法紀年的起算年,稱為「紀元」。

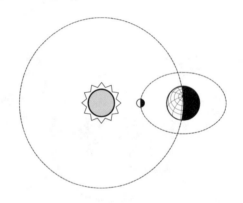

全世界曆法主要分成三種

一、太陽曆:依據地球環繞太陽公轉週期所定出來的曆法。

二、太陰曆:依據月球環繞地球朔望週期所定出來的曆法。

三、陰陽曆:依據太陰曆和太陽曆的週期所定出來的曆法。

我中華民族所特有的曆法:干支紀年。

我國現行的曆法為「國曆、農曆、干支」三種曆法並用。

時 間

　　時間數據是曆法編制的根據，依據「太陽、月球、地球」三天體運行的週期，「年、月、日」有多種不同的時間長度。

年：恆星年、回歸年、交點年、近點年

恆星年

一恆星年 = 365.256,360,42 日 = 365 日 6 時 9 分 10 秒

　　恆星年是地球環繞太陽真正的公轉週期。恆星年是以太陽和同在一位置上的某一顆很遙遠的恆星為觀測起點，當從地球看出去，太陽再回到相同觀測點時所經過的時間。因為春分點受到歲差的影響在黃道上退行，因此恆星年比回歸年長。恆星年應用於天文。恆星年比回歸年長 20 分 24 秒。

回歸年

一回歸年 = 365.242,190,419 日 = 365 日 5 時 48 分 45.25 秒

從春分點（冬至點）再回到春分點（冬至點）所經過的時間。由地球上觀察，太陽在黃道上運行，環繞太陽視黃經 360 度，再回到黃道上相同的點所經過的時間。精確的回歸年時間長度，取決於在黃道上所選擇的起算點。歲實是中國用的回歸年，是從冬至再回到冬至所經過的時間。回歸年也稱為太陽年，應用於曆法。

交點年

一交點年 = 346.620 日 = 346 日 14 時 52 分 48 秒

交點年是太陽連續兩次通過軌道上同一黃白交點（昇交點）所經過的時間。黃白交點並不固定，兩個交點之間的連線沿黃道向西移動，稱為交點退行。交點退行每日約 0.054 度，每年約 19 度 21 分，退行週期大約是 18.6 年環繞一周。交點年也稱為食年，應用於日月食的預測。

近點年

一近點年 = 365.259,635,864 日 = 365 日 6 時 13 分 52.54 秒

　　近點年是地球環繞太陽的軌道運動中，相繼兩次經過近日點所經過的時間，是地球的「平均軌道週期」。地球的軌道因受其它行星的攝動影響，所以並不固定。地球的近日點每年有少許的移動，移動週期大約是 112,000 年。

月：恆星月、朔望月、回歸月、交點月、近點月

恆星月

一恆星月 = 27.321,582 日 = 27 日 7 時 43 分 4.6 秒

恆星月是月球環繞地球真正的公轉週期。恆星月是以月球和同在一位置上的某一顆很遙遠的恆星為觀測起點，當從地球看出去，月球再回到相同觀測點時所經過的時間。因為月球在環繞地球公轉時，地球本身也在環繞太陽公轉而在軌道上前進了一段距離，因此恆星月比朔望月短。月球的公轉和自轉週期時間相同。恆星月應用於天文。恆星月比朔望月短 2 日 5 時 0 分 58.2 秒。

朔望月

一朔望月 = 29.530,588,2 日 = 29 日 12 時 44 分 2.8 秒

從月朔再回到月朔所經過的時間。朔望月應用於曆法。

回歸月

一回歸月 = 27.321,582 日 = 27 日 7 時 43 分 4.7 秒

回歸月是月球連續兩次通過天球上相對於春分點的位置所經過的時間。由於黃白交點和春分點西移，因此月球回到相對於春分點的位置的時間就會短於恆星月的時間，所以回歸月比恆星月短。回歸月也稱為分點月。

交點月

一交點月 = 27.212,220 日 = 27 日 5 時 5 分 35.8 秒

交點月是月球連續兩次通過軌道上同一黃白交點（昇交點）所經過的時間。黃白交點並不固定，兩個交點之間的連線沿黃道向西移動，稱為交點退行。交點退行每日約 0.054 度，每年約 19 度 21 分，退行週期大約是 18.6 年環繞一周。交點月應用於日月食的預測。

近點月

一近點月 = 27.554, 551 日 = 27 日 13 時 18 分 33.2 秒

　　近點月是月球環繞地球的軌道運動中，連續兩次經過近地點所經過的時間。月球的軌道是橢圓而非圓形，所以軌道的方向並不固定。月球的軌道因受鄰近天體攝動影響，所以並不固定。月球的近地點每月東移約 3 度，移動週期大約是 8.9 年，因此近點月比恆星月長。月球的視直徑會隨着近點月週期改變，而日月食的變化週期也與近點月有關，包括見食地區、持續時間與食相（全食或環食）等等。滿月的視直徑，會隨著近點月和朔望月兩者結合的週期變化。

日：恆星日、真太陽日、平均太陽日

恆星日

一恆星日 = 23 時 56 分 4 秒

恆星日是地球環繞地軸真正的自轉週期。恆星日是地球上某點對某一顆恆星連續兩次經過其上中天所經過的時間。因為地球的自轉和公轉是相同方向，因此恆星日比太陽日短。恆星日應用於天文。

真太陽日（日晷時）

一真太陽日約 24 小時左右

真太陽日為太陽連續兩次過中天的時間間隔，為每日實際經過的時間，每一真太陽日的實際時間皆長短不一。由於地球環繞太陽公轉的軌道是橢圓形，且地球自轉軸與太陽公轉軌道平面有23.45 度的交角，所以地球在軌道上運行的速率並不是等速進行。

地球軌道的傾角與離心率會造成不規則運動，以致每日的時間均不相等。地球每日實際的時間長短不一定，有時一日多於 24 小時，有時一日少於 24 小時。因為真太陽日，每日長短不一，為了便於計算時間，在一般日常生活上，我們都使用平均太陽日來替代真太陽日。

平均太陽日（鐘錶時）

一平均太陽日等於 24 小時

平均太陽日，不是一種自然的時間單位。平均太陽日是假定，地球環繞太陽公轉的軌道是正圓形，且地球自轉軸與太陽公轉軌道平面相垂直，所以地球在軌道上運行的速率為等速進行。這樣地球面對太陽自轉一周，所經歷的時間每日均相等。平均太陽日就是我們一般日常生活所用的時間，每一平均太陽日為 24 小時，每一小時為 60 分鐘，每一分鐘為 60 秒。

均時差

均時差＝真太陽時－平均太陽時

均時差為真太陽時（日晷時）與平均太陽時（鐘錶時）的時間差異值。

真太陽時均時差的正確時間，需經過精算，每年時間皆略有不同，但變化極小（均時差的變化每 24.23 年會移動一天至對應位置）。

「均時差」一年之中時差最多的是二月中需減到 14 分之多，時差最少的是十一月初需加到 16 分之多，真正平一天 24 小時的天數約只有 4 天。

曆法時間

年、月、日的定義

一年＝地球環繞太陽公轉一周。（四季寒暑變化的週期）

一月＝月球環繞地球公轉一周。（月亮朔望變化的週期）

一日＝地球環繞地軸自轉一周。（晝夜交替變化的週期）

年、月、日的時間

一回歸年＝365.242,190,419 日＝365 日 5 時 48 分 45.25 秒。

一朔望月＝29.530,588,2 日＝29 日 12 時 44 分 2.8 秒。

一太陽日＝24 小時，每一小時為 60 分鐘，每一分鐘為 60 秒。

曆 法 時 間	
世紀	一世紀為一百年。
甲子	一甲子為六十年。
年代	一年代為十年。
季	一季為三個月，一年分四個季。
旬	一旬為十日，一個月可分成上旬、中旬、下旬。
週	一週為七日，又稱星期，古稱七曜（日月五行星）。
時辰	一時辰為二小時。
刻	一刻為 15 分鐘，一日為 96 刻。

閏年

　　為了使曆法時間能符合大自然時間的天象，曆法家運用置閏方式調整曆法日數與回歸年時間的差異，這種有置閏的年份稱為「閏年」。在曆法應用上，閏年有「置閏日」與「置閏月」兩種。

　　國曆為置閏日，曆年逢閏年的年份加一日。

　　農曆為置閏月，曆年逢閏年的年份加一月。

　　干支紀年無閏，六十甲子循環紀年月日時。

閏秒

目前世界上有兩種時間計時系統「世界時（UT）」與「世界協調時（UTC）」。世界時，是根據地球自轉為準的時間計量系統，為天文觀測時間。世界協調時，是以銫原子振動週期作為參考的高精度原子時。國際原子時（TAI），是由各國國家時頻實驗室之原子鐘群加權產生，再由國際度量衡局（BIPM）負責發佈及維護。現為全球國際標準時間，也就是我們日常生活所用的時間。

由於地球自轉並不穩定，會受到潮汐洋流攪動、大氣蒸發凝結融化循環、地函和地核的運動等多種因素影響，使地球自轉逐漸以不規則的速度減緩。所以「世界時」與「世界協調時」的時間並不是穩定一致同步，每經過一段時間後，兩者的時差就會加大。為了確保原子鐘與地球自轉的時間相差不會超過「0.9 秒」，有需要時，會在世界協調時作出加一秒或減一秒的調整，這一調整機制稱為「閏秒」。閏秒沒有一定週期規則，完全是視實際時差而加減。是否加入閏秒，由位於巴黎的國際地球自轉組織（International Earth Rotation Service, IERS）決定，在每年的 6 月 30 日或 12 月 31 日的最後一分鐘進行跳秒或不跳秒（23:59:60）。自西元 1972 年世界首度實施「閏秒」，至今都是「正閏秒」。

時區時差

全球劃分了二十四個標準時區，一個時區時差一個小時。

地球自轉一周需時二十四小時（平均太陽時），因為世界各地的時間晝夜不一樣，為了世界各地有一個統一的全球時間，在西元 1884 年全球劃分了二十四個標準時區，各區實行分區計時，一個時區時差一個小時，這種時間稱為「世界標準時」，世界標準時所形成的時差稱為「時區時差」。

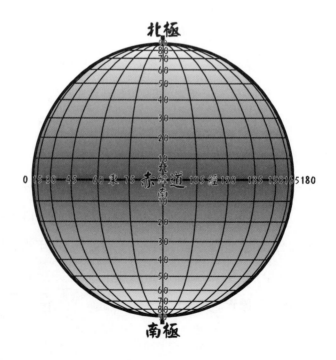

時區

　　時區劃分的方式是以通過英國倫敦格林威治天文台的經線訂為零度經線，把西經 7.5 度到東經 7.5 度定為世界時零時區（又稱為中區）。由零時區分別向東與向西每隔 15 度劃為一時區，每一標準時區所包含的範圍是中央經線向東西各算 7.5 度，東西各有十二個時區。東十二時區與西十二時區重合，此區有一條國際換日線，作為國際日期變換的基準線，全球合計共有二十四個標準時區。

　　一個時區時差一個小時，同一時區內使用同一時刻，每向東過一時區則鐘錶撥快一小時，向西則撥慢一小時，所以說標準時區的時間不是自然的時間（真太陽時）而是行政的時間。

　　雖然時區界線按照經度劃分，但各國領土大小的範圍不一定全在同一時區內，為了行政統一方便，在實務上各國都會自行加以調整，取其行政區界線或自然界線來劃分時區。

國 曆

國曆，我國現代所使用的曆法。

西元 1582 年，羅馬天主教皇格勒哥里十三世（Gregory XIII），頒行由義大利醫生兼哲學家里利烏斯（Aloysius Lilius）改革修正古羅馬「儒略曆」制定的新曆法，稱為「格勒哥里曆」。

格勒哥里曆以太陽周年為主，又稱「太陽曆」，現通行世界各國。

西元 1912，我國於「中華民國元年」，開始正式採用格勒哥里曆為國家曆法，故稱「國曆」。國曆又稱「太陽曆、新曆、西曆、格里曆、格勒哥里曆」。

頒行日期

西元 1582 年 10 月 15 日。

曆法規則

大月 31 日、小月 30 日。

平年 365 日、閏年 366 日。

大小月規則

大月：一月、三月、五月、七月、八月、十月、十二月。

小月：四月、六月、九月、十一月。

二月：平年 28 日、閏年 29 日。

置閏規則

曆年逢閏年的年份加一日，置閏日為「2 月 29 日」。

四年倍數閏	百年倍數不閏	四百年倍數閏	四千年倍數不閏
4 年 1 閏	100 年 24 閏	400 年 97 閏	4000 年 969 閏

置閏說明

四年倍數閏（4 年 1 閏）

　　曆法定義地球環繞太陽公轉一週為一年，全年 365 日，稱為「平年」。但實際上地球環繞太陽公轉一週為 365.242,190,419 日，因此每四年就會多出 0.968,761,676 日。為了使曆法時間能符合實際地球環繞太陽公轉的天象，曆法規定當西元年數是四年的倍數時，二月就增加「2 月 29 日」一日，該年二月就有 29 日，稱為「閏年」。

　　一回歸年 365.242,190,419 日－一平年 365 日＝0.242,190,419 日

　　每一年多出 0.242,190,419 日×4 年＝每四年多出 0.968,761,676 日

　　置閏一日 1－0.968,761,676 日＝0.031,238,324 日（置閏後每四年多出日）

百年倍數不閏（100 年 24 閏）

四百年倍數閏（400 年 97 閏）

　　每四年置閏一日後又會多出 0.031,238,324 日，所以再規定每四百年需減三日，當西元年數是百年的倍數時，必需是四百年的倍數才是閏年。

0.031,238,324 日×100 個閏年＝3.123,832,4 日（置閏後每四百年多出日）

3.123,832,4 日－3 日（每四百年減三日）＝0.123,832,4 日（百年倍數不閏）

百年倍數不閏：2100 年、2200 年、2300 年、2500 年、2600 年、
　　　　　　　2700 年、2900 年、3000 年、3100 年

四百年倍數閏：2000 年、2400 年、2800 年、3200 年

四千年倍數不閏（4000 年 969 閏）

置閏後每四千年又會多出 1.238,324 日，所以再規定每四千年需再減一日。

0.123,832,4 日×1000 個閏年＝1.238,324 日（置閏後每四千年多出日）

1.238,324 日－1 日（四千年倍數不閏）＝0.238,324 日

總結 四千年置閏共多出約 0.238,324 日＝5 時 43 分 11 秒

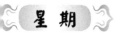

星曜星期

日曜日、月曜日、火曜日、水曜日、木曜日、金曜日、土曜日

數字星期

星期日、星期一、星期二、星期三、星期四、星期五、星期六

英文星期

Sunday、Monday、Tuesday、Wednesday、Thursday、Friday、Saturday

　　星期,「七日週期」的循環,與現代人的生活最為息息相關。七日週期之星期概念,源自於古巴比倫時代,觀念來自太陽系七曜:「太陽、月亮、水星、金星、火星、木星、土星」的關係。當時七曜的排序是以地球為宇宙的中心,從地球上的角度來看日月五星的關係,由遠而近依序為「土星、木星、火星、太陽、金星、水星、月亮」(與實際太陽系行星的排序不同)。

最初七曜依序配合於一日之 24 小時，從土曜開始各曜各主一小時七曜輪替當令，而每日首時當令的七曜即為該日主星。後取每日七曜主星配合七日為名，再取「日曜」為主日，成為通行至今的星曜星期。近代為求更簡單明瞭，演變成為數字星期：星期日、星期一、星期二、星期三、星期四、星期五、星期六的名稱。

　　每日 24 小時 除 7（土木火日金水月）餘 3（各曜每小時輪替當令後餘 3 曜）。

　　第一日首時當令主星為「土」。

　　第二日首時當令主星為「日」。

　　第三日首時當令主星為「月」。

　　第四日首時當令主星為「火」。

　　第五日首時當令主星為「水」。

　　第六日首時當令主星為「木」。

　　第七日首時當令主星為「金」。

　　第八日首時當令主星為「土」…依序循環類推七日週期。

　　取每日首時之曜名順次得「土、日、月、火、水、木、金」之次序，後再取「日曜」為主日，遂成為通行至今的星期次序「日、月、火、水、木、金、土」。

西曆源流

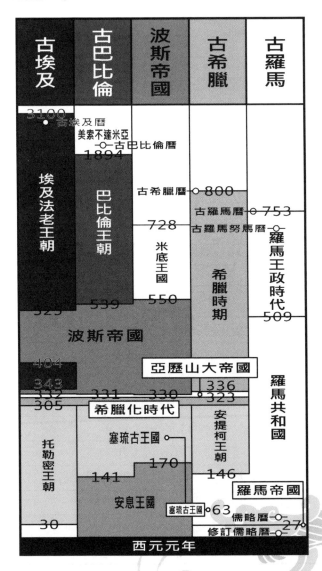

現在世界通用的曆法《西曆》，源自於《古羅馬曆》，後參考《古埃及曆》修訂《古羅馬曆》成《儒略曆》，最後再修正《儒略曆》成《格勒哥里曆》。

西元世紀	-30	-8	-7	-6	-5	-4	-3	-2	-1	1	2	3	4	5	6	7	8	9	10	11	12	13	14	15	16	17	18	19	20	21
古埃及曆	西元前3000年～前30年																													
古巴比倫曆		西元前2100年～前539年																												
古希臘曆			西元前800年～前146年																											
古羅馬曆				西元前753～前714年																										
古羅馬努馬曆			西元前713～前46年																											
儒略曆									西元前45～前9年																					
修訂儒略曆									西元前8年～1582年10月4日																					
格勒哥里曆																	西元1582年10月15日 迄今													
西曆紀年				西曆紀年元年									西元532年開始使用西曆紀年 迄今																
中華民國紀年																				西元1912年1月1日 迄今									

曆　法	頒　行　期　間
古埃及曆	西元前 3000 年～前 30 年。
古巴比倫曆	西元前 2100 年～前 539 年。
古希臘曆	西元前 800 年～前 146 年。
古羅馬曆	西元前 753 年～前 714 年。
古羅馬努馬曆	西元前 713 年～前 46 年。
儒略曆	西元前 45 年～前 9 年。
修訂儒略曆	西元前 8 年～1582 年 10 月 4 日。
格勒哥里曆	西元 1582 年 10 月 15 日迄今。
西曆紀年	西元 532 年開始使用西曆紀年迄今。
中華民國紀年	西元 1912 年 1 月 1 日迄今。

古埃及曆

西元前 3000 年前,古埃及人為了確定每年農耕種植季節與宗教祭祀日期,有一定遵循的運作規律,制定了古埃及曆法。古埃及曆,是以恆星年（天狼星）所制定的曆法,為一「太陽曆」。

古埃及人根據對尼羅河河水上漲和天狼星（古埃及稱名為「索卜烏德」意思是水上之星）的長期觀察後,發現大自然一個十分規律的循環。每年七月,當天狼星第一次在黎明晨曦中從東方地平線附近昇起的時候,尼羅河就開始氾濫。於是古埃及人就把天狼星第一次和太陽同時昇起來的那天定為新的一年的開始。古埃及人根據尼羅河河水的漲落和農作物生長的變化,將一年分為「氾濫季（七月至十月）、播種季（十一月至二月）和收割季（三月至六月）」三個季節,每一季節有四個月（四次月圓週期）,每個月有 30 日,一年共十二個月 360 日。古埃及曆全年共有 365 日,一年的最後 5 日,不包含在三個季節裡,古埃及人將其作為節日,舉行年終祭祀儀式慶祝新年。

古埃及人通過對天狼星準確的觀測,確定一年（天狼年）的長度為 365 日,與現在回歸年 365.2422 日的長度相較精確度已相當高。

古巴比倫曆

西元前 2100 年前，古巴比倫人為了確定每年農耕種植季節與宗教祭祀日期，有一定遵循的運作規律，制定了古巴比倫曆法。古巴比倫曆，是以月亮的月相兩朔週期所制定的曆法，為一「太陰曆」。

古巴比倫人根據對月亮的長期觀察後，發現月亮的月相變化是一個十分規律的循環。於是古巴比倫人，就以新月初見的那天定為新的一月的開始，按月亮的月相兩朔週期來安排一個月的日數。古巴比倫人將一年分成十二個月，大小月相間分佈，月份名稱以神祇命名，第「1、3、5、7、9、11」六個月為大月每月 30 日，第「2、4、6、8、10、12」六個月為小月每月 29 日，一年共有 354 日。古巴比倫曆以日落為 1 日的開始，從日落到第二天日落為 1 日。1 日時間分 6 更 12 小時，1 時分為 30 分，1 分等於現今的 4 分鐘。

由於古巴比倫曆法一年只有 354 日，比一回歸年日數相差約 11 日多。在曆法實施幾年後，每年的農耕種植季節與宗教祭祀日期就不對了。為了維持曆法與實際天象的正確關係，古巴比倫曆法加入了太陽回歸年，確定一年的長度為 365 日。並採用設置閏

月，調整曆法與回歸年之差，以每年春分後的第一個新月為一年的開始。古巴比倫曆的年按太陽的回歸年計算，月按月亮月亮的朔望計算，通過日月變化週期所制定的曆法就成為一個「陰陽合曆」。

古巴比倫曆置閏的規則，一開始採用 8 年 3 閏法，後來改採用 27 年 10 閏法，最後採用 19 年 7 閏法。置閏年為 3、3、2、3、3、3、2 年，以亞達月為閏月，亞達月為 12 月，即為閏 12 月。古巴比倫曆將七日定為一星期，各日名稱以太陽系七曜「太陽、月亮、水星、金星、火星、木星、土星」命名。星期，「七日週期」循環的觀念通行至今。

古希臘曆

西元前 800 年前，早期的古希臘人為了確定每年農耕種植季節，依據大自然的天象把一年劃分成「春、夏、冬」3 個季節，其中夏季長達 6 個月，相當於現代的夏秋二季，後才劃分成「春、夏、秋、冬」4 個季節。古希臘人又為了確定宗教祭祀日期，以月亮的月相朔望循環劃分月份，制定了古希臘曆法。古希臘曆的年按太陽的回歸年計算，月按月亮月亮的朔望計算，通過日月變化週期所制定的曆法就成為一個「陰陽合曆」。

古希臘曆的年按太陽的回歸年計算，以夏至為一年的開始，由夏至到翌年的夏至為 1 年。月按月亮月亮的朔望計算，新月為該月的 1 日，滿月為該月的 15 日，以月亮的月相兩朔週期來定一個月的日數，大月 30 日，小月 29 日。1 年 12 個月約為 354 日至 355 日，採用設置閏月，調整曆法與回歸年之差。

古希臘各城邦沒有統一的希臘曆法，各城邦都是實行自己的曆法，各曆法的紀年不一樣，置閏的規則也不一樣。西元前 776 年，首屆奧林匹克競技會系在夏至日的雅典舉行後，古希臘曆法才有一個統一的紀年依據。

　　西元前 432 年，古希臘雅典天文學家默冬（Merton，西元前 5 世紀）在雅典的奧林匹克競技會上，宣布實測太陽「19 回歸年」與太陰「235 朔望月」共相等 6940 日的運行週期，提出了「十九年置七閏」的置閏規則，相應的回歸年長為 365.2632 日，朔望月長為 29.53192 日。這種置閏方法稱為「默冬章」，可以很方便地用來添加「閏月」調整陰陽曆法。

　　「默冬章」的置閏規則一開始是雅典率先使用，後各城邦也紛紛採用，古希臘曆法才有一個統一的置閏規則。不過，因為「默冬章」沒有明確規定 19 年中的第幾年需要置閏，各城邦都是在 19 年裡隨意地加置 7 個閏月，所以古希臘各城邦曆法置閏的年仍然沒有一致。

古羅馬曆

西元前 753 年，第一任古羅馬王羅穆盧斯（Romulus）建立古羅馬城。古羅馬城建立後，古羅馬王羅穆盧斯頒布第一部「古羅馬曆」，以西元前 753 年作為元年，即古羅馬紀元。

古羅馬曆是按月亮的月相週期來安排的「太陰曆」，一年只有十個月。第「1、3、5、8」四個月每月 31 日，第「2、4、6、7、9、10」六個月每月 30 日，一年共有 304 日。這十個月的名稱分別是「Martius、Aprilis、Maius、Junius、Quintilis、Sextilis、Septembrius、Octobrius、Novembrius 及 Decembrius」，每年的第一個月以農神（戰神）Martius 為名。

古羅馬曆的曆年與一回歸年相差了 61 日，這 61 日沒有月份與名稱。當時的古羅馬人將其作為冬天年末休息日，直到時序來到春天，新的一年開始。

古羅馬努馬曆

西元前 713 年，第二任古羅馬王努馬‧龐皮留斯（Numa Pompilius）參照希臘曆法曆年總日數 354 日，對古羅馬曆法進行改革，找回一年中無名稱的 61 日。

古羅馬努馬曆按月亮的月相週期，規定一年為十二個月，在原來的一年十個月中增加了第十一月和第十二月，年初加上 Januarius，年末加上 Februarius，同時調整各月的日數，改為「1、3、5、8」四個月每月 31 日，「2、4、6、7、9、10、11」七個月每月 29 日，12 月最短只有 28 日，一年共有 355 日。

因曆年 355 日與一回歸年相差 10 日多，為了調整曆法日期與天象季節逐年脫離的日差，曆法中規定每四年中增加兩個閏月，第二年的閏月是 22 日、第四年的閏月是 23 日，所增加的日數放在第十二月 Februarius 的 24 日與 25 日之間。如此，每四年的平均日數共為 366.25 日，只比回歸年 365.2422 日約多一日。西元前 452 年，古羅馬人又把 Februarius 移至 Januarius 和 Martius 中間。自此，一年十二個月有了固定的順序與名稱。古羅馬努馬曆在實施多年後，因人為的因素，導致曆法時序天象混亂顛倒，到了西元前 46 年時，古羅馬努馬曆日期已落後太陽年達 90 日。

儒略曆

　　西元前 46 年，羅馬共和國終身獨裁官（Perpetual Dictator）儒略·凱撒（Julius Caesar，西元前 102 年～前 44），依埃及亞歷山卓的古希臘數學家兼天文學家索西澤尼（Sosigenes）的建議，以古埃及太陽曆為藍本修訂古羅馬曆，用太陽曆代替太陰曆制定新曆法。一年長度採用古希臘天文學家卡里普斯（Callippus）所提出的 365.25 日，改革曆法頒行「儒略曆」。儒略曆從羅馬紀元 709 年，即西元前 45 年 1 月 1 日開始實行。

　　儒略曆將一年分為十二個月，一月定為 Januarius，七月名稱改成生日在七月份的儒略·凱撒之名，稱為 Julius，並將該月份定為大月。於是全部的單數月份定為大月 31 日，全部的雙數月份定為小月 30 日，平年二月為 29 日，閏年二月為 30 日。每四年閏年一次（閏日），全年平年共 365 日，閏年共 366 日，平均每曆年日數 365.25 日。

儒略曆的新法

（1）更改七月名稱為 Julius，並訂定各月份的大小。

（2）大月 31 日有一月、三月、五月、七月、九月、十一月。

（3）小月 30 日有四月、六月、八月、十月、十二月。

（4）二月平年 29 日、閏年 30 日（2 月 30 日）。

（5）每四年閏年一次，全年平年共 365 日，閏年共 366 日。

（6）平均每曆年日數 365.25 日。

　　古羅馬努馬曆在實施多年後，因人為的因素，導致曆法時序天象混亂顛倒，到了西元前 46 年時，古羅馬努馬曆日期已落後太陽年達 90 日。為了讓新頒行的曆法「儒略曆」能實際配合太陽時序天象，西元前 46 年那年調整長達 445 日，為歷史上最長的一年，史稱〈亂年〉。

修訂儒略曆

西元前 8 年，羅馬帝國的開國君主奧古斯都皇帝（Augustus Caesar，西元前 63 年～14 年），修訂儒略曆。

羅馬議會將八月名稱改成生日在八月份的奧古斯都皇帝之名，稱為 August。同時將八月改為大月成 31 日，使八月和紀念儒略・凱撒的七月（July）日數相同，以彰顯他的功績和儒略凱撒的同等偉大。但當時的八月是小月只有 30 日，九月是大月，如將八月改成大月，便會有連續三個月的大月。於是又規定八月以後的大小月相反過來，也就是九月和十一月改為小月 30 日，十月和十二月改為大月 31 日。八月所增加的一日從二月扣減，於是平年二月變為 28 日，閏年變為 29 日。此大小月份的排列法使用至今。

儒略曆的修訂

（1）更改八月名稱為 August，並改變各月份的大小。

（2）大月 31 日有一月、三月、五月、七月、八月、十月、十二月。

（3）小月 30 日有四月、六月、九月、十一月。

（4）二月平年 28 日、閏年 29 日（2 月 29 日）。

（5）儒略曆每四年閏年一次，全年平年 365 日，閏年 366 日，平均每曆年日數 365.25 日的基本曆法規則不變。

（6）修正從西元前 45 年到西元前 9 年共 36 年，閏年多 3 次的誤差。

從西元前 45 年儒略曆開始實施到西元前 9 年共 36 年，當時掌管編制和頒布曆法的大祭司誤解儒略曆〈每隔三年設一閏年〉的規則為〈每三年設一閏年〉，應該閏年 9 次的，卻閏年了 12 次。這個錯誤直到西元前 9 年，才由奧古斯都皇帝下令改正過來。從西元前 8 年至西元 4 年停止閏年 3 次，用以修正 36 年多閏年 3 次的誤差。

格勒哥里曆

由於儒略曆平均每曆年日數 365.25 日與一回歸年 365.242,2 日相差 0.0078 日，每 128 年就會相差 1 日，到西元 16 世紀時，曆法日期已落後春分點十日之多。因為儒略曆偏差日數累積太多，導致曆法無法配合實際地球環繞太陽公轉的天象與重要宗教節日日期錯亂，於是羅馬天主教提出修正儒略曆的方案。

西元 1582 年，羅馬天主教皇格勒哥里十三世（Gregory XIII），頒行由義大利醫生兼哲學家里利烏斯（Aloysius Lilius）改革修正古羅馬「儒略曆」制定的新曆法，稱為「格勒哥里曆」，就是現在通行世界各國的「西曆」。

格勒哥里曆月份的大小承襲儒略曆的曆法。儒略曆月份的大小是人定分配的結果，與「太陽節氣」或「月亮朔望」變化的週期皆無關。

十二月份名稱		
一月 January	二月 February	三月 March
四月 April	五月 May	六月 June
七月 July	八月 August	九月 September
十月 October	十一月 November	十二月 December

格勒哥里曆的新法一：修正日期誤差

規定西元 1582 年 10 月 4 日之翌日為 10 月 15 日，從儒略曆中減去 10 月 5 日至 10 月 14 日共 10 日，以調整儒略曆與太陽年 10 日的差距。

西元 1581 年春分 3 月 11 日；冬至 12 月 12 日。

西元 1582 年春分 3 月 11 日；冬至 12 月 22 日。

西元 1583 年春分 3 月 21 日；冬至 12 月 22 日。

格勒哥里曆的新法二：修正置閏誤差

為了使曆年的平均時間更接近回歸年，格勒哥里曆修改了儒略曆每四百年多出 3.125 日誤差的置閏計算方式。

儒略曆的置閏方式為每四年閏年一次，每 400 年閏年 100 次。格勒哥里曆改成每四年閏年一次，每 400 年閏年 97 次，減去每 400 年多出 3.125 日的誤差。

格勒哥里曆平均每年日數（ 97×366 ＋ 303×365 ）÷400 ＝365.2425 日，和一回歸年的時間只相差 26.75 秒。

西曆紀年

西曆紀年元年，簡稱〈西元〉，是現在世界通用的曆法紀年。

西曆紀年以傳說中耶穌的出生年做為〈紀年元年〉。

西元 525 年，基督教會傳教士狄奧尼修斯（Dionysius Exiguus）推算耶穌是出生於古羅馬建國 754 年（中國西漢平帝元始元年），提案將該年定為〈紀年元年〉。

現代學者研究，一般以耶穌出生在西元前 7～前 4 年間的時間較為正確。

西元 532 年，基督教會正式在教會中使用西曆紀年。但到八世紀後，西曆紀年才被西歐基督教國家採用。一直到十一至十四世紀時，西曆紀年的使用才普及。

西元 1582 年，羅馬天主教皇格勒哥里十三世頒行新曆法「格勒哥里曆」，西曆紀年才有一個統一全新的曆法。現在西曆紀年與格勒哥里曆已成為國際通行的紀年曆法標準。

中華民國紀年

中華民國紀年，以黃帝紀元 4609 年 11 月 13 日（農曆），西元 1912 年 1 月 1 日，為中華民國元年 1 月 1 日。

中華民國建立後，頒訂使用〈中華民國紀年〉為國家紀年。

中華民國正式採用「西曆」為國家曆法，稱為「國曆」。

中華民國曆法，年用〈中華民國〉，月與日同「西曆」。

中華民國現行的曆法為「國曆、農曆、干支」三種曆法並用。

儒略日

儒略日（Julian Day）是由 16 世紀的紀年學家史迦利日 Joseph Scaliger（1540～1609）在西元 1583 年所創。這名稱是為了紀念他的父親意大利學者 Julius Caesar Scaliger（1484～1558）。

儒略日（Julian Day）與儒略曆（Julian Calendar）不同。儒略曆是一種使用年月日的紀年法，儒略日是一種不用年月的連續記日法。儒略日應用在天文學和歷史學上，為現代天文家及歷史家所常用的統一計日法。以儒略日計日是為方便計算年代相隔久遠，或是不同曆法的兩事件所間隔的日數。儒略日可將所有歷史日期用同一時間年表表示，把不同曆法的年表統一。

儒略日的週期，是依據太陽和月亮的運行週期以及當時稅收的時間間隔而訂出來的。太陽週期，每 28 年一循環，星期的日序會相同。太陰週期，每 19 年一循環，陰曆的日序會相同。小紀週期，每 15 年間隔，古羅馬政府會重新評定財產價值以供課稅。儒略日以這三個週期的最小公倍數 7980（28×19×15＝7980）作為儒略日的週期。為避免使用負數表達過去的年份，儒略日選擇了這三個循環週期同時開始的久遠年份，作為儒略日的起算點。

　　儒略日以西元前 4713 年，儒略曆法的 1 月 1 日正午 12 時世界時（Universal Time），作為儒略日第 0 日的起算點。儒略日，每日順數而下，按順序排列給予一個唯一的連續自然數，一儒略日週期 7980 年，簡寫為 JD。

簡化儒略日

　　由於儒略日數字位數太多，國際天文學聯合會於西元 1973 年採用簡化儒略日，簡寫為 MJD。

　　簡化儒略日的定義為 MJD＝JD－2400000.5。

　　MJD 的第 0 日起算點是西元 1858 年 11 月 17 日 0 時世界時。

MJD	西元日期	儒略日	星期	日干支
0	1858 年 11 月 17 日 0 時	2400000.5	三	甲寅

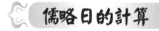

儒略日的計算

西元世紀		-48		-8	-7	-6	-5	-4	-3	-2	-1	1	2	3	4	5	6	7	8	9	10	11	12	13	14	15	16	17	18	19	20	21
儒略日		儒略日第0日 西元前4713年儒略曆法的1月1日正午12時世界時																														
儒略曆				西元1582年10月4日以前儒略日按儒略曆法計算																												
格勒哥里曆				西元1582年10月15日以後儒略日按格勒哥里曆法計算																												

儒略日計算數據表

	西元年	修正日數	說　明
修正日數（儒略曆與格里曆的日數差異）	1500	0	儒略曆 1500年
	1582/10/15	10	儒略曆改成格里曆的日期 儒略曆1582年10月4日(四) 次日 格里曆1582年10月15日(五)
	1600	10	格里曆 1600年 閏年 (400年閏)
	1700	11	格里曆 1700年 平年 (100年不閏)
	1800	12	格里曆 1800年 平年 (100年不閏)
	1900	13	格里曆 1900年 平年 (100年不閏)
	2000	13	格里曆 2000年 閏年 (400年閏)
	2100	14	格里曆 2100年 平年 (100年不閏)
	2200	15	格里曆 2200年 平年 (100年不閏)
	2300	16	格里曆 2300年 平年 (100年不閏)
	2400	16	格里曆 2400年 閏年 (400年閏)

月日數	月份	一	二	三	四	五	六	七	八	九	十	十一	十二
	月累計日數	0	31	59	90	120	151	181	212	243	273	304	334

由 西元日期 求 儒略日

儒略日 JD ＝ Y ＋ M ＋ D

年日數 Y ＝（4712＋西元年）×365.25－修正日數

月日數 M ＝月累計日數

日日數 D ＝日數（如當年閏年一月與二月日數需減 1 日）

計算說明

（1）儒略日以西元前 4713 年儒略曆法的 1 月 1 日（一）正午 12 時世界時（Universal Time）作為儒略日第 0 日的起算點。

（2）儒略曆法改成格里曆法時中間取消 10 日。儒略曆 1582 年 10 月 4 日（四）～格里曆 1582 年 10 月 15 日（五）。

（3）儒略日，1582 年 10 月 4 日（四）以前使用儒略曆，平均一年 365.25 日（400 年 100 閏）。

（4）儒略日，1582 年 10 月 15 日（五）以後使用格里曆，平均一年 365.2425 日（400 年 97 閏）。

（5）儒略日公式使用儒略曆平均一年 365.25 日為基準日，1582 年後扣除兩曆差異修正日數成格里曆平均一年 365.2425 日。

（6）西元前年數，用年數減 1 後取負值之數字表示。如西元前 4713 年數學上記為－4712。（因西曆起算年是西元 1 年，其前 1 年是西元前 1 年，無西元 0 年。）

（7）Y 年日數的小數表 4 年 1 閏的循環，小數.25 時表第一年，小數.5 時表第二年，小數.75 時表第三年，整數時表第四年閏年。

（8）Y 年日數整數時表當年閏年，一月與二月日數需減 1 日。（因閏年是二月 28 日後才加 1 日）

由 儒略日 求 西元日期

年 Y · 月 M · 日 D

年 Y：年數＝儒略日 JD÷365.25－4712

月 M：總日數＝年數小數值×365.25＋1＋修正日數

日 D：日數＝總日數－月累計日數

計算說明

（1）年 Y，整數值為年數，小數值用於計算月 M 總日數。
年數如是負值，需再減 1 成為西元前年數。如－4712
為西元前 4713 年。（因西曆起算年是西元 1 年，其前 1
年是西元前 1 年，無西元 0 年。）

（2）月 M，整數值為總日數，小數值捨棄不計。

（3）日 D，總日數減月累計日數得出月份，餘數為日數。

由 儒略日 求 星期

星期順序 =（儒略日 JD＋1）÷ 7 取「餘數」

星期順序表

星期順序	0	1	2	3	4	5	6
數字星期	星期日	星期一	星期二	星期三	星期四	星期五	星期六
星曜星期	日曜日	月曜日	火曜日	水曜日	木曜日	金曜日	土曜日

儒略日 JD0 為「星期一」。

儒略日 JD6 為「星期日」。

由 西元日期 求 年干支

年干支順序 =（西元年 Y - 3）÷ 60 取「餘數」

年干支順序表

六十甲子表	1 甲子	2 乙丑	3 丙寅	4 丁卯	5 戊辰	6 己巳	7 庚午	8 辛未	9 壬申	10 癸酉
	11 甲戌	12 乙亥	13 丙子	14 丁丑	15 戊寅	16 己卯	17 庚辰	18 辛巳	19 壬午	20 癸未
	21 甲申	22 乙酉	23 丙戌	24 丁亥	25 戊子	26 己丑	27 庚寅	28 辛卯	29 壬辰	30 癸巳
	31 甲午	32 乙未	33 丙申	34 丁酉	35 戊戌	36 己亥	37 庚子	38 辛丑	39 壬寅	40 癸卯
	41 甲辰	42 乙巳	43 丙午	44 丁未	45 戊申	46 己酉	47 庚戌	48 辛亥	49 壬子	50 癸丑
	51 甲寅	52 乙卯	53 丙辰	54 丁巳	55 戊午	56 己未	57 庚申	58 辛酉	59 壬戌	60 癸亥

西元元年之年干支為「辛酉」。

西元 4 年之年干支為「甲子」。

由 儒略日 求 日干支

日干支順序 =（儒略日 JD - 10）÷ 60 取「餘數」

日干支順序表

六十甲子表	1 甲子	2 乙丑	3 丙寅	4 丁卯	5 戊辰	6 己巳	7 庚午	8 辛未	9 壬申	10 癸酉
	11 甲戌	12 乙亥	13 丙子	14 丁丑	15 戊寅	16 己卯	17 庚辰	18 辛巳	19 壬午	20 癸未
	21 甲申	22 乙酉	23 丙戌	24 丁亥	25 戊子	26 己丑	27 庚寅	28 辛卯	29 壬辰	30 癸巳
	31 甲午	32 乙未	33 丙申	34 丁酉	35 戊戌	36 己亥	37 庚子	38 辛丑	39 壬寅	40 癸卯
	41 甲辰	42 乙巳	43 丙午	44 丁未	45 戊申	46 己酉	47 庚戌	48 辛亥	49 壬子	50 癸丑
	51 甲寅	52 乙卯	53 丙辰	54 丁巳	55 戊午	56 己未	57 庚申	58 辛酉	59 壬戌	60 癸亥

儒略日 JD0 之日干支為「癸丑」。

儒略日 JD11 之日干支為「甲子」。

西元日期儒略日參考表

西元日期	儒略日	星期	年干支	日干支
-4713 年 1 月 1 日	0	一	丁亥	癸丑
-4713 年 1 月 12 日	11	五	丁亥	甲子
-4677 年 5 月 2 日	13271	日	甲子	甲子
-2817 年 1 月 18 日	692531	一	癸亥	甲子
-2817 年 3 月 18 日	692591	五	甲子	甲子
-2698 年 12 月 19 日	736331	二	癸亥	甲子
-2697 年 2 月 17 日	736391	六	癸亥	甲子
-2697 年 4 月 17 日	736451	三	甲子	甲子
1 年 1 月 1 日	1721424	六	庚申	丁丑
1 年 2 月 17 日	1721471	四	辛酉	甲子
4 年 4 月 2 日	1722611	三	甲子	甲子
1000 年 1 月 1 日	2086308	一	己亥	辛丑
1582 年 10 月 4 日	2299160	四	壬午	癸酉
1582 年 10 月 15 日	2299161	五	壬午	甲戌
1858 年 11 月 17 日	2400001	三	戊午	甲寅
1900 年 1 月 1 日	2415021	一	己亥	甲戌
1923 年 12 月 17 日	2423771	一	癸亥	甲子
1924 年 2 月 15 日	2423831	五	甲子	甲子
2000 年 1 月 1 日	2451545	六	己卯	戊午
2100 年 1 月 1 日	2488070	五	己未	癸卯
2200 年 1 月 1 日	2524594	三	己亥	丁亥

農 曆

農曆，我國歷代所使用的曆法。

我國從古六曆到清朝時憲曆，中國曆法在歷朝皇帝中歷經多次的變革，每部曆法都隨著每一朝代和皇帝的更迭而變更，整個中國曆法體系歷史上一共制定過一百多部的曆法，我們統稱歷朝皇帝紀年所使用的曆法為「夏曆」。

我國自中華民國元年（西元 1912）採用世界通行之西曆後，才定名為「農曆」。農曆以月球朔望定月份，以不含中氣之月份為閏月，俗稱為「陰曆」，實際乃是「陰陽合曆」。

農曆習慣上，第一個月稱為「正月」，每月的前十天按順序稱為「初日」，如初一、初二、初三、…初十。

農曆深具中華民族文化之特色，如春節（農曆新年正月初一）、端午節（五月初五）、中秋節（八月十五）等，皆用農曆定日。農曆又稱「農民曆、舊曆、陰曆、中曆」。

曆法規則

小月 29 日、大月 30 日。

平年 12 個月、閏年 13 個月。

大小月規則

農曆定日月合朔之日為「初一」。（日月經度交角 0 度）

月建的大小取決於合朔日期間的日數，即根據兩個月朔中所含的日數來決定大月或小月。一個朔望月為 29.530,588,2 日（29 日 12 時 44 分 2.8 秒），以朔為初一到下一個朔的前一天，順數得 29 日為小月，順數得 30 日為大月。

小月	日數	初一	2	3	4	5	6	7	8	9	10	11	12	13	14	15	16	17	18	19	20	21	22	23	24	25	26	27	28	29	初一
	朔望月	月朔																													月朔

大月	日數	初一	2	3	4	5	6	7	8	9	10	11	12	13	14	15	16	17	18	19	20	21	22	23	24	25	26	27	28	29	30	初一
	朔望月	月朔																														月朔

置閏規則

無中置閏，十九年七閏。

置閏月，曆年逢閏年的年份加一月。閏月加在第一個無中氣月份，月份名稱和前一月相同。

置閏說明

農曆所行的曆法是屬「陰陽合曆」，年是根據「四季寒暑」變化的週期，月是根據「月亮圓缺」變化的週期。

一回歸年有 365.242,190,419 日，一朔望月有 29.530,588,2 日。一年 12 個朔望月，共約有 354 日，與一回歸年相差約 11 日。三回歸年相差共約 32 日，已達一個朔望月。

為了使曆法時間，能符合實際地球環繞太陽公轉的天象。曆法以曆年「歲實」配合「二十四節氣」，來判斷該年是否要加閏月，稱為「閏年」。

應用餘數定理（大衍求一術）計算置閏週期兩數誤差值

一回歸年 365.242,190,419÷一朔望月 29.530,588,2＝12.368,267

12.368,267－12 月＝0.368,267（一回歸年誤差值）

（1）1/2＝0.5（2 年置閏 1 次，誤差值-0.131,733。）

（2）1/3＝0.333,333（3 年置閏 1 次，誤差值 0.034,934。）

（3）3/8＝0.375（8 年置閏 3 次，誤差值-0.006,733。）

（4）4/11＝0.363,636（11 年置閏 4 次，誤差值 0.004,631。）

（5）7/19＝0.368,421（19 年置閏 7 次，誤差值-0.000154。）

　　※ 19 年置閏 7 次，誤差值已小於千分之一。

（6）116/315＝0.368,254（315 年置閏 116 次，誤差值 0.000013。）

　　※ 315 年置閏 116 次，置閏週期太長，不易使用。

19 個回歸年＝19 年×365.242,190,419 日＝6,939.601,617,961 日

12 個朔望月×19 年＋7 個置閏朔望月＝235 月

235 月×29.530,588,2 日＝6939.688,227 日

十九年七閏共多出約 0.086,609,039 日＝2 時 4 分 43 秒

19 個回歸年和 235 個朔望月的日數趨近相等，每一農曆年的平均長度相當於一回歸年，故整個農曆置閏的週期為「十九年七閏」。

農曆置閏法

我國農曆曆年皆以「冬至」為二十四氣之首，各個中氣所在農曆月份均為固定。

如包含「冬至」中氣的月為十一月、「大寒」中氣的月為十二月、「雨水」中氣的月為正月、「春分」中氣的月為二月、「穀雨」中氣的月為三月…（詳見節氣月令表）。

節氣	立春	驚蟄	清明	立夏	芒種	小暑	立秋	白露	寒露	立冬	大雪	小寒
中氣	雨水	春分	穀雨	小滿	夏至	大暑	處暑	秋分	霜降	小雪	冬至	大寒
月令	正月	二月	三月	四月	五月	六月	七月	八月	九月	十月	十一月	十二月
	寅	卯	辰	巳	午	未	申	酉	戌	亥	子	丑

農曆平年

　　如曆年「歲實」實有「十一個完整朔望月」，該曆年就有十二個月（含冬至所在月份），則曆年無需置閏，即使曆年中有出現無中氣的月份也無需置閏，稱為「平年」。

平年（無需置閏）	月令	亥	子	丑	寅	卯	辰	巳	午	未	申	酉	戌	亥	子	丑
		十月	十一月	十二月	正月	二月	三月	四月	五月	六月	七月	八月	九月	十月	十一月	十二月
	節氣中氣	立冬 小雪	大雪 冬至	小寒 大寒	立春 雨水	驚蟄 春分	清明 穀雨	立夏 小滿	芒種 夏至	小暑 大暑	立秋 處暑	白露 秋分	寒露 霜降	立冬 小雪	大雪 冬至	小寒 大寒
	歲實															
	完整朔望月數	初一	初一	初一 1	初一 2	初一 3	初一 4	初一 5	初一 6	初一 7	初一 8	初一 9	初一 10	初一 11	初一	初一

農曆閏年

如曆年「歲實」實有「十二個完整朔望月」，該曆年就有十三個月（含冬至所在月份），則曆年需置一閏月以處理多出的一個朔望月。

曆年中除了冬至所在的朔望月（冬至為十一月），其它的朔望月份中至少會有一個朔望月無中氣。

（曆年 13 個月）－（12 中氣）＝1 餘一個月無分配到中氣。

依「無中置閏」規則，閏前不閏後，第一個無中氣的朔望月就為「閏月」，月份名稱和前一月相同，稱為「閏年」。

閏年〔無中置閏〕	月令	亥	子	丑	寅	卯	辰	巳	午	未	申	酉	戌	亥	子	丑
		十月	十一月	十二月	正月	二月	三月	四月	五月	六月	七月	八月	九月	十月	十一月	十二月
	節氣中氣	立冬 小雪	大雪 冬至	小寒 大寒	立春 雨水	驚蟄 春分	清明 穀雨	立夏 小滿	芒種 夏至	小暑 大暑	立秋 處暑	白露 秋分	寒露 霜降	立冬 小雪	大雪 冬至	小寒 大寒
	歲實															
	完整朔望月	初一	初一	初一	初一	初一	初一	初一	初一	初一	初一	初一	初一	初一	初一	
	完整朔望月數			1	2	3	4	5	6	7	8	9	10	11	12	

置閏月份的差異

歲實：以「日」為單位，從冬至再回到冬至所經過一回歸年的時間。

年實：是以「秒」為單位，從冬至再回到冬至所經過一回歸年的時間。

朔策：是以「日」為單位，從月朔再回到月朔所經過一朔望月的時間。

月朔和中氣為「同一日」時，以「歲實」和「年實」計算置閏的月份會有所差異。農曆曆法現採「歲實置閏」。

歲實置閏：如月朔和中氣「同一日」，則該月包含中氣。（月朔和中氣同日）

年實置閏：如月朔和中氣「同時刻」，則該月包含中氣。（月朔在中氣之前）

生肖

　　農曆傳統每一曆年都配有一種專屬動物作為生肖代表該年。生肖是用來代表年份和人出生年的十二種動物，按順序為「鼠、牛、虎、兔、龍、蛇、馬、羊、猴、雞、狗、豬」，合稱十二生肖。十二生肖依序對應於十二地支「子、丑、寅、卯、辰、巳、午、未、申、酉、戌、亥」。農曆用生肖代表該年，是所有曆法中一種最簡單、最有趣的紀年法。

地支·年	子	丑	寅	卯	辰	巳	午	未	申	酉	戌	亥
生肖	鼠	牛	虎	兔	龍	蛇	馬	羊	猴	雞	狗	豬

農曆月份別稱

農曆和農業生產有緊密的關連,傳統上習慣用當月生長的作物來做其別稱。

農曆月份別稱	正月	二月	三月	四月	五月	六月	七月	八月	九月	十月	十一月	十二月
	孟春	仲春	季春	孟夏	仲夏	季夏	孟秋	仲秋	季秋	孟冬	仲冬	季冬
	端	花	桐	梅	蒲	荔	瓜	桂	菊	陽	葭	臘

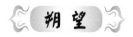

朔望

月球位相變化的週期稱為「朔望月」，朔望兩弦均以太陽及太陰視黃經為準。

月球運行，每日逆時針公轉約 13.2 度，每小時上升約 15 度，每天慢約 50 分鐘升起。

因月球的公轉週期和自轉週期時間相同，所以我們永遠只能看到月亮面向地球的一面。月球環繞地球公轉時與太陽的相對位置每日皆會改變，在地球上只能看見月球被太陽光照亮的部分。

因為每日看見月球的角度不同，觀看月球光亮形狀的變化，便可得知農曆的日期。

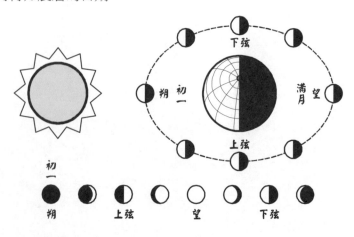

朔（新月）：日月經度交角 0 度，月球和太陽在天上的方向相同。新月時，月球和太陽同出同落，整夜不可見。農曆初一的月形。

望（滿月）：日月經度交角 180 度，月球和太陽在天上的方向相反。滿月時，月球和太陽日落月出，整夜可見。農曆十五或十六的月形。

弦（弦月）：日月經度交角 90 度，月球和太陽在天上的方向呈一夾角。

上弦月時，月球在太陽東邊 90 度（月東日西），月球亮面朝西方，出現於上半夜的西方夜空。農曆初二到十四的月形。

下弦月時，月球在太陽西邊 90 度（日東月西），月球亮面朝東方，出現在下半夜的東方夜空。農曆十七到三十的月形。

節　氣

　　我國以農立國，二十四節氣是我國農曆的一大特點。節氣的名稱，乃是用來指出一年中氣候寒暑的變化，春耕、夏耘、秋收、冬藏，自古以來農民都把節氣當作農事耕耘的標準時序依據。由於長期以來大家在習慣上把農曆稱為「陰曆」，因而大多數的人都誤認為節氣是屬於陰曆的時令特點。實際上，節氣是完全依據地球環繞太陽公轉所定訂出來的時令點，是「陽曆」中非常重要的一個時令特點，所以說農曆實際為「陰陽合曆」的曆法。

　　我國古代曆法皆以「冬至」為二十四節氣起算點，將每一年冬至到次一年冬至整個回歸年的時間，平分為十二等分，每個分點稱為「中氣」，再將二個中氣間的時間等分，其分點稱為「節氣」，十二個中氣加十二個節氣，總稱「二十四節氣」。每個農曆月份皆各有一個節氣和一個中氣，每一中氣都配定屬於某月份，如冬至必在十一月。

　　我國現代曆法定訂二十四節氣以地球環繞太陽公轉的軌道稱為「黃道」為準，節氣反映了地球在軌道上運行時所到達的不同位置，假設由地球固定來看太陽運行，則節氣就是太陽在黃道上運行時所到達位置的里程標誌。地球環繞太陽公轉運行一周為

三百六十度，節氣以太陽視黃經為準，從「春分」起算為黃經零度，每增黃經十五度為一節氣，依序為「清明、穀雨、立夏、小滿、芒種、夏至、小暑、大暑、立秋、處暑、白露、秋分、寒露、霜降、立冬、小雪、大雪、冬至、小寒、大寒、立春、雨水、驚蟄」，一年共分二十四節氣，每個節氣名稱都反映出當令氣候寒暑的實況意義。

我國春、夏、秋、冬四季的起始，是以「立春、立夏、立秋、立冬」為始，歐美則以「春分、夏至、秋分、冬至」為始，我國比歐美的季節提早了三個節氣約一個半月的時間。

二十四節氣圖

為了方便記憶二十四節氣的名稱及順序，以立春為首，將每個節氣名稱各取一字意，按節氣順序記誦：

春雨驚春清穀天；夏滿芒夏暑相連；

秋處露秋寒霜降；冬雪雪冬小大寒。

二 十 四 節 氣 表

節氣	氣候的意義	太陽黃經度
立春	春季開始	315
雨水	春雨綿綿	330
驚蟄	蟲類冬眠驚醒	345
春分	陽光直射赤道 晝夜平分	0
清明	春暖花開景色清明	15
穀雨	農民布穀後望雨	30
立夏	夏季開始	45
小滿	稻穀行將結實	60
芒種	稻穀成穗	75
夏至	陽光直射北回歸線 晝長夜短	90
小暑	氣候稍熱	105
大暑	氣候酷暑	120
立秋	秋季開始	135
處暑	暑氣漸消	150
白露	夜涼水氣凝結成露	165
秋分	陽光直射赤道 晝夜平分	180
寒露	夜露寒意沁心	195
霜降	露結成霜	210
立冬	冬季開始	225
小雪	氣候寒冷逐漸降雪	240
大雪	大雪紛飛	255
冬至	陽光直射南回歸線 晝短夜長	270
小寒	氣候稍寒	285
大寒	氣候嚴寒	300

「四季寒暑、日夜時間、節氣時間」變化

　　地球自轉軸與環繞太陽公轉的軌道黃道面有 23.45 度的交角，形成一年「四季寒暑」的變化和影響「日夜時間」的長短不同。夏季正午時太陽仰角高度較高，晝長夜短。冬季正午時太陽仰角高度較低，晝短夜長。

　　地球環繞太陽公轉的軌道是橢圓形（地球公轉軌道的半長軸 AU 為 149,597,887.5 公里，公轉軌道的偏心率為 0.0167，近日點與遠日點的距離差距有 4%。），在軌道上運行的速率並不是等速進行，形成每一「節氣時間」的長短不同。冬至時地球運行至近日點附近（地球在每年的一月初離太陽最近），太陽在黃道上移動速度較快，一個節氣的時間大約 29.46 日。夏至時地球運行至遠日點附近（地球在每年的七月初離太陽最遠），太陽在黃道上移動速度較慢，一個節氣的時間大約 31.42 日。

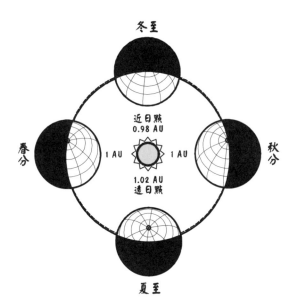

「春分、秋分」陽光直射赤道，南北半球晝夜平分之日。

「夏至」陽光直射北回歸線，北半球晝最長夜最短之日。

「冬至」陽光直射南回歸線，北半球晝最短夜最長之日。

定節氣–平氣法

我國古代曆法以「平氣」定節氣，稱為「平氣法」。

平氣法，是以太陽週期的平均數來定中氣。古代曆法以「冬至」為二十四節氣起算點，將每一年冬至到次一年冬至整個回歸年的時間 365.242,190,419 日，平分為十二等分。每個分點稱為「中氣」，再將二個中氣間的時間等分，其分點稱為「節氣」。每一中氣和節氣平均為 15.218425 日，十二個中氣加十二個節氣，總稱「二十四節氣」。

實際天象上，採用平氣法以回歸年時間平分成二十四等分給予各節氣的計算方法，並不能真確地反映地球在公轉軌道上的真正位置，平均差距一至二日。

節氣	立春	驚蟄	清明	立夏	芒種	小暑	立秋	白露	寒露	立冬	大雪	小寒
中氣	雨水	春分	穀雨	小滿	夏至	大暑	處暑	秋分	霜降	小雪	冬至	大寒
月令	正月	二月	三月	四月	五月	六月	七月	八月	九月	十月	十一月	十二月
	寅	卯	辰	巳	午	未	申	酉	戌	亥	子	丑

定節氣－定氣法

我國現代曆法以「定氣」定節氣，稱為「定氣法」。

我國從清初（西元 1645 年）的《時憲曆》（德國傳教士湯若望依西洋新法推算編制的曆法）起，節氣時刻的推算開始由平節氣改為定節氣。

定氣法是以「太陽視黃經」為準，以太陽在黃道位置度數來定節氣，即依據地球在軌道上的真正位置為「定氣」標準。由「春分」為起始點，將地球環繞太陽公轉的軌道（黃道）每十五度（黃經度）定一節氣，一周三百六十度共有「二十四節氣」。

實際天象上，採用定氣法推算出來的節氣日期，能精確地表示地球在公轉軌道上的真正位置，並反映當時的氣候寒暑狀況。如一年中在晝夜平分的那兩天，定然是春分和秋分二中氣；晝長夜短日定是夏至中氣；晝短夜長日定是冬至中氣。

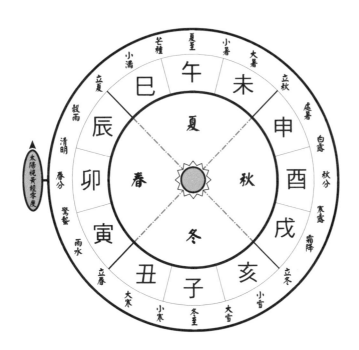

節氣	立春	驚蟄	清明	立夏	芒種	小暑	立秋	白露	寒露	立冬	大雪	小寒
黃經度	315度	345度	15度	45度	75度	105度	135度	165度	195度	225度	255度	285度

中氣	雨水	春分	穀雨	小滿	夏至	大暑	處暑	秋分	霜降	小雪	冬至	大寒
黃經度	330度	0度	30度	60度	90度	120度	150度	180度	210度	240度	270度	300度

干支

我中華民族所特有的曆法：干支紀年。

干支就是「十天干」和「十二地支」的簡稱。

十天干：甲、乙、丙、丁、戊、己、庚、辛、壬、癸。

十二地支：子、丑、寅、卯、辰、巳、午、未、申、酉、戌、
亥。

中華民族始祖黃帝，觀察星象，制訂曆法，探究天地「五行
四時」之生命變化。定「陰陽五行」為十天干「甲、乙、丙、丁、
戊、己、庚、辛、壬、癸」。定「四時節氣」為十二地支「子、
丑、寅、卯、辰、巳、午、未、申、酉、戌、亥」。

曆法將十天干配合十二地支，按順序組合成「甲子、乙丑、
丙寅…」等，用於「記年、記月、記日、記時」。十天干配合十
二地支的組合，由「甲子」開始到「癸亥」共有六十組，可循環
記年六十年，所以稱「一甲子」是六十年。

　　中華民族使用「干支紀年」，是全世界最早的〔記年法〕與〔記日法〕。干支紀年，使用天干地支六十甲子循環「記年、記月、記日、記時」，迄今已有五千年之久，中間從未間斷毫無脫節混沌之處，實為世界上最先進實用的紀年曆法。

六十甲子表										
	甲子	乙丑	丙寅	丁卯	戊辰	己巳	庚午	辛未	壬申	癸酉
	甲戌	乙亥	丙子	丁丑	戊寅	己卯	庚辰	辛巳	壬午	癸未
	甲申	乙酉	丙戌	丁亥	戊子	己丑	庚寅	辛卯	壬辰	癸巳
	甲午	乙未	丙申	丁酉	戊戌	己亥	庚子	辛丑	壬寅	癸卯
	甲辰	乙巳	丙午	丁未	戊申	己酉	庚戌	辛亥	壬子	癸丑
	甲寅	乙卯	丙辰	丁巳	戊午	己未	庚申	辛酉	壬戌	癸亥

干支紀年曆法《記年》規則

年：以「立春」為歲首。

月：以「節氣」為月建。

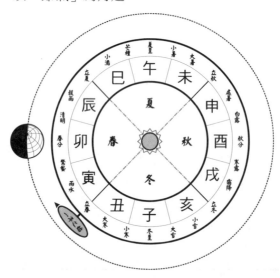

「年、月」兩組干支記錄「地球公轉」的循環

	月令	正月	二月	三月	四月	五月	六月	七月	八月	九月	十月	十一月	十二月
	節氣	立春	驚蟄	清明	立夏	芒種	小暑	立秋	白露	寒露	立冬	大雪	小寒
	中氣	雨水	春分	穀雨	小滿	夏至	大暑	處暑	秋分	霜降	小雪	冬至	大寒
	月支 年干	寅	卯	辰	巳	午	未	申	酉	戌	亥	子	丑
五虎遁年起月表	甲己	丙寅	丁卯	戊辰	己巳	庚午	辛未	壬申	癸酉	甲戌	乙亥	丙子	丁丑
	乙庚	戊寅	己卯	庚辰	辛巳	壬午	癸未	甲申	乙酉	丙戌	丁亥	戊子	己丑
	丙辛	庚寅	辛卯	壬辰	癸巳	甲午	乙未	丙申	丁酉	戊戌	己亥	庚子	辛丑
	丁壬	壬寅	癸卯	甲辰	乙巳	丙午	丁未	戊申	己酉	庚戌	辛亥	壬子	癸丑
	戊癸	甲寅	乙卯	丙辰	丁巳	戊午	己未	庚申	辛酉	壬戌	癸亥	甲子	乙丑

干支紀年曆法《記日》規則

日：以「正子」為日始。

時：以「時辰」為單位。

「日、時」兩組干支記錄「地球自轉」的循環

	太陽時	23-1	1-3	3-5	5-7	7-9	9-11	11-13	13-15	15-17	17-19	19-21	21-23
	時支 日干	子	丑	寅	卯	辰	巳	午	未	申	酉	戌	亥
五鼠遁日起時表	甲己	甲子	乙丑	丙寅	丁卯	戊辰	己巳	庚午	辛未	壬申	癸酉	甲戌	乙亥
	乙庚	丙子	丁丑	戊寅	己卯	庚辰	辛巳	壬午	癸未	甲申	乙酉	丙戌	丁亥
	丙辛	戊子	己丑	庚寅	辛卯	壬辰	癸巳	甲午	乙未	丙申	丁酉	戊戌	己亥
	丁壬	庚子	辛丑	壬寅	癸卯	甲辰	乙巳	丙午	丁未	戊申	己酉	庚戌	辛亥
	戊癸	壬子	癸丑	甲寅	乙卯	丙辰	丁巳	戊午	己未	庚申	辛酉	壬戌	癸亥

中國歷代曆法

　　我國從《古六曆》到清朝《時憲曆》，中國曆法在歷朝皇帝中歷經多次的變革，每部曆法都隨著每一朝代和皇帝的更迭而變更。整個中國曆法體系歷史上，包括在各歷史朝代中頒行過的和沒有頒行過的曆法，共約制定過一百多部。中國自西漢劉歆編製的《三統曆譜》起，就有完整體系的天文曆法著作留傳至今。現在大部分的天文曆法著作，都收集在《二十四史》的《律曆志》中。本表按年代順序，表列中國歷代曾經頒布實行的曆法。

中 國 歷 代 曆 法				
黃帝曆	夏曆	殷曆	周曆	魯曆
顓頊曆	太初曆	三統曆	四分曆	乾象曆
景初曆	三紀曆	玄始曆	元嘉曆	大明曆
正光曆	興和曆	天保曆	天和曆	大象曆
開皇曆	皇極曆	大業曆	戊寅元曆	麟德曆
大衍曆	五紀曆	正元曆	觀象曆	宣明曆
崇玄曆	調元曆	欽天曆	應天曆	乾元曆
儀天曆	崇天曆	明天曆	奉元曆	觀天曆
占天曆	紀元曆	大明曆	重修大明曆	統元曆
乾道曆	淳熙曆	會元曆	統天曆	開禧曆
淳祐曆	會天曆	成天曆	授時曆	大統曆
時憲曆	註：《皇極曆》未曾頒布實行。			

曆法歲首

中國歷代曆法在「歲首」上有多次的變更：

朝 代	變更年號	曆 法	歲 首
東周	春秋戰國時期	夏曆	寅
東周	春秋戰國時期	殷曆	丑
東周	春秋戰國時期	周曆	子
秦朝	秦始皇帝 二十六年	顓頊曆	亥
西漢	漢武帝 太初元年	太初曆	寅
西漢	漢成帝 綏和二年	三統曆	寅
新朝	王莽 始建國元年	三統曆	丑
東漢	漢光武帝 建武元年	三統曆	寅
唐朝	唐高祖 武德二年	戊寅元曆	寅
唐朝	唐高宗 麟德元年	麟德曆	寅
武周	武則天 天授元年	麟德曆	子
唐朝	唐中宗 神龍元年	麟德曆	寅

唐朝《大衍曆》後，皆以夏正「立春寅月」為歲首沿用至今。

節氣	立春	驚蟄	清明	立夏	芒種	小暑	立秋	白露	寒露	立冬	大雪	小寒
中氣	雨水	春分	穀雨	小滿	夏至	大暑	處暑	秋分	霜降	小雪	冬至	大寒
月令	正月	二月	三月	四月	五月	六月	七月	八月	九月	十月	十一月	十二月
	寅	卯	辰	巳	午	未	申	酉	戌	亥	子	丑

中國曆法史上的五次大改革

朝　代	曆　法	曆法編制	頒行期間
西漢	太初曆	落下閎	前 104 年～84 年
南北朝南梁	大明曆	祖沖之	510 年～589 年
唐朝	戊寅元曆	傅仁鈞	619 年～664 年
元朝	授時曆	郭守敬	1281 年～1644 年
清朝	時憲曆	湯若望	1645 年～1911 年

古六曆

曆法編制：古六曆。

頒行起年：東周 春秋時期（西元前 770 年）。

實行迄年：東周 戰國時期（西元前 222 年）。

我國最早的曆法為《黃帝曆、夏曆、殷曆、周曆、魯曆、顓頊曆》六種古曆，合稱《古六曆》。《古六曆》並非「黃帝、帝顓頊」時期之曆法，其制定流通的時期，據推考都是在東周春秋戰國時期，當時各諸侯國分別使用。

《古六曆》定一回歸年為 365 又 1/4 日（365.25 日），一朔望月為 29 又 499/940 日（29.53085 日），235 個朔望月對應 19 個回歸年，在 19 年中設置 7 個閏月。《古六曆》一年有十二個月，每個月以日月合朔日為初一，稱為「朔」，最後一日稱為「晦」。《古六曆》歲餘四分之一日，所以又稱為《古四分曆》。古六曆間不同之處，主要在「歲首」。由於歲首不同，各曆「春、夏、秋、冬」四季的定義，也是分別不同。

古六曆曆法歲首

曆 法	歲 首	夏曆月份
夏曆	寅	正月
殷曆	丑	十二月
周曆	子	十一月
顓頊曆	亥	十月

《史記・五帝本紀》

五帝為「黃帝、顓頊、帝嚳、唐堯、虞舜」。

顓頊曆

曆法編制：古六曆之一。

頒行起年：秦朝 始皇帝二十六年 庚辰年（西元前 221 年）。

實行迄年：西漢 漢武帝 元封七年 丁丑年（西元前 104 年）。

秦王嬴政二十六年庚辰年（西元前 221 年），統一中國，建立大秦帝國。秦王嬴政自稱「功高三皇，德高五帝」，創建「皇帝」尊號，自號為「始皇帝」。秦始皇在統一中國之後，實行了一系列加強中央集權、鞏固皇權與國家統一的措施，並在全國頒行《顓頊曆》。《顓頊曆》一直使用到西漢武帝元封七年丁丑年（西元前 104 年）頒行《太初曆》止。

《顓頊曆》定一回歸年為 365 又 1/4 日（365.25 日），一朔望月為 29 又 499/940 日（29.53085 日），235 個朔望月對應 19 個回歸年，在 19 年中設置 7 個閏月。《顓頊曆》一年有十二個月，每個月以日月合朔日為初一，稱為「朔」，最後一日稱為「晦」。以建「亥」之月（夏曆十月）為歲首，閏月置在年終九月之後，稱「後九月」。《顓頊曆》不改正月，四季完全和《夏曆》相同。

太初曆

曆法編制：鄧平、落下閎。

頒行起年：西漢 漢武帝 太初元年 丁丑年（西元前 104 年）。

實行迄年：西漢 漢成帝 綏和元年 癸丑年（西元前 8 年）。

漢武帝元封六年丙子年（西元前 105 年），鄧平（太史丞）、落下閎（西元前 156～前 87 年、西漢巴郡閬中人、民間天文學家、渾天儀創造者）等人編制《太初曆》。《太初曆》的編制，是中國曆法史上的第一次大改革。

西漢初期，曆法沿用秦朝《顓頊曆》。漢武帝元封七年丙子年（西元前 105 年）《顓頊曆》的二月（庚子月）初一，也就是《太初曆》的太初前一年十一月（庚子月）初一，適逢「甲子日、夜半月朔甲子時、冬至交節氣」。司馬遷（西元前 145～前 86 年）等人上書提議改曆，說明以此日做為新曆的起點，是改元換曆的最佳時機。

漢武帝元封六年（西元前 105 年）下令制訂新曆法，將元封七年改為太初元年（西元前 104 年）頒行《太初曆》。

　　《太初曆》採用「夏正」以「寅月」為歲首，與《顓頊曆》以「亥月」（夏曆十月）為歲首，二曆相差三個月份時間。因此太初元年正月前的十月到十二月（《顓頊曆》的正月、二月、三月）也算在太初元年內。太初元年因改曆，當年共有十五個月。

　　《太初曆》定一回歸年為 365 又 385/1539 日（365.25016 日），一朔望月為 29 又 43/81 日（29.53086 日），由於分母為 81，又稱做《八十一分律曆》。

　　《太初曆》首次將二十四節氣編入曆法，將冬至到次年冬至「歲實」（回歸年）按時間等分的二十四節氣（平氣法），分配於十二個月中。並沿用夏曆「十九年七閏」的置閏法，以沒有中氣的月份為閏月，將春夏秋冬四個季節的變化和十二個月份的關係相互配合。

　　《太初曆》以天象實測和多年天文記錄為依據，內容包含有編制曆法的理論、朔望、節氣、置閏法、日月交食週期、五行星的運動會合週期、恒星出沒等的常數和位置的推算方法，與基本的恆星位置數據。

三統曆

曆法編制：劉歆。

頒行起年：西漢 漢成帝 綏和二年 甲寅年（西元前 7 年）。

實行迄年：東漢 漢章帝 元和元年 甲申年（西元 84 年）。

漢成帝綏和二年甲寅年（西元前 7 年），劉歆（西元前 50～23 年）重新編訂《太初曆》，改稱《三統曆》。

《三統曆》選取一個「上元」作為曆法的起算點，並明確規定，以無中氣的月份置閏。《三統曆》中加入了許多新的天文曆法內容，是首先使用交點年和恆星月的曆法。

劉歆編製的《三統曆譜》是現存最早的一部完整的天文曆法著作，歷代曆法的基本內容在這本著作中大體都已具備。《三統曆譜》有體系地講述了天文學知識，與分析考證了歷代流傳下來的天文文獻和天文記錄。《三統曆譜》對後代曆法影響極大，部份的內容沿用至今，是世界上最早的天文年曆的雛型。

《三統曆譜》共有「統母、統術、紀母、紀術、五步、歲術、世經」等七卷。

統母和統術，講述日月運動的基本常數和推算方法，內容包含有「回歸年長度、朔望月長度、一年的月數、日月交食週期、計算朔日和節氣的方法」。

紀母、紀術和五步，講述行星運動的基本常數和推算方法，內容包含有「五大行星的會合週期、運行動態、出沒規律、預告行星位置」。

歲術，講述星歲紀年的推算方法。世經，講述考古年代學。

劉歆是中國古代第一個提出接近正確的日食和月食交食週期的天文學家。劉歆說明日食和月食都是有規律可循的自然現象，提出了 135 個朔望月有 23 次交食的交食週期值。

《太初曆》與《三統曆》從西漢武帝太初元年（西元前 104 年）頒行，實施至東漢章帝元和元年（西元 84 年），方改曆使用《四分曆》。在中國歷史上，歷經「西漢、新朝、東漢」三朝代，共實行了 188 年。其中「新朝」王莽時期，曾變更《三統曆》歲首為「丑月」，至「東漢」時期，才又變更回「寅月」。

乾象曆

曆法編制：劉洪。

頒行起年：三國 東吳孫權 黃武二年 癸卯年（西元 223 年）。

實行迄年：三國 東吳孫皓 天紀四年 庚子年（西元 280 年）。

東漢獻帝建安十一年丙戌年（西元 206 年），劉洪（西元 129 ～210 年、算盤發明者）編制《乾象曆》。

《乾象曆》完成後，並沒有在東漢年間頒行，直至西元 223 年《乾象曆》才正式在三國東吳孫權黃武二年頒行。

《乾象曆》定一回歸年為 365 又 145/589 日（365.246180 日），一朔望月為 29 又 773/1457 日（29.530542 日）。《乾象曆》與東漢章帝元和元年（西元 84 年）頒行的《四分曆》比較天文曆算更加精準。

《乾象曆》是曆法史上，第一部考慮到〔月球視運動不均勻性〕的曆法。劉洪提出了近點月的概念，計算月亮近地點的移動，算出近點月長度，並在一近點月裏逐日編出月離表。

太陽運行的軌道稱為「黃道」，月亮運行的軌道稱為「白道」，黃道與白道的交點叫做「黃白交點」。劉洪首先發現「黃白交點」並不固定，每日沿「黃道」向西移動，並計算出每日黃白交點退行約 148/47 分（約 0.053 度）的變化。

劉洪又發現「黃道」和「白道」不在同一個平面上，首次提出「黃道面」和「白道面」有六度的交角，所以並非每次月朔望日皆會發生日食與月食。劉洪創立定朔算法，準確地推算出日月合朔和日月食發生的時刻。劉洪並推算出日月合朔時，月亮離「黃白交點」超過十四度半，就不會發生交食的食限判斷數據（食限值）。

東漢靈帝熹平三年（西元 174 年），劉洪公佈了他的天文學專著《七曜術》，七曜為「太陽和月亮與木、火、土、金、水五行星」。劉洪在《七曜術》專著中，精確地推算出了「五星會合」的週期，以及五行星運行的規律。

大明曆

曆法編制：祖沖之。

頒行起年：南北朝南梁梁武帝天監九年庚寅年（西元 510 年）。

實行迄年：南北朝南陳陳後主禎明三年己酉年（西元 589 年）。

南北朝南宋孝武帝大明六年壬寅年（西元 462 年），祖沖之（西元 429～500 年）編制《大明曆》。

《大明曆》完成後，並沒有在南北朝南宋代年間頒行。直至西元 510 年，《大明曆》才正式在南北朝南梁梁武帝天監九年頒行。《大明曆》的編制，是中國曆法史上的第二次大改革。

《大明曆》是曆法史上，第一部考慮到〔歲差值〕的曆法。《大明曆》定一回歸年為 365.2428 日，一朔望月為 29.5309 日，並將東晉天文學家虞喜（西元 281～356 年）發現的「歲差」現象曆算在曆法中。

《大明曆》調整了制訂曆法的起算點「冬至點」，定出了每 45 年 11 個月差 1 度的「歲差值」。祖沖之在《大明曆》中，特別提出了以「391 年置 144 閏月」來代替「19 年置 7 閏月」的曆算置閏方法。《大明曆》與現代天文曆算的比較已相當的精準。

祖沖之是南北朝時期，偉大的數學家和天文學家，他是世界上第一個正確地把圓周率推算到小數點後七位的人。

祖沖之著名的圓周率不等式：3.1415926 < π < 3.1415927

虞喜發現「歲差」

西元 330 年，東晉天文學家虞喜（西元 281～356 年），把他觀測得黃昏時某恆星過南中天的時刻，與古代記載進行比較時發現，春分夏至秋分冬至四點都已經向西移動了。

虞喜發現太陽在恆星背景中的某一位置，運行一圈再回到原來的位置所用的時間，並不等於一個冬至到下一個冬至的時間間隔，而是冬至點每經五十年沿赤道西移一度。於是他提出了「天自為天，歲自為歲」的觀點，並作《安天論》，這就是現代「歲差」的概念。

皇極曆

曆法編制：劉焯。

頒行起年：無正式頒行。

實行迄年：無正式實行。

隋文帝開皇二十年庚申年（西元600年），劉焯（西元544～610年）編制《皇極曆》。

《皇極曆》的曆算法，是中國曆法史上的重大改革，但因政治因素的阻撓，而未能在隋朝與後世朝代中頒行實行。

《皇極曆》是曆法史上，第一部考慮到〔太陽視運動不均勻性〕的曆法。劉焯創立了用「等間距二次差內插法」來計算日月視差運動速度，推算出五行星位置，日食與月食的交食時間。這在中國天文學史和數學史上都有重要地位，後代曆法計算日月五星運動，多是應用內插法的原理。

《皇極曆》改革了推算二十四節氣的方法，廢除傳統的「平氣法」，使用新創立的「定氣法」。劉焯更精確地計算出歲差，推定出了春分點每76.5年在黃道上西移1度的「歲差值」。

《皇極曆》是一部優秀的曆法，對後世曆法有重大影響。唐朝《麟德曆》曆法編制李淳風研究後，將其詳細記入《律曆志》，成為中國曆法史上，唯一被正史記載而未頒行的曆法。

戊寅元曆

曆法編制：傅仁鈞。

頒行起年：唐朝 唐高祖 武德二年 己卯年（西元 619 年）。

實行迄年：唐朝 唐高宗 麟德元年 甲子年（西元 664 年）。

唐高祖武德元年戊寅年（西元 618 年），傅仁鈞編制《戊寅元曆》。《戊寅元曆》的編制，是中國曆法史上的第三次大改革。

《戊寅元曆》基本上採用隋朝張冑玄編制的《大業曆》（實行期間：西元 597 年～618 年）的計算方法。

《戊寅元曆》主要以廢除唐朝以前曆法所使用古代的「上元積年」，並改「平朔」採用「定朔」來編制曆譜。

在《戊寅元曆》之前，曆法都用「平朔」，即用日月相合週期的平均數值來定朔望月。《戊寅元曆》首先考慮到月球視運動不均勻性，用日月相合的真實時刻來定朔日，進而定朔望月，要求做到「月行，晦不東見，朔不西眺」。

《戊寅元曆》的曆法改革，因計算方法存在著許多明顯的缺點和錯誤，頒行一年後，對計算合朔時刻，就常較實際時刻提前而失準。西元 626 年，唐高祖武德九年（丙戌年）崔善為恢復了「上元積年」。

　　《戊寅元曆》的曆法規定，月只能有連續三大月或連續三小月。但在西元 644 年，唐太宗貞觀十八年（甲辰年），預推次年曆譜時。發現貞觀十九年九月以後，會出現連續四個大月。因和以往大小月相間差得太多，當時認為這是曆法上不應有的現象。

　　最後，《戊寅元曆》的「定朔」又被改回「平朔」，所有曆法改革的主張全都失敗。

麟德曆

曆法編制：李淳風。

頒行起年：唐朝 唐高宗 麟德二年 乙丑年（西元 665 年）。

實行迄年：唐朝 唐玄宗 開元十六年 戊辰年（西元 728 年）。

唐高宗麟德元年甲子年（西元 664 年），李淳風（西元 602～670 年）以隋朝劉焯《皇極曆》為基礎，編制《麟德曆》。

《麟德曆》在中國曆法史上首次廢除古曆中「章、蔀、紀、元」的計算，並立「總法」1340 作為計算各種天體運動週期（如回歸年、朔望月、近點月、交點月等）的奇零部分的公共分母，大大簡化了許多繁瑣計算步驟。

古曆法，「日」以「夜半」為始；「月」以「朔日」為始；「歲」以「冬至」為始；「紀元」以「甲子」為始。

章：冬至交節時刻與合朔同在一日的週期。
蔀：冬至交節時刻與合朔同在一日之夜半的週期。
紀：冬至交節時刻與合朔同在甲子日之夜半的週期。
元：冬至交節時刻與合朔同在甲子年甲子日之夜半的週期。

《麟德曆》重新採用「定朔」安排曆譜。李淳風為了改進推算定朔的方法，使用劉焯創立的「等間距二次差內插法」公式，來計算定朔的時刻。

　　《麟德曆》廢除 19 年 7 閏「閏周定閏」的置閏規則，完全由觀測和統計來求得回歸年和朔望月長度。採用「進朔遷就」的方法，避免曆法上出現連續四個大月或小月的現象。在日食計算中提出蝕差的校正項，用於調整視黃白交點離真黃白交點的距離。《麟德曆》未考慮「歲差」的變化，為其曆法最大的缺點。

　　《麟德曆》在「武周」武則天天授元年時，曾變更歲首為「子月」，至「唐朝」唐中宗神龍元年時，才又變更回「寅月」。

　　《麟德曆》於唐高宗乾封元年丙寅年（西元 666 年）傳入日本，並於天武天皇五年（西元 667 年）被採用，改稱為《儀鳳曆》。

太衍曆

曆法編制：僧一行（原名張遂）。

頒行起年：唐朝 唐玄宗 開元十七年 己巳年（西元 729 年）。

實行迄年：唐朝 唐肅宗上元二年 辛丑年（西元 761 年）。

唐玄宗開元九年辛巳年（西元 721 年），僧一行（西元 683～727 年）編制《太衍曆》。唐玄宗開元十七年頒行《太衍曆》。

一行比較前朝各代曆法的優缺點，以科學的方法經過實際觀測，對太陽和月亮視運動不均勻性現象，有了正確的基本運行數據，掌握了太陽在黃道上視運行速度變化的規律，並加入了「歲差」的變化。一行在計算中進一步創造了「不等間距二次差內插法」公式，對天文計算有重要意義，也是在數學史上的創舉。

經過多年的研究，一行撰寫成了《開元大衍曆》一卷，《曆議》十卷、《曆成》十二卷、《曆書》二十四卷、《七政長曆》三卷，一共五部五十卷。一行初稿完成不久，未及奏上即已圓寂，後經張說與陳玄景等整理成文。《太衍曆》首創在曆法上有結構體系的編寫，是後世在曆法編制上的經典範本。

《太衍曆》共有曆術七卷

步氣朔術：講述計算二十四節氣和朔望弦晦的時刻。

步發斂術：講述計算七十二候與置閏規則等。

步日躔術：講述計算太陽的運行。

步月離術：講述計算月亮的運行。

步晷漏術：講述計算表影和晝夜漏刻長度的時刻。

步交會術：講述計算日食和月食的時刻。

步五星術：講述計算五大行星的運行。

《太衍曆》於唐玄宗開元二十一年癸酉年（西元 733 年）傳入日本，在日本實行近百年。

授時曆

曆法編制：郭守敬、王恂、許衡。

頒行起年：元朝 元世祖 至元十八年 辛巳年（西元 1281 年）。

實行迄年：清朝 清世祖 順治元年 甲申年（西元 1644 年）。

元世祖忽必烈至元十三年丙子年（西元 1276 年）六月，郭守敬（西元 1231～1316 年）、王恂（西元 1235～1281 年）、許衡（西元 1209～1281 年）等人編制《授時曆》，原著及史書均稱其為《授時曆經》。《授時曆》的編制，是中國曆法史上的第四次大改革。

《授時曆》是曆法史上，第一部應用「弧矢割圓術」來處理黃經和赤經、赤緯之間的換算，與採用「等間距三次差內插法」推算太陽、月球和行星的運行度數的曆法。

《授時曆》定一回歸年為 365.2425 日，一朔望月為 29.530593 日，與現在所使用的國曆的數值完全相同。《授時曆》的節氣推算方法，是採用「平氣」法，將一年的 1/24 作為一氣，以沒有中氣的月份為閏月，19 年置 7 閏月。它正式廢除了古代的「上元積年」，而截取近世任意一年為曆元，所定的數據全憑實測，打破古代制曆的習慣。

大統曆

　　《授時曆》從元朝元世祖至元十八年辛巳年（西元 1281 年）正式頒布實行，至明朝時曆名改稱《大統曆》繼續使用其曆法。

　　《授時曆》改名的《大統曆》一直使用到清朝清世祖順治二年（西元 1645 年）頒行《時憲曆》止，總共實行了 364 年，是中國古典曆法體系中實行最久的曆法。

崇禎曆書

曆法編制：徐光啟（主編）、李天經（續成）。

頒行起年：無正式頒行。

實行迄年：無正式實行。

《崇禎曆書》由徐光啟（西元 1562～1633 年）主編，李天經（西元 1579～1659 年）續成。明思宗崇禎二年己巳年（西元 1629年）九月開始編撰，編撰工作由專設的曆局負責，德國傳教士湯若望參與翻譯歐洲天文學知識。到崇禎七年甲戌年（西元 1634年）十一月，歷時五年全書完成。

《崇禎曆書》完成後，尚未實行，崇禎十七年甲申年（西元 1644 年）清兵入關，滿清入主中原，建立清朝，明朝滅亡。

《崇禎曆書》是中國明朝崇禎年間，為改革曆法而編的一部叢書，全書從多方面引進了歐洲古典天文學知識。歐洲丹麥天文學家的第谷宇宙體系也在此時，透過耶穌會士的宣教而傳入。徐光啟編制《崇禎曆書》時，就是採用第谷宇宙體系和幾何學的計算方法與第谷的觀測的數據。

《崇禎曆書》內容包括天文學基本理論、天文表、三角學、幾何學、天文儀器、日月和五大行星的運動、交食、全天星圖、中西單位換算等，全書共四十六種，一百三十七卷（內有星圖一折和恆星屏障一架）。

　　《崇禎曆書》全書理論部分共佔全書三分之一篇幅，引進了歐洲當時的地球概念和地理經緯度觀念，以及球面天文學、視差、大氣折射（濛氣差）等重要天文概念和有關的計算方法。全書還採用了西方的度量單位：一周天分為 360 度，一晝夜分為 24 小時共 96 刻（15 分鐘 1 刻），度與時單位採用 60 進位制。

　　《崇禎曆書》曆法計算不用中國傳統的代數學方法，而改用幾何學方法。這是中國曆法史上，中國天文學體系開始轉成歐洲近代天文學體系的轉折點。

時憲曆

曆法編制：德國傳教士 湯若望。

頒行起年：清朝 清世祖 順治元年 甲申年（西元 1644 年）。

實行迄年：清朝 宣統三年 辛亥年（西元 1911）。

清世祖順治元年甲申年（西元 1644 年）七月，經禮部左侍郎李明睿上書提議，依照歷代改朝換代另立新曆的慣例，明朝舊曆法《大統曆》需更名改曆。由於需要新的曆法，清政府遂下令，依據德國傳教士湯若望（西元 1591～1666 年）根據《崇禎曆書》刪改而成的《西洋新法曆書》之西洋新法，推算編制新的曆法。

新曆法完成後，清攝政王多爾袞（西元 1612～1650 年）奉旨批准，將新曆法定名《時憲曆》，頒行全國。《時憲曆》的編制，是中國曆法史上的第五次大改革，也是最後一次大改革。

《時憲曆》正式採用「定氣」定節氣，取代歷代曆法使用的「平氣」，稱為「定氣法」。定氣法是以「太陽視黃經」為準，以太陽在黃道位置度數來定節氣，即依據地球在軌道上的真正位置為「定氣」標準。

定氣法以「春分」為起始點，將地球環繞太陽公轉的軌道（黃道）每十五度（黃經度）定一節氣，一周三百六十度共有「二十四節氣」。

地球環繞太陽公轉的軌道是橢圓形（地球公轉軌道的半長軸AU 為 149,597,887.5 公里，公轉軌道的偏心率為 0.0167，近日點與遠日點的距離差距有 4%。），在軌道上運行的速率並不是等速進行，形成每一「節氣時間」的長短不同。冬至時地球運行至近日點附近（地球在每年的一月初離太陽最近），太陽在黃道上移動速度較快，一個節氣的時間大約 29.46 日。夏至時地球運行至遠日點附近（地球在每年的七月初離太陽最遠），太陽在黃道上移動速度較慢，一個節氣的時間大約 31.42 日。

實際天象上，採用定氣法推算出來的節氣日期，能精確地表示地球在公轉軌道上的真正位置，並反映當時的氣候寒暑狀況。如一年中在晝夜平分的那兩天，定然是春分和秋分二中氣；晝長夜短日定是夏至中氣；晝短夜長日定是冬至中氣。

《時憲曆》在中華民國元年，壬子年（西元 1912）曆名改稱《農曆》使用至今。

中國曆法年表

朝　代			曆　法	頒行期間
周朝	西周		干支紀元	遠古～現在
	東周	春秋	古六曆	前 770～前 222
		戰國		
秦朝			顓頊曆	前 221～前 104
楚漢				
漢朝	西漢		太初曆	前 104～前 8
	新朝		三統曆	前 7～84
	更始			
	東漢			
			四分曆	85～236
三國	魏		景初曆	237～265
		蜀	四分曆	221～263
		吳	四分曆	222
			乾象曆	223～280
晉朝	西晉		景初曆	265～317
	東晉			317～420
	十六	後秦	三紀曆	384～417

	國	北涼	玄始曆	412～439
南北朝	南朝	宋	景初曆	420～444
		齊	元嘉曆	445～509
		梁		
		陳	大明曆	510～589
	北朝	北魏	景初曆	386～451
			玄始曆	452～522
			正光曆	523～534
		東魏		535～539
			興和曆	540～550
		西魏	正光曆	535～556
		北齊	天保曆	551～577
		北周	正光曆	556～565
			天和曆	566～578
			大象曆	579～581
隋朝				581～583
			開皇曆	584～596
			皇極曆	無正式頒行
			大業曆	597～618
唐朝	李唐		戊寅元曆	619～664
			麟德曆	665～689
	武周			690～704

五代				705～728
			大衍曆	729～761
			五紀曆	762～783
	李唐		正元曆	784～806
			觀象曆	807～821
			宣明曆	822～892
				893～906
五代	後梁		崇玄曆	907～923
	後唐			923～936
	後晉			936～938
			調元曆	939～947
	後漢		崇玄曆	947～951
	後周			951～955
			欽天曆	956～960
宋朝		遼	調元曆	907～993
			大明曆	994～1125
	北宋		欽天曆	960～963
			應天曆	963～981
			乾元曆	981～1001
			儀天曆	1001～1023
			崇天曆	1024～1065
			明天曆	1065～1068
			崇天曆	1068～1075
			奉元曆	1075～1093

			觀天曆	1094～1102
			占天曆	1103～1105
			紀元曆	1106～1127
		金	大明曆	1137～1181
			重修大明曆	1182～1234
	南宋		紀元曆	1127～1135
			統元曆	1136～1167
			乾道曆	1168～1176
			淳熙曆	1177～1190
			會元曆	1191～1198
			統天曆	1199～1207
			開禧曆	1208～1251
			淳祐曆	1252
			會天曆	1253～1270
			成天曆	1271～1276
元朝			重修大明曆	1271～1280
			授時曆	1281～1367
明朝			大統曆	1368～1644
清朝			時憲曆	1645～1911
中華民國			國曆、農曆、干支	1912～現在
中華人民共和國			國曆、農曆、干支	1949～現在

二十四史

二十四史，中國歷代各朝歷史，由不同的歷史學家撰寫的二十四部史書的總稱。清乾隆四年（西元 1739 年），由清乾隆皇帝欽定輯錄整理成書，合稱「二十四史」。二十四史由《史記》到《明史》，有體系地記述了從中華民族始祖黃帝（西元前 2697 年前後）起，至明朝明思宗崇禎十七年明朝滅亡（西元 1644 年），上下四千多年完整的中國歷史，是為正統史學的「正史」。

二十四史《史記、漢書、後漢書、三國志、晉書、宋書、南齊書、梁書、陳書、魏書、北齊書、周書、隋書、南史、北史、舊唐書、新唐書、舊五代史、新五代史、宋史、遼史、金史、元史、明史》計三千二百一十三卷，四千七百二十萬字。統一採用以「本紀」和「列傳」為主體的紀傳體編寫（紀傳體體裁創始於西漢司馬遷）。

從西漢司馬遷（西元前 145～前 86 年）撰著《太史公書》（西元前 104 年）後稱《史記》，到清乾隆四十九年（西元 1784 年）《二十四史》集典完成，歷一千八百八十八年。

序號	書 名	作 者
1	史記	西漢 司馬遷
2	漢書	東漢 班固
3	後漢書	南北朝南宋 范曄
4	三國志	西晉 陳壽
5	晉書	唐朝 房玄齡 等
6	宋書	南北朝南梁 沈約
7	南齊書	南北朝南梁 蕭子顯
8	梁書	唐朝 姚思廉
9	陳書	唐朝 姚思廉
10	魏書	南北朝北齊 魏收
11	北齊書	唐朝 李百藥
12	周書	唐朝 令狐德棻 等
13	隋書	唐朝 魏徵 等
14	南史	唐朝 李延壽
15	北史	唐朝 李延壽
16	舊唐書	五代後晉 劉昫 等
17	新唐書	北宋 歐陽修、宋祁 等
18	舊五代史	北宋 薛居正 等
19	新五代史	北宋 歐陽 修
20	宋史	元朝 脫脫 等
21	遼史	元朝 脫脫 等
22	金史	元朝 脫脫 等
23	元史	明朝 宋濂 等
24	明史	清朝 張廷玉 等

中國歷代年表

朝 代			黃帝紀年	西曆紀年
燧人氏			遠古～前 1781	遠古～前 4478
伏羲氏			前 1780 甲申（-30）	前 4477
神農氏			前 520 甲申（-9）	前 3217
黃帝			元年甲子（1）	前 2697
少昊			101 甲辰（2）	前 2597
帝顓頊			185 戊辰（4）	前 2513
帝嚳			263 丙戌（5）	前 2435
帝摯			333 丙申（6）	前 2365
唐堯			341 甲辰（6）	前 2357
虞舜			441 甲申（8）	前 2257
夏朝			491 甲戌（9）	前 2207
商朝			932 乙未（16）	前 1766
周朝	西周		1576 己卯（27）	前 1122
	東周	春秋	1928 辛未（33）	前 770
		戰國	2223 丙寅（38）	前 475
秦朝			2477 庚辰（42）	前 221
楚漢			2492 乙未（42）	前 206
漢朝	西漢		2496 己亥（42）	前 202
	新朝		2706 己巳（46）	9
	更始		2720 癸未（46）	23

	東漢		2722 乙酉（46）	25
三國	魏		2917 庚子（49）	220
		蜀	2918 辛丑（49）～	221～263
		吳	2919 壬寅（49）～	222～280
晉朝	西晉		2962 乙酉（50）	265
	東晉		3014 丁丑（51）	317
	五胡十六國 匈奴鮮卑羯氐羌	前趙	3001 甲子（51）～	304～329
		成漢	3001 甲子（51）～	304～347
		後趙	3016 己卯（51）～	319～350
		前涼	3021 甲申（51）～	324～376
		前燕	3034 丁酉（51）～	337～370
		前秦	3048 辛亥（51）～	351～394
		後秦	3081 甲申（52）～	384～417
		後燕	3081 甲申（52）～	384～409
		西秦	3082 乙酉（52）～	385～431
		後涼	3083 丙戌（52）～	386～403
		南涼	3094 丁酉（52）～	397～414
		南燕	3095 戊戌（52）～	398～410
		西涼	3097 庚子（52）～	400～420
		北涼	3098 辛丑（52）～	401～439
		夏	3104 丁未（52）～	407～431
		北燕	3106 己酉（52）～	409～436
南北	南朝	宋	3117 庚申（52）	420
		齊	3176 己未（53）	479

朝		梁	3199 壬午（54）	502
		陳	3254 丁丑（55）	557
	北朝	北魏	3083 丙戌（52）～	386～534
		東魏	3231 甲寅（54）～	534～550
		西魏	3232 已卯（54）～	535～557
		北齊	3247 庚午（55）～	550～577
		北周	3254 丁丑（55）～	557～581
隋朝			3286 己酉（55）	589
唐朝	李唐		3315 戊寅（56）	618
	武周		3387 庚寅（57）	690
	李唐		3402 乙巳（57）	705
五代	後梁		3604 丁卯（61）	907
	後唐		3620 癸未（61）	923
	後晉		3633 丙申（61）	936
	後漢		3644 丁未（61）	947
	後周		3648 辛亥（61）	951
	十國	吳	3599 壬戌（60）～	902～937
		前蜀	3604 丁卯（61）～	907～925
		楚	3604 丁卯（61）～	907～951
		吳越	3604 丁卯（61）～	907～978
		閩	3606 己巳（61）～	909～945
		南漢	3614 丁丑（61）～	917～971
		荊南	3621 甲申（61）～	924～963
		後蜀	3631 甲午（61）～	934～965

		南唐	3634 丁酉（61）～	937～975
		北漢	3648 辛亥（61）～	951～979
宋朝		遼	3604 丁卯（61）～	907～1125
	北宋		3657 庚申（61）	960
		西夏	3735 戊寅（63）～	1038～1227
		金	3812 乙未（64）～	1115～1234
	南宋		3824 丁未（64）	1127
元朝			3977 庚辰（67）	1280
明朝			4065 戊申（68）	1368
清朝			4341 甲申（73）	1644
中華民國			4609 壬子（77）	1912
中華民國 台灣			4646 己丑（78）	1949
中華人民共和國			4646 己丑（78）	1949

中國歷代年表說明

（1）年表朝代起始時間以〔黃帝紀年〕與〔西曆紀年〕記
　　載。

（2）年表以〔黃帝紀年元年歲次甲子〕〔西曆紀年前 2697
　　年〕為起始時間。

（3）年表黃帝紀年欄位中（A）表黃帝紀年第 A 甲子。

（4）三皇為「燧人氏、伏羲氏、神農氏」。

（5）伏羲氏十六帝，計 1260 年。

（6）神農氏八帝，計 520 年。

（7）五帝為「黃帝、顓頊、帝嚳、唐堯、虞舜」《史記·五帝本紀》。

（8）年表朝代共處者有：三國魏蜀吳、東晉與五胡十六國、南朝與北朝、五代與十國、宋朝與遼西夏金、中華民國台灣與中華人民共和國。

（9）中國朝代正統者，西曆紀年僅標示起始年，後接下一正統者。

（10）中國朝代副統者，西曆紀年皆標示起迄年。

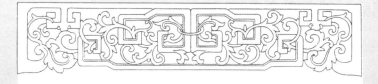

第七篇

歸藏萬年曆

關於《歸藏萬年曆》

時間就是力量，最基礎就是最重要的。

　　命理學以「生辰時間」為論命最重要的一個依據，本書《歸藏萬年曆》的編寫，提供論命者一個正確的論命時間依據。

　　《歸藏萬年曆》起自西元一九○○年迄至西元二一○○年，共二百零一年。曆法採「干支紀年」法，以「立春寅月」為歲始，以「節氣」為月令，循環記載國曆和農曆的「年、月、日」干支。「節氣」時間以「中原時區標準時、東經一百二十度經線」為準，採「定氣法」推算。「節氣」的日期和時間標示於日期表的上方，「中氣」則標示於下方。節氣和中氣的日期以「國曆」標示，並詳列「時、分、時辰」時間。時間以「分」為最小單位，秒數捨棄不進位，以防止實未到時，卻因進秒位而錯置節氣時間。查閱時只要使用「五鼠遁日起時表」取得「時干」後，就可輕易準確的排出「四柱八字」干支。

　　《歸藏萬年曆》之編寫，以「中央氣象局天文站」及「台北市立天文科學教育館」發行之天文日曆為標準，並參考引用諸多先賢、專家之觀念與資料，謹在此表達致敬及感謝。

　　《歸藏萬年曆》有別於一般萬年曆，採用橫閱方式編排，易
於閱讀查詢。記載年表實有「二百零一年、四千八百二十四節氣、
七萬三千四百一十三日」，紀曆詳實精確。可簡易快速地提供論
命者一組正確的「四柱八字」干支，實為一本最有價值的萬年曆
工具書。

　　　　　　　　　　　　　　施賀日

如何使用《歸藏萬年曆》

《歸藏萬年曆》的編排說明

（1）《歸藏萬年曆》採用橫閱方式編排，易於閱讀查詢。

（2）年表以「二十四節氣」為一年週期，始於「立春」終於「大寒」。

（3）年表的頁邊直排列出「西元紀年、生肖、國曆紀年」易於查閱所需紀年。

（4）年表的編排按「年干支、月干支、節氣、日期表、中氣」順序直列。

（5）年表直列就得「年、月、日」干支，快速準確絕不錯置年、月干支。

（6）節氣和中氣按「國曆日期、時、分、時辰」順序標示。

（7）日期表按「國曆月日、農曆月日、日干支」順序橫列。

（8）日期表第一行為各月令的「節氣日期」，易於計算行運歲數。

（9）農曆「閏月」在其月份數字下加一橫線，以為區別易於
　　判讀。

（10）日光節約時間其月份為粗體並頁下加註，以為區別易於
　　　判讀。

使用《歸藏萬年曆》快速定「八字」

橫查出生年月日；直列年月日干支；五鼠遁日得時干；正好四柱共八字。
大運排列從月柱；行運歲數由日起；順數到底再加一；逆數到頂是節氣。

（1）根據出生者的「年、月、日」時間，由年表橫向取得生
　　日所屬的「日干支」，再向上直列得「月干支、年干支」，
　　最後查「五鼠遁日起時表」取得「時干」。

（2）大運排列從「月柱」干支，陽男陰女「順排」、陰男陽女
　　「逆排」六十甲子。

（3）行運歲數由「生日」起算，陽男陰女「順數」、陰男陽女
　　「逆數」至節氣日。

（4）簡易大運行運歲數換算：三天為一年、一天為四月、一
　　時辰為十日。

46-120	31-45	16-30	1-15
日元			

貴　小姐
乾造　先生
坤　現居地：
國曆　出生地：
農曆

年　月　日　時生

大運

六十甲子表

甲子	乙丑	丙寅	丁卯	戊辰	己巳	庚午	辛未	壬申	癸酉
甲戌	乙亥	丙子	丁丑	戊寅	己卯	庚辰	辛巳	壬午	癸未
甲申	乙酉	丙戌	丁亥	戊子	己丑	庚寅	辛卯	壬辰	癸巳
甲午	乙未	丙申	丁酉	戊戌	己亥	庚子	辛丑	壬寅	癸卯
甲辰	乙巳	丙午	丁未	戊申	己酉	庚戌	辛亥	壬子	癸丑
甲寅	乙卯	丙辰	丁巳	戊午	己未	庚申	辛酉	壬戌	癸亥

五虎遁年起月表

月令	正月	二月	三月	四月	五月	六月	七月	八月	九月	十月	十一月	十二月
節氣	立春	驚蟄	清明	立夏	芒種	小暑	立秋	白露	寒露	立冬	大雪	小寒
中氣	雨水	春分	穀雨	小滿	夏至	大暑	處暑	秋分	霜降	小雪	冬至	大寒
月支／年干	寅	卯	辰	巳	午	未	申	酉	戌	亥	子	丑
甲己	丙寅	丁卯	戊辰	己巳	庚午	辛未	壬申	癸酉	甲戌	乙亥	丙子	丁丑
乙庚	戊寅	己卯	庚辰	辛巳	壬午	癸未	甲申	乙酉	丙戌	丁亥	戊子	己丑
丙辛	庚寅	辛卯	壬辰	癸巳	甲午	乙未	丙申	丁酉	戊戌	己亥	庚子	辛丑
丁壬	壬寅	癸卯	甲辰	乙巳	丙午	丁未	戊申	己酉	庚戌	辛亥	壬子	癸丑
戊癸	甲寅	乙卯	丙辰	丁巳	戊午	己未	庚申	辛酉	壬戌	癸亥	甲子	乙丑

五鼠遁日起時表

太陽時	23-1	1-3	3-5	5-7	7-9	9-11	11-13	13-15	15-17	17-19	19-21	21-23
時支／日干	子	丑	寅	卯	辰	巳	午	未	申	酉	戌	亥
甲己	甲子	乙丑	丙寅	丁卯	戊辰	己巳	庚午	辛未	壬申	癸酉	甲戌	乙亥
乙庚	丙子	丁丑	戊寅	己卯	庚辰	辛巳	壬午	癸未	甲申	乙酉	丙戌	丁亥
丙辛	戊子	己丑	庚寅	辛卯	壬辰	癸巳	甲午	乙未	丙申	丁酉	戊戌	己亥
丁壬	庚子	辛丑	壬寅	癸卯	甲辰	乙巳	丙午	丁未	戊申	己酉	庚戌	辛亥
戊癸	壬子	癸丑	甲寅	乙卯	丙辰	丁巳	戊午	己未	庚申	辛酉	壬戌	癸亥

五行	相生	相剋	天干	五合	四沖	二剋
木-慈生	水生木 木生火	金剋木 木剋土	甲-陽木	甲己合化土	甲庚沖	
			乙-陰木	乙庚合化金	乙辛沖	
火-滿願	木生火 火生土	水剋火 火剋金	丙-陽火	丙辛合化水	丙壬沖	丙庚剋
			丁-陰火	丁壬合化木	丁癸沖	丁辛剋
土-承載	火生土 土生金	木剋土 土剋水	戊-陽土	戊癸合化火		
			己-陰土	甲己合化土		
金-肅殺	土生金 金生水	火剋金 金剋木	庚-陽金	乙庚合化金	甲庚沖	丙庚剋
			辛-陰金	丙辛合化水	乙辛沖	丁辛剋
水-伏藏	金生水 水生木	土剋水 水剋火	壬-陽水	丁壬合化木	丙壬沖	
			癸-陰水	戊癸合化火	丁癸沖	

地支	六合	三合局	三會方	六沖	三刑	六害
子-冬季 癸	子丑合化土	申子辰合水	亥子丑會水	子午沖	子卯相刑	子未害
丑-冬季 己癸辛	子丑合化土	巳酉丑合金	亥子丑會水	丑未沖	丑戌未三刑	丑午害
寅-春季 甲丙	寅亥合化木	寅午戌合火	寅卯辰會木	寅申沖	寅巳申三刑	寅巳害
卯-春季 乙	卯戌合化火	亥卯未合木	寅卯辰會木	卯酉沖	子卯相刑	卯辰害
辰-春季 戊乙癸	辰酉合化金	申子辰合水	寅卯辰會木	辰戌沖	辰辰自刑	卯辰害
巳-夏季 丙庚	巳申合化水	巳酉丑合金	巳午未會火	巳亥沖	寅巳申三刑	寅巳害
午-夏季 丁	午未合化火	寅午戌合火	巳午未會火	子午沖	午午自刑	丑午害
未-夏季 己丁乙	午未合化火	亥卯未合木	巳午未會火	丑未沖	丑戌未三刑	子未害
申-秋季 庚壬	巳申合化水	申子辰合水	申酉戌會金	寅申沖	寅巳申三刑	申亥害
酉-秋季 辛	辰酉合化金	巳酉丑合金	申酉戌會金	卯酉沖	酉酉自刑	酉戌害
戌-秋季 戊辛丁	卯戌合化火	寅午戌合火	申酉戌會金	辰戌沖	丑戌未三刑	酉戌害
亥-冬季 壬甲	寅亥合化木	亥卯未合木	亥子丑會水	巳亥沖	亥亥自刑	申亥害

六神	生我者：正印、偏印。我生者：傷官、食神。剋我者：正官、七殺。我剋者：正財、偏財。同我者：劫財、比肩。

日主\天干	甲	乙	丙	丁	戊	己	庚	辛	壬	癸
甲-陽木	比肩	劫財	食神	傷官	偏財	正財	七殺	正官	偏印	正印
乙-陰木	劫財	比肩	傷官	食神	正財	偏財	正官	七殺	正印	偏印
丙-陽火	偏印	正印	比肩	劫財	食神	傷官	偏財	正財	七殺	正官
丁-陰火	正印	偏印	劫財	比肩	傷官	食神	正財	偏財	正官	七殺
戊-陽土	七殺	正官	偏印	正印	比肩	劫財	食神	傷官	偏財	正財
己-陰土	正官	七殺	正印	偏印	劫財	比肩	傷官	食神	正財	偏財
庚-陽金	偏財	正財	七殺	正官	偏印	正印	比肩	劫財	食神	傷官
辛-陰金	正財	偏財	正官	七殺	正印	偏印	劫財	比肩	傷官	食神
壬-陽水	食神	傷官	偏財	正財	七殺	正官	偏印	正印	比肩	劫財
癸-陰水	傷官	食神	正財	偏財	正官	七殺	正印	偏印	劫財	比肩

相生 相剋	比肩生食神生正財生正官生正印生比肩 　　劫財生傷官生偏財生七殺生偏印生劫財	比肩剋正財剋正印剋傷官剋正官剋比肩 　　劫財剋偏財剋偏印剋食神剋七殺剋劫財

天干	甲	乙	丙	丁	戊	己	庚	辛	壬	癸	
陽刃	卯		午				酉		子		以日柱天干 見年月時支
紅艷煞	午	午	寅	未	辰	辰	戌	酉	子	申	
天乙貴人	未	申	酉	亥	丑	子	丑	寅	卯	巳	
	丑	子	亥	酉	未	申	未	午	巳	卯	
文昌貴人	巳	午	申	酉	申	酉	亥	子	寅	卯	

地支	子	丑	寅	卯	辰	巳	午	未	申	酉	戌	亥
	以日柱地支 見年月時支											
咸池	酉	午	卯	子	酉	午	卯	子	酉	午	卯	子
驛馬	寅	亥	申	巳	寅	亥	申	巳	寅	亥	申	巳
	以月柱地支 見日柱干支											
天德貴人	巳	庚	丁	申	壬	辛	亥	甲	癸	寅	丙	乙
月德貴人	壬	庚	丙	甲	壬	庚	丙	甲	壬	庚	丙	甲

魁罡	日柱				地支不見沖刑 見「沖、刑」者為破格
	庚辰	壬辰	庚戌	戊戌	

金神	日柱	時柱			四柱須見「火」局
	甲或己	乙丑	己巳	癸酉	

地支	子	午	卯	酉
藏天干	癸	丁	乙	辛

地支	寅		申		巳		亥	
藏天干	甲	丙	庚	壬	丙	庚	壬	甲

地支	辰			戌			丑			未		
藏天干	戊	乙	癸	戊	辛	丁	己	癸	辛	己	丁	乙

說 明

　　本篇節錄《歸藏萬年曆》年表 2000～2020 年，提供八字命理研究愛好者，學習排列八字命盤使用。

　　《歸藏萬年曆》另有專書單獨出版，起自西元一九〇〇年迄至西元二一〇〇年，共二百零一年。提供八字命理研究專業者，排列八字命盤使用。

歸藏萬年曆

年　庚辰

左欄註記：２０００　龍　中華民國八十九年

月	戊寅	己卯	庚辰	辛巳	壬午	癸未
節氣	立春 2/4 20時40分 戌時	驚蟄 3/5 14時42分 未時	清明 4/4 19時31分 戌時	立夏 5/5 12時50分 午時	芒種 6/5 16時58分 申時	小暑 7/7 3時13分 寅時

國曆	農曆	干支	國曆	農曆	干支	國曆	農曆	干支	國曆	農曆	干支	國曆	農曆	干支	國曆	農曆	干支
2/4	12/29	壬辰	3/5	1/30	壬戌	4/4	2/30	壬辰	5/5	4/2	癸亥	6/5	5/4	甲午	7/7	6/6	丙
2/5	1/1	癸巳	3/6	2/1	癸亥	4/5	3/1	癸巳	5/6	4/3	甲子	6/6	5/5	乙未	7/8	6/7	丁
2/6	1/2	甲午	3/7	2/2	甲子	4/6	3/2	甲午	5/7	4/4	乙丑	6/7	5/6	丙申	7/9	6/8	戊
2/7	1/3	乙未	3/8	2/3	乙丑	4/7	3/3	乙未	5/8	4/5	丙寅	6/8	5/7	丁酉	7/10	6/9	己
2/8	1/4	丙申	3/9	2/4	丙寅	4/8	3/4	丙申	5/9	4/6	丁卯	6/9	5/8	戊戌	7/11	6/10	庚
2/9	1/5	丁酉	3/10	2/5	丁卯	4/9	3/5	丁酉	5/10	4/7	戊辰	6/10	5/9	己亥	7/12	6/11	辛
2/10	1/6	戊戌	3/11	2/6	戊辰	4/10	3/6	戊戌	5/11	4/8	己巳	6/11	5/10	庚子	7/13	6/12	壬
2/11	1/7	己亥	3/12	2/7	己巳	4/11	3/7	己亥	5/12	4/9	庚午	6/12	5/11	辛丑	7/14	6/13	癸
2/12	1/8	庚子	3/13	2/8	庚午	4/12	3/8	庚子	5/13	4/10	辛未	6/13	5/12	壬寅	7/15	6/14	甲
2/13	1/9	辛丑	3/14	2/9	辛未	4/13	3/9	辛丑	5/14	4/11	壬申	6/14	5/13	癸卯	7/16	6/15	乙
2/14	1/10	壬寅	3/15	2/10	壬申	4/14	3/10	壬寅	5/15	4/12	癸酉	6/15	5/14	甲辰	7/17	6/16	丙
2/15	1/11	癸卯	3/16	2/11	癸酉	4/15	3/11	癸卯	5/16	4/13	甲戌	6/16	5/15	乙巳	7/18	6/17	丁
2/16	1/12	甲辰	3/17	2/12	甲戌	4/16	3/12	甲辰	5/17	4/14	乙亥	6/17	5/16	丙午	7/19	6/18	戊
2/17	1/13	乙巳	3/18	2/13	乙亥	4/17	3/13	乙巳	5/18	4/15	丙子	6/18	5/17	丁未	7/20	6/19	己
2/18	1/14	丙午	3/19	2/14	丙子	4/18	3/14	丙午	5/19	4/16	丁丑	6/19	5/18	戊申	7/21	6/20	庚
2/19	1/15	丁未	3/20	2/15	丁丑	4/19	3/15	丁未	5/20	4/17	戊寅	6/20	5/19	己酉	7/22	6/21	辛
2/20	1/16	戊申	3/21	2/16	戊寅	4/20	3/16	戊申	5/21	4/18	己卯	6/21	5/20	庚戌	7/23	6/22	壬
2/21	1/17	己酉	3/22	2/17	己卯	4/21	3/17	己酉	5/22	4/19	庚辰	6/22	5/21	辛亥	7/24	6/23	癸
2/22	1/18	庚戌	3/23	2/18	庚辰	4/22	3/18	庚戌	5/23	4/20	辛巳	6/23	5/22	壬子	7/25	6/24	甲
2/23	1/19	辛亥	3/24	2/19	辛巳	4/23	3/19	辛亥	5/24	4/21	壬午	6/24	5/23	癸丑	7/26	6/25	乙
2/24	1/20	壬子	3/25	2/20	壬午	4/24	3/20	壬子	5/25	4/22	癸未	6/25	5/24	甲寅	7/27	6/26	丙
2/25	1/21	癸丑	3/26	2/21	癸未	4/25	3/21	癸丑	5/26	4/23	甲申	6/26	5/25	乙卯	7/28	6/27	丁
2/26	1/22	甲寅	3/27	2/22	甲申	4/26	3/22	甲寅	5/27	4/24	乙酉	6/27	5/26	丙辰	7/29	6/28	戊
2/27	1/23	乙卯	3/28	2/23	乙酉	4/27	3/23	乙卯	5/28	4/25	丙戌	6/28	5/27	丁巳	7/30	6/29	己
2/28	1/24	丙辰	3/29	2/24	丙戌	4/28	3/24	丙辰	5/29	4/26	丁亥	6/29	5/28	戊午	7/31	7/1	庚
2/29	1/25	丁巳	3/30	2/25	丁亥	4/29	3/25	丁巳	5/30	4/27	戊子	6/30	5/29	己未	8/1	7/2	辛
3/1	1/26	戊午	3/31	2/26	戊子	4/30	3/26	戊午	5/31	4/28	己丑	7/1	5/30	庚申	8/2	7/3	壬
3/2	1/27	己未	4/1	2/27	己丑	5/1	3/27	己未	6/1	4/29	庚寅	7/2	6/1	辛酉	8/3	7/4	癸
3/3	1/28	庚申	4/2	2/28	庚寅	5/2	3/28	庚申	6/2	5/1	辛卯	7/3	6/2	壬戌	8/4	7/5	甲
3/4	1/29	辛酉	4/3	2/29	辛卯	5/3	3/29	辛酉	6/3	5/2	壬辰	7/4	6/3	癸亥	8/5	7/6	乙
						5/4	4/1	壬戌	6/4	5/3	癸巳	7/5	6/4	甲子	8/6	7/7	丙
												7/6	6/5	乙丑			

中氣	雨水 2/19 16時33分 申時	春分 3/20 15時35分 申時	穀雨 4/20 2時39分 丑時	小滿 5/21 1時49分 丑時	夏至 6/21 9時47分 巳時	大暑 7/22 20時42分 戌時

庚辰（年）

月	節氣	時刻
甲申	立秋	13時2分 未時
乙酉	白露	9/7 15時59分 申時
丙戌	寒露	10/8 7時38分 辰時
丁亥	立冬	11/7 10時48分 巳時
戊子	大雪	12/7 3時37分 寅時
己丑	小寒	1/5 14時49分 未時

（右欄：年＝庚辰，2000・2001，龍，中華民國八十九・九十年）

甲申 立秋			乙酉 白露			丙戌 寒露			丁亥 立冬			戊子 大雪			己丑 小寒		
國曆	農曆	干支	國曆	農曆	干支	國曆	農曆	干支	國曆	農曆	干支	國曆	農曆	干支	國曆	農曆	干支
8/7	7/8	丁酉	9/7	8/10	戊辰	10/8	9/11	己亥	11/7	10/12	己巳	12/7	11/12	己亥	1/5	12/11	戊辰
8/8	7/9	戊戌	9/8	8/11	己巳	10/9	9/12	庚子	11/8	10/13	庚午	12/8	11/13	庚子	1/6	12/12	己巳
8/9	7/10	己亥	9/9	8/12	庚午	10/10	9/13	辛丑	11/9	10/14	辛未	12/9	11/14	辛丑	1/7	12/13	庚午
8/10	7/11	庚子	9/10	8/13	辛未	10/11	9/14	壬寅	11/10	10/15	壬申	12/10	11/15	壬寅	1/8	12/14	辛未
8/11	7/12	辛丑	9/11	8/14	壬申	10/12	9/15	癸卯	11/11	10/16	癸酉	12/11	11/16	癸卯	1/9	12/15	壬申
8/12	7/13	壬寅	9/12	8/15	癸酉	10/13	9/16	甲辰	11/12	10/17	甲戌	12/12	11/17	甲辰	1/10	12/16	癸酉
8/13	7/14	癸卯	9/13	8/16	甲戌	10/14	9/17	乙巳	11/13	10/18	乙亥	12/13	11/18	乙巳	1/11	12/17	甲戌
8/14	7/15	甲辰	9/14	8/17	乙亥	10/15	9/18	丙午	11/14	10/19	丙子	12/14	11/19	丙午	1/12	12/18	乙亥
8/15	7/16	乙巳	9/15	8/18	丙子	10/16	9/19	丁未	11/15	10/20	丁丑	12/15	11/20	丁未	1/13	12/19	丙子
8/16	7/17	丙午	9/16	8/19	丁丑	10/17	9/20	戊申	11/16	10/21	戊寅	12/16	11/21	戊申	1/14	12/20	丁丑
8/17	7/18	丁未	9/17	8/20	戊寅	10/18	9/21	己酉	11/17	10/22	己卯	12/17	11/22	己酉	1/15	12/21	戊寅
8/18	7/19	戊申	9/18	8/21	己卯	10/19	9/22	庚戌	11/18	10/23	庚辰	12/18	11/23	庚戌	1/16	12/22	己卯
8/19	7/20	己酉	9/19	8/22	庚辰	10/20	9/23	辛亥	11/19	10/24	辛巳	12/19	11/24	辛亥	1/17	12/23	庚辰
8/20	7/21	庚戌	9/20	8/23	辛巳	10/21	9/24	壬子	11/20	10/25	壬午	12/20	11/25	壬子	1/18	12/24	辛巳
8/21	7/22	辛亥	9/21	8/24	壬午	10/22	9/25	癸丑	11/21	10/26	癸未	12/21	11/26	癸丑	1/19	12/25	壬午
8/22	7/23	壬子	9/22	8/25	癸未	10/23	9/26	甲寅	11/22	10/27	甲申	12/22	11/27	甲寅	1/20	12/26	癸未
8/23	7/24	癸丑	9/23	8/26	甲申	10/24	9/27	乙卯	11/23	10/28	乙酉	12/23	11/28	乙卯	1/21	12/27	甲申
8/24	7/25	甲寅	9/24	8/27	乙酉	10/25	9/28	丙辰	11/24	10/29	丙戌	12/24	11/29	丙辰	1/22	12/28	乙酉
8/25	7/26	乙卯	9/25	8/28	丙戌	10/26	9/29	丁巳	11/25	10/30	丁亥	12/25	11/30	丁巳	1/23	12/29	丙戌
8/26	7/27	丙辰	9/26	8/29	丁亥	10/27	10/1	戊午	11/26	11/1	戊子	12/26	12/1	戊午	1/24	1/1	丁亥
8/27	7/28	丁巳	9/27	8/30	戊子	10/28	10/2	己未	11/27	11/2	己丑	12/27	12/2	己未	1/25	1/2	戊子
8/28	7/29	戊午	9/28	9/1	己丑	10/29	10/3	庚申	11/28	11/3	庚寅	12/28	12/3	庚申	1/26	1/3	己丑
8/29	8/1	己未	9/29	9/2	庚寅	10/30	10/4	辛酉	11/29	11/4	辛卯	12/29	12/4	辛酉	1/27	1/4	庚寅
8/30	8/2	庚申	9/30	9/3	辛卯	10/31	10/5	壬戌	11/30	11/5	壬辰	12/30	12/5	壬戌	1/28	1/5	辛卯
8/31	8/3	辛酉	10/1	9/4	壬辰	11/1	10/6	癸亥	12/1	11/6	癸巳	12/31	12/6	癸亥	1/29	1/6	壬辰
9/1	8/4	壬戌	10/2	9/5	癸巳	11/2	10/7	甲子	12/2	11/7	甲午	1/1	12/7	甲子	1/30	1/7	癸巳
9/2	8/5	癸亥	10/3	9/6	甲午	11/3	10/8	乙丑	12/3	11/8	乙未	1/2	12/8	乙丑	1/31	1/8	甲午
9/3	8/6	甲子	10/4	9/7	乙未	11/4	10/9	丙寅	12/4	11/9	丙申	1/3	12/9	丙寅	2/1	1/9	乙未
9/4	8/7	乙丑	10/5	9/8	丙申	11/5	10/10	丁卯	12/5	11/10	丁酉	1/4	12/10	丁卯	2/2	1/10	丙申
9/5	8/8	丙寅	10/6	9/9	丁酉	11/6	10/11	戊辰	12/6	11/11	戊戌				2/3	1/11	丁酉
9/6	8/9	丁卯	10/7	9/10	戊戌												

中氣		
處暑	8/23 3時48分 寅時	甲申
秋分	9/23 1時27分 丑時	乙酉
霜降	10/23 10時47分 巳時	丙戌
小雪	11/22 8時19分 辰時	丁亥
冬至	12/21 21時37分 亥時	戊子
大寒	1/20 8時16分 辰時	己丑

年　辛巳

月	庚寅			辛卯			壬辰			癸巳			甲午			乙未		
節氣	立春			驚蟄			清明			立夏			芒種			小暑		
	2/4 2時28分 丑時			3/5 20時32分 戌時			4/5 1時24分 丑時			5/5 18時44分 酉時			6/5 22時53分 亥時			7/7 9時6分		
日	國曆	農曆	干支	國曆	農曆	干支	國曆	農曆	干支	國曆	農曆	干支	國曆	農曆	干支	國曆	農曆	干支
	2 4	1 12	戊戌	3 5	2 11	丁卯	4 5	3 12	戊戌	5 5	4 13	戊辰	6 5	閏4 14	己亥	7 7	5 17	辛
	2 5	1 13	己亥	3 6	2 12	戊辰	4 6	3 13	己亥	5 6	4 14	己巳	6 6	閏4 15	庚子	7 8	5 18	壬
	2 6	1 14	庚子	3 7	2 13	己巳	4 7	3 14	庚子	5 7	4 15	庚午	6 7	閏4 16	辛丑	7 9	5 19	癸
	2 7	1 15	辛丑	3 8	2 14	庚午	4 8	3 15	辛丑	5 8	4 16	辛未	6 8	閏4 17	壬寅	7 10	5 20	甲
	2 8	1 16	壬寅	3 9	2 15	辛未	4 9	3 16	壬寅	5 9	4 17	壬申	6 9	閏4 18	癸卯	7 11	5 21	乙
2	2 9	1 17	癸卯	3 10	2 16	壬申	4 10	3 17	癸卯	5 10	4 18	癸酉	6 10	閏4 19	甲辰	7 12	5 22	丙
0	2 10	1 18	甲辰	3 11	2 17	癸酉	4 11	3 18	甲辰	5 11	4 19	甲戌	6 11	閏4 20	乙巳	7 13	5 23	丁
0	2 11	1 19	乙巳	3 12	2 18	甲戌	4 12	3 19	乙巳	5 12	4 20	乙亥	6 12	閏4 21	丙午	7 14	5 24	戊
1	2 12	1 20	丙午	3 13	2 19	乙亥	4 13	3 20	丙午	5 13	4 21	丙子	6 13	閏4 22	丁未	7 15	5 25	己
	2 13	1 21	丁未	3 14	2 20	丙子	4 14	3 21	丁未	5 14	4 22	丁丑	6 14	閏4 23	戊申	7 16	5 26	庚
	2 14	1 22	戊申	3 15	2 21	丁丑	4 15	3 22	戊申	5 15	4 23	戊寅	6 15	閏4 24	己酉	7 17	5 27	辛
	2 15	1 23	己酉	3 16	2 22	戊寅	4 16	3 23	己酉	5 16	4 24	己卯	6 16	閏4 25	庚戌	7 18	5 28	壬
蛇	2 16	1 24	庚戌	3 17	2 23	己卯	4 17	3 24	庚戌	5 17	4 25	庚辰	6 17	閏4 26	辛亥	7 19	5 29	癸
	2 17	1 25	辛亥	3 18	2 24	庚辰	4 18	3 25	辛亥	5 18	4 26	辛巳	6 18	閏4 27	壬子	7 20	5 30	甲
	2 18	1 26	壬子	3 19	2 25	辛巳	4 19	3 26	壬子	5 19	4 27	壬午	6 19	閏4 28	癸丑	7 21	6 1	乙
	2 19	1 27	癸丑	3 20	2 26	壬午	4 20	3 27	癸丑	5 20	4 28	癸未	6 20	閏4 29	甲寅	7 22	6 2	丙
	2 20	1 28	甲寅	3 21	2 27	癸未	4 21	3 28	甲寅	5 21	4 29	甲申	6 21	5 1	乙卯	7 23	6 3	丁
	2 21	1 29	乙卯	3 22	2 28	甲申	4 22	3 29	乙卯	5 22	4 30	乙酉	6 22	5 2	丙辰	7 24	6 4	戊
	2 22	1 30	丙辰	3 23	2 29	乙酉	4 23	4 1	丙辰	5 23	閏4 1	丙戌	6 23	5 3	丁巳	7 25	6 5	己
	2 23	2 1	丁巳	3 24	2 30	丙戌	4 24	4 2	丁巳	5 24	閏4 2	丁亥	6 24	5 4	戊午	7 26	6 6	庚
	2 24	2 2	戊午	3 25	3 1	丁亥	4 25	4 3	戊午	5 25	閏4 3	戊子	6 25	5 5	己未	7 27	6 7	辛
中	2 25	2 3	己未	3 26	3 2	戊子	4 26	4 4	己未	5 26	閏4 4	己丑	6 26	5 6	庚申	7 28	6 8	壬
華	2 26	2 4	庚申	3 27	3 3	己丑	4 27	4 5	庚申	5 27	閏4 5	庚寅	6 27	5 7	辛酉	7 29	6 9	癸
民	2 27	2 5	辛酉	3 28	3 4	庚寅	4 28	4 6	辛酉	5 28	閏4 6	辛卯	6 28	5 8	壬戌	7 30	6 10	甲
國	2 28	2 6	壬戌	3 29	3 5	辛卯	4 29	4 7	壬戌	5 29	閏4 7	壬辰	6 29	5 9	癸亥	7 31	6 11	乙
九	3 1	2 7	癸亥	3 30	3 6	壬辰	4 30	4 8	癸亥	5 30	閏4 8	癸巳	6 30	5 10	甲子	8 1	6 12	丙
十	3 2	2 8	甲子	3 31	3 7	癸巳	5 1	4 9	甲子	5 31	閏4 9	甲午	7 1	5 11	乙丑	8 2	6 13	丁
年	3 3	2 9	乙丑	4 1	3 8	甲午	5 2	4 10	乙丑	6 1	閏4 10	乙未	7 2	5 12	丙寅	8 3	6 14	戊
	3 4	2 10	丙寅	4 2	3 9	乙未	5 3	4 11	丙寅	6 2	閏4 11	丙申	7 3	5 13	丁卯	8 4	6 15	己
				4 3	3 10	丙申	5 4	4 12	丁卯	6 3	閏4 12	丁酉	7 4	5 14	戊辰	8 5	6 16	庚
				4 4	3 11	丁酉				6 4	閏4 13	戊戌	7 5	5 15	己巳	8 6	6 17	辛
													7 6	5 16	庚午			

中氣	雨水			春分			穀雨			小滿			夏至			大暑		
	2/18 22時27分 亥時			3/20 21時30分 亥時			4/20 8時35分 辰時			5/21 7時44分 辰時			6/21 15時37分 申時			7/23 2時26分 丑時		

辛巳																		年
丙申			丁酉			戊戌			己亥			庚子			辛丑			月
立秋			白露			寒露			立冬			大雪			小寒			節氣
18時52分 酉時			9/7 21時46分 亥時			10/8 13時25分 未時			11/7 16時36分 申時			12/7 9時28分 巳時			1/5 20時43分 戌時			
國曆	農曆	干支	國曆	農曆	干支	國曆	農曆	干支	國曆	農曆	干支	國曆	農曆	干支	國曆	農曆	干支	日
7	6 18	壬寅	9 7	7 20	癸酉	10 8	8 22	甲辰	11 7	9 22	甲戌	12 7	10 23	甲辰	1 5	11 22	癸酉	
8	6 19	癸卯	9 8	7 21	甲戌	10 9	8 23	乙巳	11 8	9 23	乙亥	12 8	10 24	乙巳	1 6	11 23	甲戌	
9	6 20	甲辰	9 9	7 22	乙亥	10 10	8 24	丙午	11 9	9 24	丙子	12 9	10 25	丙午	1 7	11 24	乙亥	
10	6 21	乙巳	9 10	7 23	丙子	10 11	8 25	丁未	11 10	9 25	丁丑	12 10	10 26	丁未	1 8	11 25	丙子	2
11	6 22	丙午	9 11	7 24	丁丑	10 12	8 26	戊申	11 11	9 26	戊寅	12 11	10 27	戊申	1 9	11 26	丁丑	0
12	6 23	丁未	9 12	7 25	戊寅	10 13	8 27	己酉	11 12	9 27	己卯	12 12	10 28	己酉	1 10	11 27	戊寅	0
13	6 24	戊申	9 13	7 26	己卯	10 14	8 28	庚戌	11 13	9 28	庚辰	12 13	10 29	庚戌	1 11	11 28	己卯	1
14	6 25	己酉	9 14	7 27	庚辰	10 15	8 29	辛亥	11 14	9 29	辛巳	12 14	10 30	辛亥	1 11	11 29	庚辰	·
15	6 26	庚戌	9 15	7 28	辛巳	10 16	8 30	壬子	11 15	10 1	壬午	12 15	11 1	壬子	1 13	12 1	辛巳	2
16	6 27	辛亥	9 16	7 29	壬午	10 17	9 1	癸丑	11 16	10 2	癸未	12 16	11 2	癸丑	1 14	12 2	壬午	0
17	6 28	壬子	9 17	8 1	癸未	10 18	9 2	甲寅	11 17	10 3	甲申	12 17	11 3	甲寅	1 15	12 3	癸未	0
18	6 29	癸丑	9 18	8 2	甲申	10 19	9 3	乙卯	11 18	10 4	乙酉	12 18	11 4	乙卯	1 16	12 4	甲申	2
19	7 1	甲寅	9 19	8 3	乙酉	10 20	9 4	丙辰	11 19	10 5	丙戌	12 19	11 5	丙辰	1 17	12 5	乙酉	
20	7 2	乙卯	9 20	8 4	丙戌	10 21	9 5	丁巳	11 20	10 6	丁亥	12 20	11 6	丁巳	1 18	12 6	丙戌	
21	7 3	丙辰	9 21	8 5	丁亥	10 22	9 6	戊午	11 21	10 7	戊子	12 21	11 7	戊午	1 19	12 7	丁亥	蛇
22	7 4	丁巳	9 22	8 6	戊子	10 23	9 7	己未	11 22	10 8	己丑	12 22	11 8	己未	1 20	12 8	戊子	
23	7 5	戊午	9 23	8 7	己丑	10 24	9 8	庚申	11 23	10 9	庚寅	12 23	11 9	庚申	1 21	12 9	己丑	
24	7 6	己未	9 24	8 8	庚寅	10 25	9 9	辛酉	11 24	10 10	辛卯	12 24	11 10	辛酉	1 22	12 10	庚寅	
25	7 7	庚申	9 25	8 9	辛卯	10 26	9 10	壬戌	11 25	10 11	壬辰	12 25	11 11	壬戌	1 23	12 11	辛卯	
26	7 8	辛酉	9 26	8 10	壬辰	10 27	9 11	癸亥	11 26	10 12	癸巳	12 26	11 12	癸亥	1 24	12 12	壬辰	中
27	7 9	壬戌	9 27	8 11	癸巳	10 28	9 12	甲子	11 27	10 13	甲午	12 27	11 13	甲子	1 25	12 13	癸巳	華
28	7 10	癸亥	9 28	8 12	甲午	10 29	9 13	乙丑	11 28	10 14	乙未	12 28	11 14	乙丑	1 26	12 14	甲午	民
29	7 11	甲子	9 29	8 13	乙未	10 30	9 14	丙寅	11 29	10 15	丙申	12 29	11 15	丙寅	1 27	12 15	乙未	國
30	7 12	乙丑	9 30	8 14	丙申	10 31	9 15	丁卯	11 30	10 16	丁酉	12 30	11 16	丁卯	1 28	12 16	丙申	九
31	7 13	丙寅	10 1	8 15	丁酉	11 1	9 16	戊辰	12 1	10 17	戊戌	12 31	11 17	戊辰	1 29	12 17	丁酉	十
1	7 14	丁卯	10 2	8 16	戊戌	11 2	9 17	己巳	12 2	10 18	己亥	1 1	11 18	己巳	1 30	12 18	戊戌	·
2	7 15	戊辰	10 3	8 17	己亥	11 3	9 18	庚午	12 3	10 19	庚子	1 2	11 19	庚午	1 31	12 19	己亥	九
3	7 16	己巳	10 4	8 18	庚子	11 4	9 19	辛未	12 4	10 20	辛丑	1 3	11 20	辛未	2 1	12 20	庚子	十
4	7 17	庚午	10 5	8 19	辛丑	11 5	9 20	壬申	12 5	10 21	壬寅	1 4	11 21	壬申	2 2	12 21	辛丑	一
5	7 18	辛未	10 6	8 20	壬寅	11 6	9 21	癸酉	12 6	10 22	癸卯				2 3	12 22	壬寅	年
6	7 19	壬申	10 7	8 21	癸卯													
處暑			秋分			霜降			小雪			冬至			大寒			中氣
23 9時27分 巳時			9/23 7時4分 辰時			10/23 16時25分 申時			11/22 14時0分 未時			12/22 3時21分 寅時			1/20 14時2分 未時			

年	壬午																	
月	壬寅			癸卯			甲辰			乙巳			丙午			丁未		
節氣	立春			驚蟄			清明			立夏			芒種			小暑		
	2/4 8時24分 辰時			3/6 2時27分 丑時			4/5 7時18分 辰時			5/6 0時37分 子時			6/6 4時44分 寅時			7/7 14時56分 未時		
日	國曆	農曆	干支	國曆	農曆	干支	國曆	農曆	干支	國曆	農曆	干支	國曆	農曆	干支	國曆	農曆	干支
	2 4	12 23	癸卯	3 6	1 23	癸酉	4 5	2 23	癸卯	5 6	3 24	甲戌	6 6	4 26	乙巳	7 7	5 27	丙子
	2 5	12 24	甲辰	3 7	1 24	甲戌	4 6	2 24	甲辰	5 7	3 25	乙亥	6 7	4 27	丙午	7 8	5 28	丁丑
	2 6	12 25	乙巳	3 8	1 25	乙亥	4 7	2 25	乙巳	5 8	3 26	丙子	6 8	4 28	丁未	7 9	5 29	戊寅
	2 7	12 26	丙午	3 9	1 26	丙子	4 8	2 26	丙午	5 9	3 27	丁丑	6 9	4 29	戊申	7 10	6 1	己卯
2	2 8	12 27	丁未	3 10	1 27	丁丑	4 9	2 27	丁未	5 10	3 28	戊寅	6 10	4 30	己酉	7 11	6 2	庚辰
0	2 9	12 28	戊申	3 11	1 28	戊寅	4 10	2 28	戊申	5 11	3 29	己卯	6 11	5 1	庚戌	7 12	6 3	辛巳
0	2 10	12 29	己酉	3 12	1 29	己卯	4 11	2 29	己酉	5 12	4 1	庚辰	6 12	5 2	辛亥	7 13	6 4	壬午
2	2 11	12 30	庚戌	3 13	1 30	庚辰	4 12	2 30	庚戌	5 13	4 2	辛巳	6 13	5 3	壬子	7 14	6 5	癸未
	2 12	1 1	辛亥	3 14	2 1	辛巳	4 13	3 1	辛亥	5 14	4 3	壬午	6 14	5 4	癸丑	7 15	6 6	甲申
	2 13	1 2	壬子	3 15	2 2	壬午	4 14	3 2	壬子	5 15	4 4	癸未	6 15	5 5	甲寅	7 16	6 7	乙酉
	2 14	1 3	癸丑	3 16	2 3	癸未	4 15	3 3	癸丑	5 16	4 5	甲申	6 16	5 6	乙卯	7 17	6 8	丙戌
	2 15	1 4	甲寅	3 17	2 4	甲申	4 16	3 4	甲寅	5 17	4 6	乙酉	6 17	5 7	丙辰	7 18	6 9	丁亥
	2 16	1 5	乙卯	3 18	2 5	乙酉	4 17	3 5	乙卯	5 18	4 7	丙戌	6 18	5 8	丁巳	7 19	6 10	戊子
	2 17	1 6	丙辰	3 19	2 6	丙戌	4 18	3 6	丙辰	5 19	4 8	丁亥	6 19	5 9	戊午	7 20	6 11	己丑
	2 18	1 7	丁巳	3 20	2 7	丁亥	4 19	3 7	丁巳	5 20	4 9	戊子	6 20	5 10	己未	7 21	6 12	庚寅
	2 19	1 8	戊午	3 21	2 8	戊子	4 20	3 8	戊午	5 21	4 10	己丑	6 21	5 11	庚申	7 22	6 13	辛卯
馬	2 20	1 9	己未	3 22	2 9	己丑	4 21	3 9	己未	5 22	4 11	庚寅	6 22	5 12	辛酉	7 23	6 14	壬辰
	2 21	1 10	庚申	3 23	2 10	庚寅	4 22	3 10	庚申	5 23	4 12	辛卯	6 23	5 13	壬戌	7 24	6 15	癸巳
	2 22	1 11	辛酉	3 24	2 11	辛卯	4 23	3 11	辛酉	5 24	4 13	壬辰	6 24	5 14	癸亥	7 25	6 16	甲午
	2 23	1 12	壬戌	3 25	2 12	壬辰	4 24	3 12	壬戌	5 25	4 14	癸巳	6 25	5 15	甲子	7 26	6 17	乙未
	2 24	1 13	癸亥	3 26	2 13	癸巳	4 25	3 13	癸亥	5 26	4 15	甲午	6 26	5 16	乙丑	7 27	6 18	丙申
	2 25	1 14	甲子	3 27	2 14	甲午	4 26	3 14	甲子	5 27	4 16	乙未	6 27	5 17	丙寅	7 28	6 19	丁酉
中	2 26	1 15	乙丑	3 28	2 15	乙未	4 27	3 15	乙丑	5 28	4 17	丙申	6 28	5 18	丁卯	7 29	6 20	戊戌
華	2 27	1 16	丙寅	3 29	2 16	丙申	4 28	3 16	丙寅	5 29	4 18	丁酉	6 29	5 19	戊辰	7 30	6 21	己亥
民	2 28	1 17	丁卯	3 30	2 17	丁酉	4 29	3 17	丁卯	5 30	4 19	戊戌	6 30	5 20	己巳	7 31	6 22	庚子
國	3 1	1 18	戊辰	3 31	2 18	戊戌	4 30	3 18	戊辰	5 31	4 20	己亥	7 1	5 21	庚午	8 1	6 23	辛丑
九	3 2	1 19	己巳	4 1	2 19	己亥	5 1	3 19	己巳	6 1	4 21	庚子	7 2	5 22	辛未	8 2	6 24	壬寅
十	3 3	1 20	庚午	4 2	2 20	庚子	5 2	3 20	庚午	6 2	4 22	辛丑	7 3	5 23	壬申	8 3	6 25	癸卯
一	3 4	1 21	辛未	4 3	2 21	辛丑	5 3	3 21	辛未	6 3	4 23	壬寅	7 4	5 24	癸酉	8 4	6 26	甲辰
年	3 5	1 22	壬申	4 4	2 22	壬寅	5 4	3 22	壬申	6 4	4 24	癸卯	7 5	5 25	甲戌	8 5	6 27	乙巳
							5 5	3 23	癸酉	6 5	4 25	甲辰	7 6	5 26	乙亥	8 6	6 28	丙午
																8 7	6 29	丁未
中氣	雨水			春分			穀雨			小滿			夏至			大暑		
	2/19 4時13分 寅時			3/21 3時16分 寅時			4/20 14時20分 未時			5/21 13時29分 未時			6/21 21時24分 亥時			7/23 8時14分 辰時		

壬午

節氣（節）:

月	節氣	日期時刻
戊申	立秋	(8/8) 0時39分 子時
己酉	白露	9/8 3時31分 寅時
庚戌	寒露	10/8 19時9分 戌時
辛亥	立冬	11/7 22時21分 亥時
壬子	大雪	12/7 15時14分 申時
癸丑	小寒	1/6 2時27分 丑時

主表：

戊申 立秋 國曆	農曆	干支	己酉 白露 國曆	農曆	干支	庚戌 寒露 國曆	農曆	干支	辛亥 立冬 國曆	農曆	干支	壬子 大雪 國曆	農曆	干支	癸丑 小寒 國曆	農曆	干支	日
8/8	6/30	戊申	9/8	8/2	己卯	10/8	9/3	己酉	11/7	10/3	己卯	12/7	11/4	己酉	1/6	12/4	己卯	2002·2003
8/9	7/1	己酉	9/9	8/3	庚辰	10/9	9/4	庚戌	11/8	10/4	庚辰	12/8	11/5	庚戌	1/7	12/5	庚辰	
8/10	7/2	庚戌	9/10	8/4	辛巳	10/10	9/5	辛亥	11/9	10/5	辛巳	12/9	11/6	辛亥	1/8	12/6	辛巳	
8/11	7/3	辛亥	9/11	8/5	壬午	10/11	9/6	壬子	11/10	10/6	壬午	12/10	11/7	壬子	1/9	12/7	壬午	
8/12	7/4	壬子	9/12	8/6	癸未	10/12	9/7	癸丑	11/11	10/7	癸未	12/11	11/8	癸丑	1/10	12/8	癸未	
8/13	7/5	癸丑	9/13	8/7	甲申	10/13	9/8	甲寅	11/12	10/8	甲申	12/12	11/9	甲寅	1/11	12/9	甲申	
8/14	7/6	甲寅	9/14	8/8	乙酉	10/14	9/9	乙卯	11/13	10/9	乙酉	12/13	11/10	乙卯	1/12	12/10	乙酉	
8/15	7/7	乙卯	9/15	8/9	丙戌	10/15	9/10	丙辰	11/14	10/10	丙戌	12/14	11/11	丙辰	1/13	12/11	丙戌	
8/16	7/8	丙辰	9/16	8/10	丁亥	10/16	9/11	丁巳	11/15	10/11	丁亥	12/15	11/12	丁巳	1/14	12/12	丁亥	2003
8/17	7/9	丁巳	9/17	8/11	戊子	10/17	9/12	戊午	11/16	10/12	戊子	12/16	11/13	戊午	1/15	12/13	戊子	
8/18	7/10	戊午	9/18	8/12	己丑	10/18	9/13	己未	11/17	10/13	己丑	12/17	11/14	己未	1/16	12/14	己丑	
8/19	7/11	己未	9/19	8/13	庚寅	10/19	9/14	庚申	11/18	10/14	庚寅	12/18	11/15	庚申	1/17	12/15	庚寅	
8/20	7/12	庚申	9/20	8/14	辛卯	10/20	9/15	辛酉	11/19	10/15	辛卯	12/19	11/16	辛酉	1/18	12/16	辛卯	
8/21	7/13	辛酉	9/21	8/15	壬辰	10/21	9/16	壬戌	11/20	10/16	壬辰	12/20	11/17	壬戌	1/19	12/17	壬辰	
8/22	7/14	壬戌	9/22	8/16	癸巳	10/22	9/17	癸亥	11/21	10/17	癸巳	12/21	11/18	癸亥	1/20	12/18	癸巳	馬
8/23	7/15	癸亥	9/23	8/17	甲午	10/23	9/18	甲子	11/22	10/18	甲午	12/22	11/19	甲子	1/21	12/19	甲午	
8/24	7/16	甲子	9/24	8/18	乙未	10/24	9/19	乙丑	11/23	10/19	乙未	12/23	11/20	乙丑	1/22	12/20	乙未	
8/25	7/17	乙丑	9/25	8/19	丙申	10/25	9/20	丙寅	11/24	10/20	丙申	12/24	11/21	丙寅	1/23	12/21	丙申	
8/26	7/18	丙寅	9/26	8/20	丁酉	10/26	9/21	丁卯	11/25	10/21	丁酉	12/25	11/22	丁卯	1/24	12/22	丁酉	
8/27	7/19	丁卯	9/27	8/21	戊戌	10/27	9/22	戊辰	11/26	10/22	戊戌	12/26	11/23	戊辰	1/25	12/23	戊戌	中華民國
8/28	7/20	戊辰	9/28	8/22	己亥	10/28	9/23	己巳	11/27	10/23	己亥	12/27	11/24	己巳	1/26	12/24	己亥	九
8/29	7/21	己巳	9/29	8/23	庚子	10/29	9/24	庚午	11/28	10/24	庚子	12/28	11/25	庚午	1/27	12/25	庚子	十
8/30	7/22	庚午	9/30	8/24	辛丑	10/30	9/25	辛未	11/29	10/25	辛丑	12/29	11/26	辛未	1/28	12/26	辛丑	一
8/31	7/23	辛未	10/1	8/25	壬寅	10/31	9/26	壬申	11/30	10/26	壬寅	12/30	11/27	壬申	1/29	12/27	壬寅	·
9/1	7/24	壬申	10/2	8/26	癸卯	11/1	9/27	癸酉	12/1	10/27	癸卯	12/31	11/28	癸酉	1/30	12/28	癸卯	九
9/2	7/25	癸酉	10/3	8/27	甲辰	11/2	9/28	甲戌	12/2	10/28	甲辰	1/1	11/29	甲戌	1/31	12/29	甲辰	十
9/3	7/26	甲戌	10/4	8/28	乙巳	11/3	9/29	乙亥	12/3	10/29	乙巳	1/2	11/30	乙亥	2/1	1/1	乙巳	二
9/4	7/27	乙亥	10/5	8/29	丙午	11/4	9/30	丙子	12/4	11/1	丙午	1/3	12/1	丙子	2/2	1/2	丙午	年
9/5	7/28	丙子	10/6	9/1	丁未	11/5	10/1	丁丑	12/5	11/2	丁未	1/4	12/2	丁丑	2/3	1/3	丁未	
9/6	7/29	丁丑	10/7	9/2	戊申	11/6	10/2	戊寅	12/6	11/3	戊申	1/5	12/3	戊寅				
9/7	8/1	戊寅																

中氣（中）:

月	中氣	日期時刻
戊申	處暑	(8/)23 15時16分 申時
己酉	秋分	9/23 12時55分 午時
庚戌	霜降	10/23 22時17分 亥時
辛亥	小雪	11/22 19時53分 戌時
壬子	冬至	12/22 9時14分 巳時
癸丑	大寒	1/20 19時52分 戌時

年	癸未																	
月	甲寅			乙卯			丙辰			丁巳			戊午			己未		
節氣	立春			驚蟄			清明			立夏			芒種			小暑		
	2/4 14時5分 未時			3/6 8時4分 辰時			4/5 12時52分 午時			5/6 6時10分 卯時			6/6 10時19分 巳時			7/7 20時35分 戌		
日	國曆	農曆	干支	國曆	農曆	干支	國曆	農曆	干支	國曆	農曆	干支	國曆	農曆	干支	國曆	農曆	干
	2 4	1 4	戊申	3 6	2 4	戊寅	4 5	3 4	戊申	5 6	4 6	己卯	6 6	5 7	庚戌	7 7	6 8	辛
	2 5	1 5	己酉	3 7	2 5	己卯	4 6	3 5	己酉	5 7	4 7	庚辰	6 7	5 8	辛亥	7 8	6 9	壬
	2 6	1 6	庚戌	3 8	2 6	庚辰	4 7	3 6	庚戌	5 8	4 8	辛巳	6 8	5 9	壬子	7 9	6 10	癸
	2 7	1 7	辛亥	3 9	2 7	辛巳	4 8	3 7	辛亥	5 9	4 9	壬午	6 9	5 10	癸丑	7 10	6 11	甲
2	2 8	1 8	壬子	3 10	2 8	壬午	4 9	3 8	壬子	5 10	4 10	癸未	6 10	5 11	甲寅	7 11	6 12	乙
0	2 9	1 9	癸丑	3 11	2 9	癸未	4 10	3 9	癸丑	5 11	4 11	甲申	6 11	5 12	乙卯	7 12	6 13	丙
0	2 10	1 10	甲寅	3 12	2 10	甲申	4 11	3 10	甲寅	5 12	4 12	乙酉	6 12	5 13	丙辰	7 13	6 14	丁
3	2 11	1 11	乙卯	3 13	2 11	乙酉	4 12	3 11	乙卯	5 13	4 13	丙戌	6 13	5 14	丁巳	7 14	6 15	戊
	2 12	1 12	丙辰	3 14	2 12	丙戌	4 13	3 12	丙辰	5 14	4 14	丁亥	6 14	5 15	戊午	7 15	6 16	己
	2 13	1 13	丁巳	3 15	2 13	丁亥	4 14	3 13	丁巳	5 15	4 15	戊子	6 15	5 16	己未	7 16	6 17	庚
	2 14	1 14	戊午	3 16	2 14	戊子	4 15	3 14	戊午	5 16	4 16	己丑	6 16	5 17	庚申	7 17	6 18	辛
	2 15	1 15	己未	3 17	2 15	己丑	4 16	3 15	己未	5 17	4 17	庚寅	6 17	5 18	辛酉	7 18	6 19	壬
	2 16	1 16	庚申	3 18	2 16	庚寅	4 17	3 16	庚申	5 18	4 18	辛卯	6 18	5 19	壬戌	7 19	6 20	癸
	2 17	1 17	辛酉	3 19	2 17	辛卯	4 18	3 17	辛酉	5 19	4 19	壬辰	6 19	5 20	癸亥	7 20	6 21	甲
羊	2 18	1 18	壬戌	3 20	2 18	壬辰	4 19	3 18	壬戌	5 20	4 20	癸巳	6 20	5 21	甲子	7 21	6 22	乙
	2 19	1 19	癸亥	3 21	2 19	癸巳	4 20	3 19	癸亥	5 21	4 21	甲午	6 21	5 22	乙丑	7 22	6 23	丙
	2 20	1 20	甲子	3 22	2 20	甲午	4 21	3 20	甲子	5 22	4 22	乙未	6 22	5 23	丙寅	7 23	6 24	丁
	2 21	1 21	乙丑	3 23	2 21	乙未	4 22	3 21	乙丑	5 23	4 23	丙申	6 23	5 24	丁卯	7 24	6 25	戊
	2 22	1 22	丙寅	3 24	2 22	丙申	4 23	3 22	丙寅	5 24	4 24	丁酉	6 24	5 25	戊辰	7 25	6 26	己
	2 23	1 23	丁卯	3 25	2 23	丁酉	4 24	3 23	丁卯	5 25	4 25	戊戌	6 25	5 26	己巳	7 26	6 27	庚
	2 24	1 24	戊辰	3 26	2 24	戊戌	4 25	3 24	戊辰	5 26	4 26	己亥	6 26	5 27	庚午	7 27	6 28	辛
中	2 25	1 25	己巳	3 27	2 25	己亥	4 26	3 25	己巳	5 27	4 27	庚子	6 27	5 28	辛未	7 28	6 29	壬
華	2 26	1 26	庚午	3 28	2 26	庚子	4 27	3 26	庚午	5 28	4 28	辛丑	6 28	5 29	壬申	7 29	7 1	癸
民	2 27	1 27	辛未	3 29	2 27	辛丑	4 28	3 27	辛未	5 29	4 29	壬寅	6 29	5 30	癸酉	7 30	7 2	甲
國	2 28	1 28	壬申	3 30	2 28	壬寅	4 29	3 28	壬申	5 30	4 30	癸卯	6 30	6 1	甲戌	7 31	7 3	乙
九	3 1	1 29	癸酉	3 31	2 29	癸卯	4 30	3 29	癸酉	5 31	5 1	甲辰	7 1	6 2	乙亥	8 1	7 4	丙
十	3 2	1 30	甲戌	4 1	2 30	甲辰	5 1	4 1	甲戌	6 1	5 2	乙巳	7 2	6 3	丙子	8 2	7 5	丁
二	3 3	2 1	乙亥	4 2	3 1	乙巳	5 2	4 2	乙亥	6 2	5 3	丙午	7 3	6 4	丁丑	8 3	7 6	戊
年	3 4	2 2	丙子	4 3	3 2	丙午	5 3	4 3	丙子	6 3	5 4	丁未	7 4	6 5	戊寅	8 4	7 7	己
	3 5	2 3	丁丑	4 4	3 3	丁未	5 4	4 4	丁丑	6 4	5 5	戊申	7 5	6 6	己卯	8 5	7 8	庚
							5 5	4 5	戊寅	6 5	5 6	己酉	7 6	6 7	庚辰	8 6	7 9	辛
																8 7	7 10	壬
中氣	雨水			春分			穀雨			小滿			夏至			大暑		
	2/19 10時0分 巳時			3/21 8時59分 辰時			4/20 20時2分 戌時			5/21 19時12分 戌時			6/22 3時10分 寅時			7/23 14時4分 未時		

癸未（年）

庚申			辛酉			壬戌			癸亥			甲子			乙丑			
立秋			**白露**			**寒露**			**立冬**			**大雪**			**小寒**			**月 / 節氣**
6時24分 卯時			9/8 9時20分 巳時			10/9 1時0分 丑時			11/8 4時13分 寅時			12/7 21時5分 亥時			1/6 8時18分 辰時			
國曆	農曆	干支	國曆	農曆	干支	國曆	農曆	干支	國曆	農曆	干支	國曆	農曆	干支	國曆	農曆	干支	日
8	7 11	癸丑	9/8	8 12	甲申	10/9	9 14	乙卯	11/8	10 15	乙酉	12/7	11 14	甲寅	1/6	12 15	甲申	
9	7 12	甲寅	9/9	8 13	乙酉	10/10	9 15	丙辰	11/9	10 16	丙戌	12/8	11 15	乙卯	1/7	12 16	乙酉	
10	7 13	乙卯	9/10	8 14	丙戌	10/11	9 16	丁巳	11/10	10 17	丁亥	12/9	11 16	丙辰	1/8	12 17	丙戌	2003·2004
11	7 14	丙辰	9/11	8 15	丁亥	10/12	9 17	戊午	11/11	10 18	戊子	12/10	11 17	丁巳	1/9	12 18	丁亥	
12	7 15	丁巳	9/12	8 16	戊子	10/13	9 18	己未	11/12	10 19	己丑	12/11	11 18	戊午	1/10	12 19	戊子	
13	7 16	戊午	9/13	8 17	己丑	10/14	9 19	庚申	11/13	10 20	庚寅	12/12	11 19	己未	1/11	12 20	己丑	
14	7 17	己未	9/14	8 18	庚寅	10/15	9 20	辛酉	11/14	10 21	辛卯	12/13	11 20	庚申	1/12	12 21	庚寅	
15	7 18	庚申	9/15	8 19	辛卯	10/16	9 21	壬戌	11/15	10 22	壬辰	12/14	11 21	辛酉	1/13	12 22	辛卯	
16	7 19	辛酉	9/16	8 20	壬辰	10/17	9 22	癸亥	11/16	10 23	癸巳	12/15	11 22	壬戌	1/14	12 23	壬辰	
17	7 20	壬戌	9/17	8 21	癸巳	10/18	9 23	甲子	11/17	10 24	甲午	12/16	11 23	癸亥	1/15	12 24	癸巳	
18	7 21	癸亥	9/18	8 22	甲午	10/19	9 24	乙丑	11/18	10 25	乙未	12/17	11 24	甲子	1/16	12 25	甲午	
19	7 22	甲子	9/19	8 23	乙未	10/20	9 25	丙寅	11/19	10 26	丙申	12/18	11 25	乙丑	1/17	12 26	乙未	
20	7 23	乙丑	9/20	8 24	丙申	10/21	9 26	丁卯	11/20	10 27	丁酉	12/19	11 26	丙寅	1/18	12 27	丙申	
21	7 24	丙寅	9/21	8 25	丁酉	10/22	9 27	戊辰	11/21	10 28	戊戌	12/20	11 27	丁卯	1/19	12 28	丁酉	
22	7 25	丁卯	9/22	8 26	戊戌	10/23	9 28	己巳	11/22	10 29	己亥	12/21	11 28	戊辰	1/20	12 29	戊戌	羊
23	7 26	戊辰	9/23	8 27	己亥	10/24	9 29	庚午	11/23	10 30	庚子	12/22	11 29	己巳	1/21	12 30	己亥	
24	7 27	己巳	9/24	8 28	庚子	10/25	10 1	辛未	11/24	11 1	辛丑	12/23	12 1	庚午	1/22	1 1	庚子	
25	7 28	庚午	9/25	8 29	辛丑	10/26	10 2	壬申	11/25	11 2	壬寅	12/24	12 2	辛未	1/23	1 2	辛丑	
26	7 29	辛未	9/26	9 1	壬寅	10/27	10 3	癸酉	11/26	11 3	癸卯	12/25	12 3	壬申	1/24	1 3	壬寅	中
27	7 30	壬申	9/27	9 2	癸卯	10/28	10 4	甲戌	11/27	11 4	甲辰	12/26	12 4	癸酉	1/25	1 4	癸卯	華
28	8 1	癸酉	9/28	9 3	甲辰	10/29	10 5	乙亥	11/28	11 5	乙巳	12/27	12 5	甲戌	1/26	1 5	甲辰	民
29	8 2	甲戌	9/29	9 4	乙巳	10/30	10 6	丙子	11/29	11 6	丙午	12/28	12 6	乙亥	1/27	1 6	乙巳	國
30	8 3	乙亥	9/30	9 5	丙午	10/31	10 7	丁丑	11/30	11 7	丁未	12/29	12 7	丙子	1/28	1 7	丙午	九
31	8 4	丙子	10/1	9 6	丁未	11/1	10 8	戊寅	12/1	11 8	戊申	12/30	12 8	丁丑	1/29	1 8	丁未	十
1	8 5	丁丑	10/2	9 7	戊申	11/2	10 9	己卯	12/2	11 9	己酉	12/31	12 9	戊寅	1/30	1 9	戊申	二
2	8 6	戊寅	10/3	9 8	己酉	11/3	10 10	庚辰	12/3	11 10	庚戌	1/1	12 10	己卯	1/31	1 10	己酉	·
3	8 7	己卯	10/4	9 9	庚戌	11/4	10 11	辛巳	12/4	11 11	辛亥	1/2	12 11	庚辰	2/1	1 11	庚戌	九
4	8 8	庚辰	10/5	9 10	辛亥	11/5	10 12	壬午	12/5	11 12	壬子	1/3	12 12	辛巳	2/2	1 12	辛亥	十
5	8 9	辛巳	10/6	9 11	壬子	11/6	10 13	癸未	12/6	11 13	癸丑	1/4	12 13	壬午	2/3	1 13	壬子	三
6	8 10	壬午	10/7	9 12	癸丑	11/7	10 14	甲申				1/5	12 14	癸未				年
7	8 11	癸未	10/8	9 13	甲寅													
處暑			**秋分**			**霜降**			**小雪**			**冬至**			**大寒**			**中氣**
23 21時8分 亥時			9/23 18時46分 酉時			10/24 4時8分 寅時			11/23 1時43分 丑時			12/22 15時3分 申時			1/21 1時42分 丑時			

年																	甲申
月	丙寅			丁卯			戊辰			己巳			庚午			辛未		
節氣	立春			驚蟄			清明			立夏			芒種			小暑		
	2/4 19時56分 戌時			3/5 13時55分 未時			4/4 18時43分 酉時			5/5 12時2分 午時			6/5 16時13分 申時			7/2 2時31分 丑時		

日 國曆	農曆	干支	國曆	農曆	干支	國曆	農曆	干支	國曆	農曆	干支	國曆	農曆	干支	國曆	農曆	干支
2/4	1/14	癸丑	3/5	2/15	癸未	4/4	2/15	癸丑	5/5	3/17	甲申	6/5	4/18	乙卯	7/7	5/20	丁亥
2/5	1/15	甲寅	3/6	2/16	甲申	4/5	2/16	甲寅	5/6	3/18	乙酉	6/6	4/19	丙辰	7/8	5/21	戊子
2/6	1/16	乙卯	3/7	2/17	乙酉	4/6	2/17	乙卯	5/7	3/19	丙戌	6/7	4/20	丁巳	7/9	5/22	己丑
2/7	1/17	丙辰	3/8	2/18	丙戌	4/7	2/18	丙辰	5/8	3/20	丁亥	6/8	4/21	戊午	7/10	5/23	庚寅
2/8	1/18	丁巳	3/9	2/19	丁亥	4/8	2/19	丁巳	5/9	3/21	戊子	6/9	4/22	己未	7/11	5/24	辛卯
2/9	1/19	戊午	3/10	2/20	戊子	4/9	2/20	戊午	5/10	3/22	己丑	6/10	4/23	庚申	7/12	5/25	壬辰
2/10	1/20	己未	3/11	2/21	己丑	4/10	2/21	己未	5/11	3/23	庚寅	6/11	4/24	辛酉	7/13	5/26	癸巳
2/11	1/21	庚申	3/12	2/22	庚寅	4/11	2/22	庚申	5/12	3/24	辛卯	6/12	4/25	壬戌	7/14	5/27	甲午
2/12	1/22	辛酉	3/13	2/23	辛卯	4/12	2/23	辛酉	5/13	3/25	壬辰	6/13	4/26	癸亥	7/15	5/28	乙未
2/13	1/23	壬戌	3/14	2/24	壬辰	4/13	2/24	壬戌	5/14	3/26	癸巳	6/14	4/27	甲子	7/16	5/29	丙申
2/14	1/24	癸亥	3/15	2/25	癸巳	4/14	2/25	癸亥	5/15	3/27	甲午	6/15	4/28	乙丑	7/17	6/1	丁酉
2/15	1/25	甲子	3/16	2/26	甲午	4/15	2/26	甲子	5/16	3/28	乙未	6/16	4/29	丙寅	7/18	6/2	戊戌
2/16	1/26	乙丑	3/17	2/27	乙未	4/16	2/27	乙丑	5/17	3/29	丙申	6/17	4/30	丁卯	7/19	6/3	己亥
2/17	1/27	丙寅	3/18	2/28	丙申	4/17	2/28	丙寅	5/18	3/30	丁酉	6/18	5/1	戊辰	7/20	6/4	庚子
2/18	1/28	丁卯	3/19	2/29	丁酉	4/18	2/29	丁卯	5/19	4/1	戊戌	6/19	5/2	己巳	7/21	6/5	辛丑
2/19	1/29	戊辰	3/20	2/30	戊戌	4/19	3/1	戊辰	5/20	4/2	己亥	6/20	5/3	庚午	7/22	6/6	壬寅
2/20	2/1	己巳	3/21	閏2/1	己亥	4/20	3/2	己巳	5/21	4/3	庚子	6/21	5/4	辛未	7/23	6/7	癸卯
2/21	2/2	庚午	3/22	2/2	庚子	4/21	3/3	庚午	5/22	4/4	辛丑	6/22	5/5	壬申	7/24	6/8	甲辰
2/22	2/3	辛未	3/23	2/3	辛丑	4/22	3/4	辛未	5/23	4/5	壬寅	6/23	5/6	癸酉	7/25	6/9	乙巳
2/23	2/4	壬申	3/24	2/4	壬寅	4/23	3/5	壬申	5/24	4/6	癸卯	6/24	5/7	甲戌	7/26	6/10	丙午
2/24	2/5	癸酉	3/25	2/5	癸卯	4/24	3/6	癸酉	5/25	4/7	甲辰	6/25	5/8	乙亥	7/27	6/11	丁未
2/25	2/6	甲戌	3/26	2/6	甲辰	4/25	3/7	甲戌	5/26	4/8	乙巳	6/26	5/9	丙子	7/28	6/12	戊申
2/26	2/7	乙亥	3/27	2/7	乙巳	4/26	3/8	乙亥	5/27	4/9	丙午	6/27	5/10	丁丑	7/29	6/13	己酉
2/27	2/8	丙子	3/28	2/8	丙午	4/27	3/9	丙子	5/28	4/10	丁未	6/28	5/11	戊寅	7/30	6/14	庚戌
2/28	2/9	丁丑	3/29	2/9	丁未	4/28	3/10	丁丑	5/29	4/11	戊申	6/29	5/12	己卯	7/31	6/15	辛亥
2/29	2/10	戊寅	3/30	2/10	戊申	4/29	3/11	戊寅	5/30	4/12	己酉	6/30	5/13	庚辰	8/1	6/16	壬子
3/1	2/11	己卯	3/31	2/11	己酉	4/30	3/12	己卯	5/31	4/13	庚戌	7/1	5/14	辛巳	8/2	6/17	癸丑
3/2	2/12	庚辰	4/1	2/12	庚戌	5/1	3/13	庚辰	6/1	4/14	辛亥	7/2	5/15	壬午	8/3	6/18	甲寅
3/3	2/13	辛巳	4/2	2/13	辛亥	5/2	3/14	辛巳	6/2	4/15	壬子	7/3	5/16	癸未	8/4	6/19	乙卯
3/4	2/14	壬午	4/3	2/14	壬子	5/3	3/15	壬午	6/3	4/16	癸丑	7/4	5/17	甲申	8/5	6/20	丙辰
						5/4	3/16	癸未	6/4	4/17	甲寅	7/5	5/18	乙酉	8/6	6/21	丁巳
												7/6	5/19	丙戌			

中氣	雨水			春分			穀雨			小滿			夏至			大暑		
	2/19 15時49分 申時			3/20 14時48分 未時			4/20 1時50分 丑時			5/21 0時59分 子時			6/21 8時56分 辰時			7/22 19時50分 戌時		

左欄：2004　猴　中華民國九十三年

甲申　年

月	節氣
壬申	立秋　12時19分 午時
癸酉	白露　9/7 15時12分 申時
甲戌	寒露　10/8 6時49分 卯時
乙亥	立冬　11/7 9時58分 巳時
丙子	大雪　12/7 2時48分 丑時
丁丑	小寒　1/5 14時2分 未時

右欄：年／2004·2005／猴／中華民國九十三·九十四年

壬申 國曆	農曆	干支	癸酉 國曆	農曆	干支	甲戌 國曆	農曆	干支	乙亥 國曆	農曆	干支	丙子 國曆	農曆	干支	丁丑 國曆	農曆	干支	日
7	6 22	戊午	9/7	7 23	己丑	10/8	8 25	庚申	11/7	9 25	庚寅	12/7	10 26	庚申	1/5	11 25	己丑	
8	6 23	己未	9/8	7 24	庚寅	10/9	8 26	辛酉	11/8	9 26	辛卯	12/8	10 27	辛酉	1/6	11 26	庚寅	
9	6 24	庚申	9/9	7 25	辛卯	10/10	8 27	壬戌	11/9	9 27	壬辰	12/9	10 28	壬戌	1/7	11 27	辛卯	
10	6 25	辛酉	9/10	7 26	壬辰	10/11	8 28	癸亥	11/10	9 28	癸巳	12/10	10 29	癸亥	1/8	11 28	壬辰	2
11	6 26	壬戌	9/11	7 27	癸巳	10/12	8 29	甲子	11/11	9 29	甲午	12/11	10 30	甲子	1/9	11 29	癸巳	0
12	6 27	癸亥	9/12	7 28	甲午	10/13	8 30	乙丑	11/12	10 1	乙未	12/12	11 1	乙丑	1/10	12 1	甲午	0
13	6 28	甲子	9/13	7 29	乙未	10/14	9 1	丙寅	11/13	10 2	丙申	12/13	11 2	丙寅	1/11	12 2	乙未	4
14	6 29	乙丑	9/14	8 1	丙申	10/15	9 2	丁卯	11/14	10 3	丁酉	12/14	11 3	丁卯	1/12	12 3	丙申	·
15	6 30	丙寅	9/15	8 2	丁酉	10/16	9 3	戊辰	11/15	10 4	戊戌	12/15	11 4	戊辰	1/13	12 4	丁酉	2
16	7 1	丁卯	9/16	8 3	戊戌	10/17	9 4	己巳	11/16	10 5	己亥	12/16	11 5	己巳	1/14	12 5	戊戌	0
17	7 2	戊辰	9/17	8 4	己亥	10/18	9 5	庚午	11/17	10 6	庚子	12/17	11 6	庚午	1/15	12 6	己亥	0
18	7 3	己巳	9/18	8 5	庚子	10/19	9 6	辛未	11/18	10 7	辛丑	12/18	11 7	辛未	1/16	12 7	庚子	5
19	7 4	庚午	9/19	8 6	辛丑	10/20	9 7	壬申	11/19	10 8	壬寅	12/19	11 8	壬申	1/17	12 8	辛丑	
20	7 5	辛未	9/20	8 7	壬寅	10/21	9 8	癸酉	11/20	10 9	癸卯	12/20	11 9	癸酉	1/18	12 9	壬寅	
21	7 6	壬申	9/21	8 8	癸卯	10/22	9 9	甲戌	11/21	10 10	甲辰	12/21	11 10	甲戌	1/19	12 10	癸卯	猴
22	7 7	癸酉	9/22	8 9	甲辰	10/23	9 10	乙亥	11/22	10 11	乙巳	12/22	11 11	乙亥	1/20	12 11	甲辰	
23	7 8	甲戌	9/23	8 10	乙巳	10/24	9 11	丙子	11/23	10 12	丙午	12/23	11 12	丙子	1/21	12 12	乙巳	
24	7 9	乙亥	9/24	8 11	丙午	10/25	9 12	丁丑	11/24	10 13	丁未	12/24	11 13	丁丑	1/22	12 13	丙午	中
25	7 10	丙子	9/25	8 12	丁未	10/26	9 13	戊寅	11/25	10 14	戊申	12/25	11 14	戊寅	1/23	12 14	丁未	華
26	7 11	丁丑	9/26	8 13	戊申	10/27	9 14	己卯	11/26	10 15	己酉	12/26	11 15	己卯	1/24	12 15	戊申	民
27	7 12	戊寅	9/27	8 14	己酉	10/28	9 15	庚辰	11/27	10 16	庚戌	12/27	11 16	庚辰	1/25	12 16	己酉	國
28	7 13	己卯	9/28	8 15	庚戌	10/29	9 16	辛巳	11/28	10 17	辛亥	12/28	11 17	辛巳	1/26	12 17	庚戌	九
29	7 14	庚辰	9/29	8 16	辛亥	10/30	9 17	壬午	11/29	10 18	壬子	12/29	11 18	壬午	1/27	12 18	辛亥	十
30	7 15	辛巳	9/30	8 17	壬子	10/31	9 18	癸未	11/30	10 19	癸丑	12/30	11 19	癸未	1/28	12 19	壬子	三
31	7 16	壬午	10/1	8 18	癸丑	11/1	9 19	甲申	12/1	10 20	甲寅	12/31	11 20	甲申	1/29	12 20	癸丑	·
1	7 17	癸未	10/2	8 19	甲寅	11/2	9 20	乙酉	12/2	10 21	乙卯	1/1	11 21	乙酉	1/30	12 21	甲寅	九
2	7 18	甲申	10/3	8 20	乙卯	11/3	9 21	丙戌	12/3	10 22	丙辰	1/2	11 22	丙戌	1/31	12 22	乙卯	十
3	7 19	乙酉	10/4	8 21	丙辰	11/4	9 22	丁亥	12/4	10 23	丁巳	1/3	11 23	丁亥	2/1	12 23	丙辰	四
4	7 20	丙戌	10/5	8 22	丁巳	11/5	9 23	戊子	12/5	10 24	戊午	1/4	11 24	戊子	2/2	12 24	丁巳	年
5	7 21	丁亥	10/6	8 23	戊午	11/6	9 24	己丑	12/6	10 25	己未				2/3	12 25	戊午	
6	7 22	戊子	10/7	8 24	己未													

中氣	處暑	秋分	霜降	小雪	冬至	大寒
	23 2時53分 丑時	9/23 0時29分 子時	10/23 9時48分 巳時	11/22 7時21分 辰時	12/21 20時41分 戌時	1/20 7時21分 辰時

年	乙酉																	
月	戊寅			己卯			庚辰			辛巳			壬午			癸未		
節氣	立春			驚蟄			清明			立夏			芒種			小暑		
	2/4 1時43分 丑時			3/5 19時45分 戌時			4/5 0時34分 子時			5/5 17時52分 酉時			6/5 22時1分 亥時			7/7 8時16分 辰時		
日	國曆	農曆	干支	國曆	農曆	干支	國曆	農曆	干支	國曆	農曆	干支	國曆	農曆	干支	國曆	農曆	干支
	2 4	12 26	己未	3 5	1 25	戊子	4 5	2 27	己未	5 5	3 27	己丑	6 5	4 29	庚申	7 7	6 2	壬
	2 5	12 27	庚申	3 6	1 26	己丑	4 6	2 28	庚申	5 6	3 28	庚寅	6 6	4 30	辛酉	7 8	6 3	癸
	2 6	12 28	辛酉	3 7	1 27	庚寅	4 7	2 29	辛酉	5 7	3 29	辛卯	6 7	5 1	壬戌	7 9	6 4	甲
	2 7	12 29	壬戌	3 8	1 28	辛卯	4 8	2 30	壬戌	5 8	4 1	壬辰	6 8	5 2	癸亥	7 10	6 5	乙
	2 8	12 30	癸亥	3 9	1 29	壬辰	4 9	3 1	癸亥	5 9	4 2	癸巳	6 9	5 3	甲子	7 11	6 6	丙
2	2 9	1 1	甲子	3 10	2 1	癸巳	4 10	3 2	甲子	5 10	4 3	甲午	6 10	5 4	乙丑	7 12	6 7	丁
0	2 10	1 2	乙丑	3 11	2 2	甲午	4 11	3 3	乙丑	5 11	4 4	乙未	6 11	5 5	丙寅	7 13	6 8	戊
0	2 11	1 3	丙寅	3 12	2 3	乙未	4 12	3 4	丙寅	5 12	4 5	丙申	6 12	5 6	丁卯	7 14	6 9	己
5	2 12	1 4	丁卯	3 13	2 4	丙申	4 13	3 5	丁卯	5 13	4 6	丁酉	6 13	5 7	戊辰	7 15	6 10	庚
	2 13	1 5	戊辰	3 14	2 5	丁酉	4 14	3 6	戊辰	5 14	4 7	戊戌	6 14	5 8	己巳	7 16	6 11	辛
	2 14	1 6	己巳	3 15	2 6	戊戌	4 15	3 7	己巳	5 15	4 8	己亥	6 15	5 9	庚午	7 17	6 12	壬
	2 15	1 7	庚午	3 16	2 7	己亥	4 16	3 8	庚午	5 16	4 9	庚子	6 16	5 10	辛未	7 18	6 13	癸
	2 16	1 8	辛未	3 17	2 8	庚子	4 17	3 9	辛未	5 17	4 10	辛丑	6 17	5 11	壬申	7 19	6 14	甲
雞	2 17	1 9	壬申	3 18	2 9	辛丑	4 18	3 10	壬申	5 18	4 11	壬寅	6 18	5 12	癸酉	7 20	6 15	乙
	2 18	1 10	癸酉	3 19	2 10	壬寅	4 19	3 11	癸酉	5 19	4 12	癸卯	6 19	5 13	甲戌	7 21	6 16	丙
	2 19	1 11	甲戌	3 20	2 11	癸卯	4 20	3 12	甲戌	5 20	4 13	甲辰	6 20	5 14	乙亥	7 22	6 17	丁
	2 20	1 12	乙亥	3 21	2 12	甲辰	4 21	3 13	乙亥	5 21	4 14	乙巳	6 21	5 15	丙子	7 23	6 18	戊
	2 21	1 13	丙子	3 22	2 13	乙巳	4 22	3 14	丙子	5 22	4 15	丙午	6 22	5 16	丁丑	7 24	6 19	己
	2 22	1 14	丁丑	3 23	2 14	丙午	4 23	3 15	丁丑	5 23	4 16	丁未	6 23	5 17	戊寅	7 25	6 20	庚
	2 23	1 15	戊寅	3 24	2 15	丁未	4 24	3 16	戊寅	5 24	4 17	戊申	6 24	5 18	己卯	7 26	6 21	辛
	2 24	1 16	己卯	3 25	2 16	戊申	4 25	3 17	己卯	5 25	4 18	己酉	6 25	5 19	庚辰	7 27	6 22	壬
中	2 25	1 17	庚辰	3 26	2 17	己酉	4 26	3 18	庚辰	5 26	4 19	庚戌	6 26	5 20	辛巳	7 28	6 23	癸
華	2 26	1 18	辛巳	3 27	2 18	庚戌	4 27	3 19	辛巳	5 27	4 20	辛亥	6 27	5 21	壬午	7 29	6 24	甲
民	2 27	1 19	壬午	3 28	2 19	辛亥	4 28	3 20	壬午	5 28	4 21	壬子	6 28	5 22	癸未	7 30	6 25	乙
國	2 28	1 20	癸未	3 29	2 20	壬子	4 29	3 21	癸未	5 29	4 22	癸丑	6 29	5 23	甲申	7 31	6 26	丙
九	3 1	1 21	甲申	3 30	2 21	癸丑	4 30	3 22	甲申	5 30	4 23	甲寅	6 30	5 24	乙酉	8 1	6 27	丁
十	3 2	1 22	乙酉	3 31	2 22	甲寅	5 1	3 23	乙酉	5 31	4 24	乙卯	7 1	5 25	丙戌	8 2	6 28	戊
四	3 3	1 23	丙戌	4 1	2 23	乙卯	5 2	3 24	丙戌	6 1	4 25	丙辰	7 2	5 26	丁亥	8 3	6 29	己
年	3 4	1 24	丁亥	4 2	2 24	丙辰	5 3	3 25	丁亥	6 2	4 26	丁巳	7 3	5 27	戊子	8 4	6 30	庚
				4 3	2 25	丁巳	5 4	3 26	戊子	6 3	4 27	戊午	7 4	5 28	己丑	8 5	7 1	辛
				4 4	2 26	戊午				6 4	4 28	己未	7 5	5 29	庚寅	8 6	7 2	壬
													7 6	6 1	辛卯			
中 氣	雨水			春分			穀雨			小滿			夏至			大暑		
	2/18 21時31分 亥時			3/20 20時33分 戌時			4/20 7時37分 辰時			5/21 6時47分 卯時			6/21 14時46分 未時			7/23 1時40分 丑時		

乙酉（年）

節氣時刻：

月	節氣	時刻
甲申	立秋	18時3分 酉時
乙酉	白露	9/7 20時56分 戌時
丙戌	寒露	10/8 12時33分 午時
丁亥	立冬	11/7 15時42分 申時
戊子	大雪	12/7 8時32分 辰時
己丑	小寒	1/5 19時46分 戌時

日（2005・2006　雞　中華民國九十四・九十五年）

甲申 國曆	甲申 農曆	甲申 干支	乙酉 國曆	乙酉 農曆	乙酉 干支	丙戌 國曆	丙戌 農曆	丙戌 干支	丁亥 國曆	丁亥 農曆	丁亥 干支	戊子 國曆	戊子 農曆	戊子 干支	己丑 國曆	己丑 農曆	己丑 干支
8/7	7/3	癸亥	9/7	8/4	甲午	10/8	9/6	乙丑	11/7	10/6	乙未	12/7	11/7	乙丑	1/5	12/6	甲午
8/8	7/4	甲子	9/8	8/5	乙未	10/9	9/7	丙寅	11/8	10/7	丙申	12/8	11/8	丙寅	1/6	12/7	乙未
8/9	7/5	乙丑	9/9	8/6	丙申	10/10	9/8	丁卯	11/9	10/8	丁酉	12/9	11/9	丁卯	1/7	12/8	丙申
8/10	7/6	丙寅	9/10	8/7	丁酉	10/11	9/9	戊辰	11/10	10/9	戊戌	12/10	11/10	戊辰	1/8	12/9	丁酉
8/11	7/7	丁卯	9/11	8/8	戊戌	10/12	9/10	己巳	11/11	10/10	己亥	12/11	11/11	己巳	1/9	12/10	戊戌
8/12	7/8	戊辰	9/12	8/9	己亥	10/13	9/11	庚午	11/12	10/11	庚子	12/12	11/12	庚午	1/10	12/11	己亥
8/13	7/9	己巳	9/13	8/10	庚子	10/14	9/12	辛未	11/13	10/12	辛丑	12/13	11/13	辛未	1/11	12/12	庚子
8/14	7/10	庚午	9/14	8/11	辛丑	10/15	9/13	壬申	11/14	10/13	壬寅	12/14	11/14	壬申	1/12	12/13	辛丑
8/15	7/11	辛未	9/15	8/12	壬寅	10/16	9/14	癸酉	11/15	10/14	癸卯	12/15	11/15	癸酉	1/13	12/14	壬寅
8/16	7/12	壬申	9/16	8/13	癸卯	10/17	9/15	甲戌	11/16	10/15	甲辰	12/16	11/16	甲戌	1/14	12/15	癸卯
8/17	7/13	癸酉	9/17	8/14	甲辰	10/18	9/16	乙亥	11/17	10/16	乙巳	12/17	11/17	乙亥	1/15	12/16	甲辰
8/18	7/14	甲戌	9/18	8/15	乙巳	10/19	9/17	丙子	11/18	10/17	丙午	12/18	11/18	丙子	1/16	12/17	乙巳
8/19	7/15	乙亥	9/19	8/16	丙午	10/20	9/18	丁丑	11/19	10/18	丁未	12/19	11/19	丁丑	1/17	12/18	丙午
8/20	7/16	丙子	9/20	8/17	丁未	10/21	9/19	戊寅	11/20	10/19	戊申	12/20	11/20	戊寅	1/18	12/19	丁未
8/21	7/17	丁丑	9/21	8/18	戊申	10/22	9/20	己卯	11/21	10/20	己酉	12/21	11/21	己卯	1/19	12/20	戊申
8/22	7/18	戊寅	9/22	8/19	己酉	10/23	9/21	庚辰	11/22	10/21	庚戌	12/22	11/22	庚辰	1/20	12/21	己酉
8/23	7/19	己卯	9/23	8/20	庚戌	10/24	9/22	辛巳	11/23	10/22	辛亥	12/23	11/23	辛巳	1/21	12/22	庚戌
8/24	7/20	庚辰	9/24	8/21	辛亥	10/25	9/23	壬午	11/24	10/23	壬子	12/24	11/24	壬午	1/22	12/23	辛亥
8/25	7/21	辛巳	9/25	8/22	壬子	10/26	9/24	癸未	11/25	10/24	癸丑	12/25	11/25	癸未	1/23	12/24	壬子
8/26	7/22	壬午	9/26	8/23	癸丑	10/27	9/25	甲申	11/26	10/25	甲寅	12/26	11/26	甲申	1/24	12/25	癸丑
8/27	7/23	癸未	9/27	8/24	甲寅	10/28	9/26	乙酉	11/27	10/26	乙卯	12/27	11/27	乙酉	1/25	12/26	甲寅
8/28	7/24	甲申	9/28	8/25	乙卯	10/29	9/27	丙戌	11/28	10/27	丙辰	12/28	11/28	丙戌	1/26	12/27	乙卯
8/29	7/25	乙酉	9/29	8/26	丙辰	10/30	9/28	丁亥	11/29	10/28	丁巳	12/29	11/29	丁亥	1/27	12/28	丙辰
8/30	7/26	丙戌	9/30	8/27	丁巳	10/31	9/29	戊子	11/30	10/29	戊午	12/30	11/30	戊子	1/28	12/29	丁巳
8/31	7/27	丁亥	10/1	8/28	戊午	11/1	9/30	己丑	12/1	11/1	己未	12/31	12/1	己丑	1/29	1/1	戊午
9/1	7/28	戊子	10/2	8/29	己未	11/2	10/1	庚寅	12/2	11/2	庚申	1/1	12/2	庚寅	1/30	1/2	己未
9/2	7/29	己丑	10/3	9/1	庚申	11/3	10/2	辛卯	12/3	11/3	辛酉	1/2	12/3	辛卯	1/31	1/3	庚申
9/3	7/30	庚寅	10/4	9/2	辛酉	11/4	10/3	壬辰	12/4	11/4	壬戌	1/3	12/4	壬辰	2/1	1/4	辛酉
9/4	8/1	辛卯	10/5	9/3	壬戌	11/5	10/4	癸巳	12/5	11/5	癸亥	1/4	12/5	癸巳	2/2	1/5	壬戌
9/5	8/2	壬辰	10/6	9/4	癸亥	11/6	10/5	甲午	12/6	11/6	甲子				2/3	1/6	癸亥
9/6	8/3	癸巳	10/7	9/5	甲子												

中氣：

月	中氣	時刻
甲申	處暑	23 8時45分 辰時
乙酉	秋分	9/23 6時23分 卯時
丙戌	霜降	10/23 15時42分 申時
丁亥	小雪	11/22 13時14分 未時
戊子	冬至	12/22 2時34分 丑時
己丑	大寒	1/20 13時15分 未時

年	丙戌																	
月	庚寅			辛卯			壬辰			癸巳			甲午			乙未		
節氣	立春			驚蟄			清明			立夏			芒種			小暑		
	2/4 7時27分 辰時			3/6 1時28分 丑時			4/5 6時15分 卯時			5/5 23時30分 子時			6/6 3時36分 寅時			7/7 13時51分 未		
日	國曆	農曆	干支	國曆	農曆	干支	國曆	農曆	干支	國曆	農曆	干支	國曆	農曆	干支	國曆	農曆	干支
2006 狗 中華民國九十五年	2/4	1/7	甲子	3/6	2/7	甲午	4/5	3/8	甲子	5/5	4/8	甲午	6/6	5/11	丙寅	7/7	6/12	丁
	2/5	1/8	乙丑	3/7	2/8	乙未	4/6	3/9	乙丑	5/6	4/9	乙未	6/7	5/12	丁卯	7/8	6/13	戊
	2/6	1/9	丙寅	3/8	2/9	丙申	4/7	3/10	丙寅	5/7	4/10	丙申	6/8	5/13	戊辰	7/9	6/14	己
	2/7	1/10	丁卯	3/9	2/10	丁酉	4/8	3/11	丁卯	5/8	4/11	丁酉	6/9	5/14	己巳	7/10	6/15	庚
	2/8	1/11	戊辰	3/10	2/11	戊戌	4/9	3/12	戊辰	5/9	4/12	戊戌	6/10	5/15	庚午	7/11	6/16	辛
	2/9	1/12	己巳	3/11	2/12	己亥	4/10	3/13	己巳	5/10	4/13	己亥	6/11	5/16	辛未	7/12	6/17	壬
	2/10	1/13	庚午	3/12	2/13	庚子	4/11	3/14	庚午	5/11	4/14	庚子	6/12	5/17	壬申	7/13	6/18	癸
	2/11	1/14	辛未	3/13	2/14	辛丑	4/12	3/15	辛未	5/12	4/15	辛丑	6/13	5/18	癸酉	7/14	6/19	甲
	2/12	1/15	壬申	3/14	2/15	壬寅	4/13	3/16	壬申	5/13	4/16	壬寅	6/14	5/19	甲戌	7/15	6/20	乙
	2/13	1/16	癸酉	3/15	2/16	癸卯	4/14	3/17	癸酉	5/14	4/17	癸卯	6/15	5/20	乙亥	7/16	6/21	丙
	2/14	1/17	甲戌	3/16	2/17	甲辰	4/15	3/18	甲戌	5/15	4/18	甲辰	6/16	5/21	丙子	7/17	6/22	丁
	2/15	1/18	乙亥	3/17	2/18	乙巳	4/16	3/19	乙亥	5/16	4/19	乙巳	6/17	5/22	丁丑	7/18	6/23	戊
	2/16	1/19	丙子	3/18	2/19	丙午	4/17	3/20	丙子	5/17	4/20	丙午	6/18	5/23	戊寅	7/19	6/24	己
	2/17	1/20	丁丑	3/19	2/20	丁未	4/18	3/21	丁丑	5/18	4/21	丁未	6/19	5/24	己卯	7/20	6/25	庚
	2/18	1/21	戊寅	3/20	2/21	戊申	4/19	3/22	戊寅	5/19	4/22	戊申	6/20	5/25	庚辰	7/21	6/26	辛
	2/19	1/22	己卯	3/21	2/22	己酉	4/20	3/23	己卯	5/20	4/23	己酉	6/21	5/26	辛巳	7/22	6/27	壬
	2/20	1/23	庚辰	3/22	2/23	庚戌	4/21	3/24	庚辰	5/21	4/24	庚戌	6/22	5/27	壬午	7/23	6/28	癸
	2/21	1/24	辛巳	3/23	2/24	辛亥	4/22	3/25	辛巳	5/22	4/25	辛亥	6/23	5/28	癸未	7/24	6/29	
	2/22	1/25	壬午	3/24	2/25	壬子	4/23	3/26	壬午	5/23	4/26	壬子	6/24	5/29	甲申	7/25	6/	丙
	2/23	1/26	癸未	3/25	2/26	癸丑	4/24	3/27	癸未	5/24	4/27	癸丑	6/25	5/30	乙酉	7/26	7/	丁
	2/24	1/27	甲申	3/26	2/27	甲寅	4/25	3/28	甲申	5/25	4/28	甲寅	6/26	6/1	丙戌	7/27	7/3	丁
	2/25	1/28	乙酉	3/27	2/28	乙卯	4/26	3/29	乙酉	5/26	4/29	乙卯	6/27	6/2	丁亥	7/28	7/4	戊
	2/26	1/29	丙戌	3/28	2/29	丙辰	4/27	3/30	丙戌	5/27	5/1	丙辰	6/28	6/3	戊子	7/29	7/5	己
	2/27	1/30	丁亥	3/29	3/1	丁巳	4/28	4/1	丁亥	5/28	5/2	丁巳	6/29	6/4	己丑	7/30	7/6	庚
	2/28	2/1	戊子	3/30	3/2	戊午	4/29	4/2	戊子	5/29	5/3	戊午	6/30	6/5	庚寅	7/31	7/7	辛
	3/1	2/2	己丑	3/31	3/3	己未	4/30	4/3	己丑	5/30	5/4	己未	7/1	6/6	辛卯	8/1	7/8	壬
	3/2	2/3	庚寅	4/1	3/4	庚申	5/1	4/4	庚寅	5/31	5/5	庚申	7/2	6/7	壬辰	8/2	7/9	癸
	3/3	2/4	辛卯	4/2	3/5	辛酉	5/2	4/5	辛卯	6/1	5/6	辛酉	7/3	6/8	癸巳	8/3	7/10	甲
	3/4	2/5	壬辰	4/3	3/6	壬戌	5/3	4/6	壬辰	6/2	5/7	壬戌	7/4	6/9	甲午	8/4	7/11	乙
	3/5	2/6	癸巳	4/4	3/7	癸亥	5/4	4/7	癸巳	6/3	5/8	癸亥	7/5	6/10	乙未	8/5	7/12	丙
										6/4	5/9	甲子	7/6	6/11	丙申	8/6	7/13	丁
										6/5	5/10	乙丑						
中氣	雨水			春分			穀雨			小滿			夏至			大暑		
	2/19 3時25分 寅時			3/21 2時25分 丑時			4/20 13時26分 未時			5/21 12時31分 午時			6/21 20時25分 戌時			7/23 7時17分 辰時		

丙戌　年

月	丙申	丁酉	戊戌	己亥	庚子	辛丑
節氣	立秋	白露	寒露	立冬	大雪	小寒
	23時40分 子時	9/8 2時38分 丑時	10/8 18時21分 酉時	11/7 21時34分 亥時	12/7 14時26分 未時	1/6 1時40分 丑時
中氣	處暑	秋分	霜降	小雪	冬至	大寒
	23 14時22分 未時	9/23 12時3分 午時	10/23 21時26分 亥時	11/22 19時1分 戌時	12/22 8時22分 辰時	1/20 19時0分 戌時

年：2006・2007　狗　中華民國九十五・九十六年

丙申 國曆	農曆	干支	丁酉 國曆	農曆	干支	戊戌 國曆	農曆	干支	己亥 國曆	農曆	干支	庚子 國曆	農曆	干支	辛丑 國曆	農曆	干支
7	7 14	戊辰	9 8	7 16	庚子	10 8	8 17	庚午	11 7	9 17	庚子	12 7	10 17	庚午	1 6	11 18	庚子
8	7 15	己巳	9 9	7 17	辛丑	10 9	8 18	辛未	11 8	9 18	辛丑	12 8	10 18	辛未	1 7	11 19	辛丑
9	7 16	庚午	9 10	7 18	壬寅	10 10	8 19	壬申	11 9	9 19	壬寅	12 9	10 19	壬申	1 8	11 20	壬寅
10	7 17	辛未	9 11	7 19	癸卯	10 11	8 20	癸酉	11 10	9 20	癸卯	12 10	10 20	癸酉	1 9	11 21	癸卯
11	7 18	壬申	9 12	7 20	甲辰	10 12	8 21	甲戌	11 11	9 21	甲辰	12 11	10 21	甲戌	1 10	11 22	甲辰
12	7 19	癸酉	9 13	7 21	乙巳	10 13	8 22	乙亥	11 12	9 22	乙巳	12 12	10 22	乙亥	1 11	11 23	乙巳
13	7 20	甲戌	9 14	7 22	丙午	10 14	8 23	丙子	11 13	9 23	丙午	12 13	10 23	丙子	1 12	11 24	丙午
14	7 21	乙亥	9 15	7 23	丁未	10 15	8 24	丁丑	11 14	9 24	丁未	12 14	10 24	丁丑	1 13	11 25	丁未
15	7 22	丙子	9 16	7 24	戊申	10 16	8 25	戊寅	11 15	9 25	戊申	12 15	10 25	戊寅	1 14	11 26	戊申
16	7 23	丁丑	9 17	7 25	己酉	10 17	8 26	己卯	11 16	9 26	己酉	12 16	10 26	己卯	1 15	11 27	己酉
17	7 24	戊寅	9 18	7 26	庚戌	10 18	8 27	庚辰	11 17	9 27	庚戌	12 17	10 27	庚辰	1 16	11 28	庚戌
18	7 25	己卯	9 19	7 27	辛亥	10 19	8 28	辛巳	11 18	9 28	辛亥	12 18	10 28	辛巳	1 17	11 29	辛亥
19	7 26	庚辰	9 20	7 28	壬子	10 20	8 29	壬午	11 19	9 29	壬子	12 19	10 29	壬午	1 18	11 30	壬子
20	7 27	辛巳	9 21	7 29	癸丑	10 21	8 30	癸未	11 20	9 30	癸丑	12 20	11 1	癸未	1 19	12 1	癸丑
21	7 28	壬午	9 22	8 1	甲寅	10 22	9 1	甲申	11 21	10 1	甲寅	12 21	11 2	甲申	1 20	12 2	甲寅
22	7 29	癸未	9 23	8 2	乙卯	10 23	9 2	乙酉	11 22	10 2	乙卯	12 22	11 3	乙酉	1 21	12 3	乙卯
23	7 30	甲申	9 24	8 3	丙辰	10 24	9 3	丙戌	11 23	10 3	丙辰	12 23	11 4	丙戌	1 22	12 4	丙辰
24	閏7 1	乙酉	9 25	8 4	丁巳	10 25	9 4	丁亥	11 24	10 4	丁巳	12 24	11 5	丁亥	1 23	12 5	丁巳
25	7 2	丙戌	9 26	8 5	戊午	10 26	9 5	戊子	11 25	10 5	戊午	12 25	11 6	戊子	1 24	12 6	戊午
26	7 3	丁亥	9 27	8 6	己未	10 27	9 6	己丑	11 26	10 6	己未	12 26	11 7	己丑	1 25	12 7	己未
27	7 4	戊子	9 28	8 7	庚申	10 28	9 7	庚寅	11 27	10 7	庚申	12 27	11 8	庚寅	1 26	12 8	庚申
28	7 5	己丑	9 29	8 8	辛酉	10 29	9 8	辛卯	11 28	10 8	辛酉	12 28	11 9	辛卯	1 27	12 9	辛酉
29	7 6	庚寅	9 30	8 9	壬戌	10 30	9 9	壬辰	11 29	10 9	壬戌	12 29	11 10	壬辰	1 28	12 10	壬戌
30	7 7	辛卯	10 1	8 10	癸亥	10 31	9 10	癸巳	11 30	10 10	癸亥	12 30	11 11	癸巳	1 29	12 11	癸亥
31	7 8	壬辰	10 2	8 11	甲子	11 1	9 11	甲午	12 1	10 11	甲子	12 31	11 12	甲午	1 30	12 12	甲子
1	7 9	癸巳	10 3	8 12	乙丑	11 2	9 12	乙未	12 2	10 12	乙丑	1 1	11 13	乙未	1 31	12 13	乙丑
2	7 10	甲午	10 4	8 13	丙寅	11 3	9 13	丙申	12 3	10 13	丙寅	1 2	11 14	丙申	2 1	12 14	丙寅
3	7 11	乙未	10 5	8 14	丁卯	11 4	9 14	丁酉	12 4	10 14	丁卯	1 3	11 15	丁酉	2 2	12 15	丁卯
4	7 12	丙申	10 6	8 15	戊辰	11 5	9 15	戊戌	12 5	10 15	戊辰	1 4	11 16	戊戌	2 3	12 16	戊辰
5	7 13	丁酉	10 7	8 16	己巳	11 6	9 16	己亥	12 6	10 16	己巳	1 5	11 17	己亥			
6	7 14	戊戌															
7	7 15	己亥															

年	丁亥																	
月	壬寅			癸卯			甲辰			乙巳			丙午			丁未		
節氣	立春			驚蟄			清明			立夏			芒種			小暑		
氣	2/4 13時18分 未時			3/6 7時17分 辰時			4/5 12時4分 午時			5/6 5時20分 卯時			6/6 9時27分 巳時			7/7 19時41分 戌		
日	國曆	農曆	干支	國曆	農曆	干支	國曆	農曆	干支	國曆	農曆	干支	國曆	農曆	干支	國曆	農曆	干支
	2 4	12 17	己巳	3 6	1 17	己亥	4 5	2 18	己巳	5 6	3 20	庚子	6 6	4 21	辛未	7 7	5 23	壬寅
	2 5	12 18	庚午	3 7	1 18	庚子	4 6	2 19	庚午	5 7	3 21	辛丑	6 7	4 22	壬申	7 8	5 24	癸卯
	2 6	12 19	辛未	3 8	1 19	辛丑	4 7	2 20	辛未	5 8	3 22	壬寅	6 8	4 23	癸酉	7 9	5 25	甲辰
	2 7	12 20	壬申	3 9	1 20	壬寅	4 8	2 21	壬申	5 9	3 23	癸卯	6 9	4 24	甲戌	7 10	5 26	乙巳
2	2 8	12 21	癸酉	3 10	1 21	癸卯	4 9	2 22	癸酉	5 10	3 24	甲辰	6 10	4 25	乙亥	7 11	5 27	丙午
0	2 9	12 22	甲戌	3 11	1 22	甲辰	4 10	2 23	甲戌	5 11	3 25	乙巳	6 11	4 26	丙子	7 12	5 28	丁未
0	2 10	12 23	乙亥	3 12	1 23	乙巳	4 11	2 24	乙亥	5 12	3 26	丙午	6 12	4 27	丁丑	7 13	5 29	戊申
7	2 11	12 24	丙子	3 13	1 24	丙午	4 12	2 25	丙子	5 13	3 27	丁未	6 13	4 28	戊寅	7 14	6 1	己酉
	2 12	12 25	丁丑	3 14	1 25	丁未	4 13	2 26	丁丑	5 14	3 28	戊申	6 14	4 29	己卯	7 15	6 2	庚戌
	2 13	12 26	戊寅	3 15	1 26	戊申	4 14	2 27	戊寅	5 15	3 29	己酉	6 15	5 1	庚辰	7 16	6 3	辛亥
	2 14	12 27	己卯	3 16	1 27	己酉	4 15	2 28	己卯	5 16	3 30	庚戌	6 16	5 2	辛巳	7 17	6 4	壬子
	2 15	12 28	庚辰	3 17	1 28	庚戌	4 16	2 29	庚辰	5 17	4 1	辛亥	6 17	5 3	壬午	7 18	6 5	癸丑
	2 16	12 29	辛巳	3 18	1 29	辛亥	4 17	3 1	辛巳	5 18	4 2	壬子	6 18	5 4	癸未	7 19	6 6	甲寅
	2 17	12 30	壬午	3 19	2 1	壬子	4 18	3 2	壬午	5 19	4 3	癸丑	6 19	5 5	甲申	7 20	6 7	乙卯
豬	2 18	1 1	癸未	3 20	2 2	癸丑	4 19	3 3	癸未	5 20	4 4	甲寅	6 20	5 6	乙酉	7 21	6 8	丙辰
	2 19	1 2	甲申	3 21	2 3	甲寅	4 20	3 4	甲申	5 21	4 5	乙卯	6 21	5 7	丙戌	7 22	6 9	丁巳
	2 20	1 3	乙酉	3 22	2 4	乙卯	4 21	3 5	乙酉	5 22	4 6	丙辰	6 22	5 8	丁亥	7 23	6 10	戊午
	2 21	1 4	丙戌	3 23	2 5	丙辰	4 22	3 6	丙戌	5 23	4 7	丁巳	6 23	5 9	戊子	7 24	6 11	己未
	2 22	1 5	丁亥	3 24	2 6	丁巳	4 23	3 7	丁亥	5 24	4 8	戊午	6 24	5 10	己丑	7 25	6 12	庚申
	2 23	1 6	戊子	3 25	2 7	戊午	4 24	3 8	戊子	5 25	4 9	己未	6 25	5 11	庚寅	7 26	6 13	辛酉
中	2 24	1 7	己丑	3 26	2 8	己未	4 25	3 9	己丑	5 26	4 10	庚申	6 26	5 12	辛卯	7 27	6 14	壬戌
華	2 25	1 8	庚寅	3 27	2 9	庚申	4 26	3 10	庚寅	5 27	4 11	辛酉	6 27	5 13	壬辰	7 28	6 15	癸亥
民	2 26	1 9	辛卯	3 28	2 10	辛酉	4 27	3 11	辛卯	5 28	4 12	壬戌	6 28	5 14	癸巳	7 29	6 16	甲子
國	2 27	1 10	壬辰	3 29	2 11	壬戌	4 28	3 12	壬辰	5 29	4 13	癸亥	6 29	5 15	甲午	7 30	6 17	乙丑
九	2 28	1 11	癸巳	3 30	2 12	癸亥	4 29	3 13	癸巳	5 30	4 14	甲子	6 30	5 16	乙未	7 31	6 18	丙寅
十	3 1	1 12	甲午	3 31	2 13	甲子	4 30	3 14	甲午	5 31	4 15	乙丑	7 1	5 17	丙申	8 1	6 19	丁卯
六	3 2	1 13	乙未	4 1	2 14	乙丑	5 1	3 15	乙未	6 1	4 16	丙寅	7 2	5 18	丁酉	8 2	6 20	戊辰
年	3 3	1 14	丙申	4 2	2 15	丙寅	5 2	3 16	丙申	6 2	4 17	丁卯	7 3	5 19	戊戌	8 3	6 21	己巳
	3 4	1 15	丁酉	4 3	2 16	丁卯	5 3	3 17	丁酉	6 3	4 18	戊辰	7 4	5 20	己亥	8 4	6 22	庚午
	3 5	1 16	戊戌	4 4	2 17	戊辰	5 4	3 18	戊戌	6 4	4 19	己巳	7 5	5 21	庚子	8 5	6 23	辛未
							5 5	3 19	己亥	6 5	4 20	庚午	7 6	5 22	辛丑	8 6	6 24	壬申
																8 7	6 25	癸酉
中	雨水			春分			穀雨			小滿			夏至			大暑		
氣	2/19 9時8分 巳時			3/21 8時7分 辰時			4/20 19時7分 戌時			5/21 18時11分 酉時			6/22 2時6分 丑時			7/23 13時0分 未時		

							年
戊申	己酉	庚戌	辛亥	壬子	癸丑		月
立秋	白露	寒露	立冬	大雪	小寒		節氣
5時31分 卯時	9/8 8時29分 辰時	10/9 0時11分 子時	11/8 3時23分 寅時	12/7 20時14分 戌時	1/6 7時24分 辰時		

右端欄：年 — 丁亥 ／ 2007·2008 ／ 豬 ／ 中華民國九十六·九十七年

國曆	農曆	干支	國曆	農曆	干支	國曆	農曆	干支	國曆	農曆	干支	國曆	農曆	干支	國曆	農曆	干支	日
8 8	6 26	甲戌	9 8	7 27	乙巳	10 9	8 29	丙子	11 8	9 29	丙午	12 7	10 28	乙亥	1 6	11 28	乙巳	
8 9	6 27	乙亥	9 9	7 28	丙午	10 10	8 30	丁丑	11 9	9 30	丁未	12 8	10 29	丙子	1 7	11 29	丙午	
8 10	6 28	丙子	9 10	7 29	丁未	10 11	9 1	戊寅	11 10	10 1	戊申	12 9	10 30	丁丑	1 8	12 1	丁未	
8 11	6 29	丁丑	9 11	8 1	戊申	10 12	9 2	己卯	11 11	10 2	己酉	12 10	11 1	戊寅	1 9	12 2	戊申	
8 12	6 30	戊寅	9 12	8 2	己酉	10 13	9 3	庚辰	11 12	10 3	庚戌	12 11	11 2	己卯	1 10	12 3	己酉	
8 13	7 1	己卯	9 13	8 3	庚戌	10 14	9 4	辛巳	11 13	10 4	辛亥	12 12	11 3	庚辰	1 11	12 4	庚戌	
8 14	7 2	庚辰	9 14	8 4	辛亥	10 15	9 5	壬午	11 14	10 5	壬子	12 13	11 4	辛巳	1 12	12 5	辛亥	
8 15	7 3	辛巳	9 15	8 5	壬子	10 16	9 6	癸未	11 15	10 6	癸丑	12 14	11 5	壬午	1 13	12 6	壬子	
8 16	7 4	壬午	9 16	8 6	癸丑	10 17	9 7	甲申	11 16	10 7	甲寅	12 15	11 6	癸未	1 14	12 7	癸丑	
8 17	7 5	癸未	9 17	8 7	甲寅	10 18	9 8	乙酉	11 17	10 8	乙卯	12 16	11 7	甲申	1 15	12 8	甲寅	
8 18	7 6	甲申	9 18	8 8	乙卯	10 19	9 9	丙戌	11 18	10 9	丙辰	12 17	11 8	乙酉	1 16	12 9	乙卯	
8 19	7 7	乙酉	9 19	8 9	丙辰	10 20	9 10	丁亥	11 19	10 10	丁巳	12 18	11 9	丙戌	1 17	12 10	丙辰	
8 20	7 8	丙戌	9 20	8 10	丁巳	10 21	9 11	戊子	11 20	10 11	戊午	12 19	11 10	丁亥	1 18	12 11	丁巳	
8 21	7 9	丁亥	9 21	8 11	戊午	10 22	9 12	己丑	11 21	10 12	己未	12 20	11 11	戊子	1 19	12 12	戊午	
8 22	7 10	戊子	9 22	8 12	己未	10 23	9 13	庚寅	11 22	10 13	庚申	12 21	11 12	己丑	1 20	12 13	己未	
8 23	7 11	己丑	9 23	8 13	庚申	10 24	9 14	辛卯	11 23	10 14	辛酉	12 22	11 13	庚寅	1 21	12 14	庚申	
8 24	7 12	庚寅	9 24	8 14	辛酉	10 25	9 15	壬辰	11 24	10 15	壬戌	12 23	11 14	辛卯	1 22	12 15	辛酉	
8 25	7 13	辛卯	9 25	8 15	壬戌	10 26	9 16	癸巳	11 25	10 16	癸亥	12 24	11 15	壬辰	1 23	12 16	壬戌	
8 26	7 14	壬辰	9 26	8 16	癸亥	10 27	9 17	甲午	11 26	10 17	甲子	12 25	11 16	癸巳	1 24	12 17	癸亥	
8 27	7 15	癸巳	9 27	8 17	甲子	10 28	9 18	乙未	11 27	10 18	乙丑	12 26	11 17	甲午	1 25	12 18	甲子	
8 28	7 16	甲午	9 28	8 18	乙丑	10 29	9 19	丙申	11 28	10 19	丙寅	12 27	11 18	乙未	1 26	12 19	乙丑	
8 29	7 17	乙未	9 29	8 19	丙寅	10 30	9 20	丁酉	11 29	10 20	丁卯	12 28	11 19	丙申	1 27	12 20	丙寅	
8 30	7 18	丙申	9 30	8 20	丁卯	10 31	9 21	戊戌	11 30	10 21	戊辰	12 29	11 20	丁酉	1 28	12 21	丁卯	
8 31	7 19	丁酉	10 1	8 21	戊辰	11 1	9 22	己亥	12 1	10 22	己巳	12 30	11 21	戊戌	1 29	12 22	戊辰	
9 1	7 20	戊戌	10 2	8 22	己巳	11 2	9 23	庚子	12 2	10 23	庚午	12 31	11 22	己亥	1 30	12 23	己巳	
9 2	7 21	己亥	10 3	8 23	庚午	11 3	9 24	辛丑	12 3	10 24	辛未	1 1	11 23	庚子	1 31	12 24	庚午	
9 3	7 22	庚子	10 4	8 24	辛未	11 4	9 25	壬寅	12 4	10 25	壬申	1 2	11 24	辛丑	2 1	12 25	辛未	
9 4	7 23	辛丑	10 5	8 25	壬申	11 5	9 26	癸卯	12 5	10 26	癸酉	1 3	11 25	壬寅	2 2	12 26	壬申	
9 5	7 24	壬寅	10 6	8 26	癸酉	11 6	9 27	甲辰	12 6	10 27	甲戌	1 4	11 26	癸卯	2 3	12 27	癸酉	
9 6	7 25	癸卯	10 7	8 27	甲戌	11 7	9 28	乙巳				1 5	11 27	甲辰				
9 7	7 26	甲辰	10 8	8 28	乙亥													

處暑	秋分	霜降	小雪	冬至	大寒		中氣
20時7分 戌時	9/23 17時51分 酉時	10/24 3時15分 寅時	11/23 0時49分 子時	12/22 14時7分 未時	1/21 0時43分 子時		

戊子（中華民國九十七年・2008・鼠）

月	甲寅	乙卯	丙辰	丁巳	戊午	己未
節氣	立春	驚蟄	清明	立夏	芒種	小暑
	2/4 19時0分 戌時	3/5 12時58分 午時	4/4 17時45分 酉時	5/5 11時3分 午時	6/5 15時11分 申時	7/7 1時26分 丑

日

甲寅 國曆	農曆	干支	乙卯 國曆	農曆	干支	丙辰 國曆	農曆	干支	丁巳 國曆	農曆	干支	戊午 國曆	農曆	干支	己未 國曆	農曆	干支
2/4	12/28	甲戌	3/5	1/28	甲辰	4/4	2/28	甲戌	5/5	4/1	乙巳	6/5	5/2	丙子	7/7	6/5	戊申
2/5	12/29	乙亥	3/6	1/29	乙巳	4/5	2/29	乙亥	5/6	4/2	丙午	6/6	5/3	丁丑	7/8	6/6	己酉
2/6	12/30	丙子	3/7	1/30	丙午	4/6	3/1	丙子	5/7	4/3	丁未	6/7	5/4	戊寅	7/9	6/7	庚戌
2/7	1/1	丁丑	3/8	2/1	丁未	4/7	3/2	丁丑	5/8	4/4	戊申	6/8	5/5	己卯	7/10	6/8	辛亥
2/8	1/2	戊寅	3/9	2/2	戊申	4/8	3/3	戊寅	5/9	4/5	己酉	6/9	5/6	庚辰	7/11	6/9	壬子
2/9	1/3	己卯	3/10	2/3	己酉	4/9	3/4	己卯	5/10	4/6	庚戌	6/10	5/7	辛巳	7/12	6/10	癸丑
2/10	1/4	庚辰	3/11	2/4	庚戌	4/10	3/5	庚辰	5/11	4/7	辛亥	6/11	5/8	壬午	7/13	6/11	甲寅
2/11	1/5	辛巳	3/12	2/5	辛亥	4/11	3/6	辛巳	5/12	4/8	壬子	6/12	5/9	癸未	7/14	6/12	乙卯
2/12	1/6	壬午	3/13	2/6	壬子	4/12	3/7	壬午	5/13	4/9	癸丑	6/13	5/10	甲申	7/15	6/13	丙辰
2/13	1/7	癸未	3/14	2/7	癸丑	4/13	3/8	癸未	5/14	4/10	甲寅	6/14	5/11	乙酉	7/16	6/14	丁巳
2/14	1/8	甲申	3/15	2/8	甲寅	4/14	3/9	甲申	5/15	4/11	乙卯	6/15	5/12	丙戌	7/17	6/15	戊午
2/15	1/9	乙酉	3/16	2/9	乙卯	4/15	3/10	乙酉	5/16	4/12	丙辰	6/16	5/13	丁亥	7/18	6/16	己未
2/16	1/10	丙戌	3/17	2/10	丙辰	4/16	3/11	丙戌	5/17	4/13	丁巳	6/17	5/14	戊子	7/19	6/17	庚申
2/17	1/11	丁亥	3/18	2/11	丁巳	4/17	3/12	丁亥	5/18	4/14	戊午	6/18	5/15	己丑	7/20	6/18	辛酉
2/18	1/12	戊子	3/19	2/12	戊午	4/18	3/13	戊子	5/19	4/15	己未	6/19	5/16	庚寅	7/21	6/19	壬戌
2/19	1/13	己丑	3/20	2/13	己未	4/19	3/14	己丑	5/20	4/16	庚申	6/20	5/17	辛卯	7/22	6/20	癸亥
2/20	1/14	庚寅	3/21	2/14	庚申	4/20	3/15	庚寅	5/21	4/17	辛酉	6/21	5/18	壬辰	7/23	6/21	甲子
2/21	1/15	辛卯	3/22	2/15	辛酉	4/21	3/16	辛卯	5/22	4/18	壬戌	6/22	5/19	癸巳	7/24	6/22	乙丑
2/22	1/16	壬辰	3/23	2/16	壬戌	4/22	3/17	壬辰	5/23	4/19	癸亥	6/23	5/20	甲午	7/25	6/23	丙寅
2/23	1/17	癸巳	3/24	2/17	癸亥	4/23	3/18	癸巳	5/24	4/20	甲子	6/24	5/21	乙未	7/26	6/24	丁卯
2/24	1/18	甲午	3/25	2/18	甲子	4/24	3/19	甲午	5/25	4/21	乙丑	6/25	5/22	丙申	7/27	6/25	戊辰
2/25	1/19	乙未	3/26	2/19	乙丑	4/25	3/20	乙未	5/26	4/22	丙寅	6/26	5/23	丁酉	7/28	6/26	己巳
2/26	1/20	丙申	3/27	2/20	丙寅	4/26	3/21	丙申	5/27	4/23	丁卯	6/27	5/24	戊戌	7/29	6/27	庚午
2/27	1/21	丁酉	3/28	2/21	丁卯	4/27	3/22	丁酉	5/28	4/24	戊辰	6/28	5/25	己亥	7/30	6/28	辛未
2/28	1/22	戊戌	3/29	2/22	戊辰	4/28	3/23	戊戌	5/29	4/25	己巳	6/29	5/26	庚子	7/31	6/29	壬申
2/29	1/23	己亥	3/30	2/23	己巳	4/29	3/24	己亥	5/30	4/26	庚午	6/30	5/27	辛丑	8/1	7/1	癸酉
3/1	1/24	庚子	3/31	2/24	庚午	4/30	3/25	庚子	5/31	4/27	辛未	7/1	5/28	壬寅	8/2	7/2	甲戌
3/2	1/25	辛丑	4/1	2/25	辛未	5/1	3/26	辛丑	6/1	4/28	壬申	7/2	5/29	癸卯	8/3	7/3	乙亥
3/3	1/26	壬寅	4/2	2/26	壬申	5/2	3/27	壬寅	6/2	4/29	癸酉	7/3	6/1	甲辰	8/4	7/4	丙子
3/4	1/27	癸卯	4/3	2/27	癸酉	5/3	3/28	癸卯	6/3	4/30	甲戌	7/4	6/2	乙巳	8/5	7/5	丁丑
						5/4	3/29	甲辰	6/4	5/1	乙亥	7/5	6/3	丙午	8/6	7/6	戊寅
												7/6	6/4	丁未			

中氣	雨水	春分	穀雨	小滿	夏至	大暑
	2/19 14時49分 未時	3/20 13時48分 未時	4/20 0時51分 子時	5/21 0時0分 子時	6/21 7時59分 辰時	7/22 18時54分 酉

戊子年

立秋 8/7 11時16分 午時 ・ 白露 9/7 14時14分 未時 ・ 寒露 10/8 5時56分 卯時 ・ 立冬 11/7 9時10分 巳時 ・ 大雪 12/7 2時2分 丑時 ・ 小寒 1/5 13時14分 未時

（年：2008・2009 鼠 中華民國九十七・九十八年）

庚申			辛酉			壬戌			癸亥			甲子			乙丑			月
立秋			白露			寒露			立冬			大雪			小寒			節氣
國曆	農曆	干支	國曆	農曆	干支	國曆	農曆	干支	國曆	農曆	干支	國曆	農曆	干支	國曆	農曆	干支	日
7	7 7	己卯	9 7	8 8	庚戌	10 8	9 10	辛巳	11 7	10 10	辛亥	12 7	11 10	辛巳	1 5	12 10	庚戌	
8	7 8	庚辰	9 8	8 9	辛亥	10 9	9 11	壬午	11 8	10 11	壬子	12 8	11 11	壬午	1 6	12 11	辛亥	
9	7 9	辛巳	9 9	8 10	壬子	10 10	9 12	癸未	11 9	10 12	癸丑	12 9	11 12	癸未	1 7	12 12	壬子	2008・2009
10	7 10	壬午	9 10	8 11	癸丑	10 11	9 13	甲申	11 10	10 13	甲寅	12 10	11 13	甲申	1 8	12 13	癸丑	
11	7 11	癸未	9 11	8 12	甲寅	10 12	9 14	乙酉	11 11	10 14	乙卯	12 11	11 14	乙酉	1 9	12 14	甲寅	
12	7 12	甲申	9 12	8 13	乙卯	10 13	9 15	丙戌	11 12	10 15	丙辰	12 12	11 15	丙戌	1 10	12 15	乙卯	
13	7 13	乙酉	9 13	8 14	丙辰	10 14	9 16	丁亥	11 13	10 16	丁巳	12 13	11 16	丁亥	1 11	12 16	丙辰	
14	7 14	丙戌	9 14	8 15	丁巳	10 15	9 17	戊子	11 14	10 17	戊午	12 14	11 17	戊子	1 12	12 17	丁巳	
15	7 15	丁亥	9 15	8 16	戊午	10 16	9 18	己丑	11 15	10 18	己未	12 15	11 18	己丑	1 13	12 18	戊午	
16	7 16	戊子	9 16	8 17	己未	10 17	9 19	庚寅	11 16	10 19	庚申	12 16	11 19	庚寅	1 14	12 19	己未	
17	7 17	己丑	9 17	8 18	庚申	10 18	9 20	辛卯	11 17	10 20	辛酉	12 17	11 20	辛卯	1 15	12 20	庚申	
18	7 18	庚寅	9 18	8 19	辛酉	10 19	9 21	壬辰	11 18	10 21	壬戌	12 18	11 21	壬辰	1 16	12 21	辛酉	
19	7 19	辛卯	9 19	8 20	壬戌	10 20	9 22	癸巳	11 19	10 22	癸亥	12 19	11 22	癸巳	1 17	12 22	壬戌	
20	7 20	壬辰	9 20	8 21	癸亥	10 21	9 23	甲午	11 20	10 23	甲子	12 20	11 23	甲午	1 18	12 23	癸亥	鼠
21	7 21	癸巳	9 21	8 22	甲子	10 22	9 24	乙未	11 21	10 24	乙丑	12 21	11 24	乙未	1 19	12 24	甲子	
22	7 22	甲午	9 22	8 23	乙丑	10 23	9 25	丙申	11 22	10 25	丙寅	12 22	11 25	丙申	1 20	12 25	乙丑	
23	7 23	乙未	9 23	8 24	丙寅	10 24	9 26	丁酉	11 23	10 26	丁卯	12 23	11 26	丁酉	1 21	12 26	丙寅	
24	7 24	丙申	9 24	8 25	丁卯	10 25	9 27	戊戌	11 24	10 27	戊辰	12 24	11 27	戊戌	1 22	12 27	丁卯	
25	7 25	丁酉	9 25	8 26	戊辰	10 26	9 28	己亥	11 25	10 28	己巳	12 25	11 28	己亥	1 23	12 28	戊辰	
26	7 26	戊戌	9 26	8 27	己巳	10 27	9 29	庚子	11 26	10 29	庚午	12 26	11 29	庚子	1 24	12 29	己巳	
27	7 27	己亥	9 27	8 28	庚午	10 28	9 30	辛丑	11 27	10 30	辛未	12 27	12 1	辛丑	1 25	12 30	庚午	
28	7 28	庚子	9 28	8 29	辛未	10 29	10 1	壬寅	11 28	11 1	壬申	12 28	12 2	壬寅	1 26	1 1	辛未	中華民國九十七・九十八年
29	7 29	辛丑	9 29	9 1	壬申	10 30	10 2	癸卯	11 29	11 2	癸酉	12 29	12 3	癸卯	1 27	1 2	壬申	
30	7 30	壬寅	9 30	9 2	癸酉	10 31	10 3	甲辰	11 30	11 3	甲戌	12 30	12 4	甲辰	1 28	1 3	癸酉	
31	8 1	癸卯	10 1	9 3	甲戌	11 1	10 4	乙巳	12 1	11 4	乙亥	12 31	12 5	乙巳	1 29	1 4	甲戌	
1	8 2	甲辰	10 2	9 4	乙亥	11 2	10 5	丙午	12 2	11 5	丙子	1 1	12 6	丙午	1 30	1 5	乙亥	
2	8 3	乙巳	10 3	9 5	丙子	11 3	10 6	丁未	12 3	11 6	丁丑	1 2	12 7	丁未	1 31	1 6	丙子	
3	8 4	丙午	10 4	9 6	丁丑	11 4	10 7	戊申	12 4	11 7	戊寅	1 3	12 8	戊申	2 1	1 7	丁丑	
4	8 5	丁未	10 5	9 7	戊寅	11 5	10 8	己酉	12 5	11 8	己卯	1 4	12 9	己酉	2 2	1 8	戊寅	
5	8 6	戊申	10 6	9 8	己卯	11 6	10 9	庚戌	12 6	11 9	庚辰				2 3	1 9	己卯	
6	8 7	己酉	10 7	9 9	庚辰													

處暑	秋分	霜降	小雪	冬至	大寒	中氣
8/23 2時2分 丑時	9/22 23時44分 子時	10/23 9時8分 巳時	11/22 6時44分 卯時	12/21 20時3分 戌時	1/20 6時40分 卯時	

年：己丑　（2009　牛　中華民國九十八年）

月	丙寅			丁卯			戊辰			己巳			庚午			辛未		
節氣	立春			驚蟄			清明			立夏			芒種			小暑		
時刻	2/4 0時49分 子時			3/5 18時47分 酉時			4/4 23時33分 子時			5/5 16時50分 申時			6/5 20時59分 戌時			7/7 7時13分 辰時		
日	國曆	農曆	干支	國曆	農曆	干支	國曆	農曆	干支	國曆	農曆	干支	國曆	農曆	干支	國曆	農曆	干支
	2 4	1 10	庚辰	3 5	2 9	己酉	4 4	3 9	己卯	5 5	4 11	庚戌	6 5	5 13	辛巳	7 7	5 15	癸丑
	2 5	1 11	辛巳	3 6	2 10	庚戌	4 5	3 10	庚辰	5 6	4 12	辛亥	6 6	5 14	壬午	7 8	5 16	甲寅
	2 6	1 12	壬午	3 7	2 11	辛亥	4 6	3 11	辛巳	5 7	4 13	壬子	6 7	5 15	癸未	7 9	5 17	乙卯
	2 7	1 13	癸未	3 8	2 12	壬子	4 7	3 12	壬午	5 8	4 14	癸丑	6 8	5 16	甲申	7 10	5 18	丙辰
	2 8	1 14	甲申	3 9	2 13	癸丑	4 8	3 13	癸未	5 9	4 15	甲寅	6 9	5 17	乙酉	7 11	5 19	丁巳
	2 9	1 15	乙酉	3 10	2 14	甲寅	4 9	3 14	甲申	5 10	4 16	乙卯	6 10	5 18	丙戌	7 12	5 20	戊午
	2 10	1 16	丙戌	3 11	2 15	乙卯	4 10	3 15	乙酉	5 11	4 17	丙辰	6 11	5 19	丁亥	7 13	5 21	己未
	2 11	1 17	丁亥	3 12	2 16	丙辰	4 11	3 16	丙戌	5 12	4 18	丁巳	6 12	5 20	戊子	7 14	5 22	庚申
	2 12	1 18	戊子	3 13	2 17	丁巳	4 12	3 17	丁亥	5 13	4 19	戊午	6 13	5 21	己丑	7 15	5 23	辛酉
	2 13	1 19	己丑	3 14	2 18	戊午	4 13	3 18	戊子	5 14	4 20	己未	6 14	5 22	庚寅	7 16	5 24	壬戌
	2 14	1 20	庚寅	3 15	2 19	己未	4 14	3 19	己丑	5 15	4 21	庚申	6 15	5 23	辛卯	7 17	5 25	癸亥
	2 15	1 21	辛卯	3 16	2 20	庚申	4 15	3 20	庚寅	5 16	4 22	辛酉	6 16	5 24	壬辰	7 18	5 26	甲子
	2 16	1 22	壬辰	3 17	2 21	辛酉	4 16	3 21	辛卯	5 17	4 23	壬戌	6 17	5 25	癸巳	7 19	5 27	乙丑
	2 17	1 23	癸巳	3 18	2 22	壬戌	4 17	3 22	壬辰	5 18	4 24	癸亥	6 18	5 26	甲午	7 20	5 28	丙寅
	2 18	1 24	甲午	3 19	2 23	癸亥	4 18	3 23	癸巳	5 19	4 25	甲子	6 19	5 27	乙未	7 21	5 29	丁卯
	2 19	1 25	乙未	3 20	2 24	甲子	4 19	3 24	甲午	5 20	4 26	乙丑	6 20	5 28	丙申	7 22	6 1	戊辰
	2 20	1 26	丙申	3 21	2 25	乙丑	4 20	3 25	乙未	5 21	4 27	丙寅	6 21	5 29	丁酉	7 23	6 2	己巳
	2 21	1 27	丁酉	3 22	2 26	丙寅	4 21	3 26	丙申	5 22	4 28	丁卯	6 22	5 30	戊戌	7 24	6 3	庚午
	2 22	1 28	戊戌	3 23	2 27	丁卯	4 22	3 27	丁酉	5 23	4 29	戊辰	6 23	閏5 1	己亥	7 25	6 4	辛未
	2 23	1 29	己亥	3 24	2 28	戊辰	4 23	3 28	戊戌	5 24	5 1	己巳	6 24	5 2	庚子	7 26	6 5	壬申
	2 24	1 30	庚子	3 25	2 29	己巳	4 24	3 29	己亥	5 25	5 2	庚午	6 25	5 3	辛丑	7 27	6 6	癸酉
	2 25	2 1	辛丑	3 26	2 30	庚午	4 25	4 1	庚子	5 26	5 3	辛未	6 26	5 4	壬寅	7 28	6 7	甲戌
	2 26	2 2	壬寅	3 27	3 1	辛未	4 26	4 2	辛丑	5 27	5 4	壬申	6 27	5 5	癸卯	7 29	6 8	乙亥
	2 27	2 3	癸卯	3 28	3 2	壬申	4 27	4 3	壬寅	5 28	5 5	癸酉	6 28	5 6	甲辰	7 30	6 9	丙子
	2 28	2 4	甲辰	3 29	3 3	癸酉	4 28	4 4	癸卯	5 29	5 6	甲戌	6 29	5 7	乙巳	7 31	6 10	丁丑
	3 1	2 5	乙巳	3 30	3 4	甲戌	4 29	4 5	甲辰	5 30	5 7	乙亥	6 30	5 8	丙午	8 1	6 11	戊寅
	3 2	2 6	丙午	3 31	3 5	乙亥	4 30	4 6	乙巳	5 31	5 8	丙子	7 1	5 9	丁未	8 2	6 12	己卯
	3 3	2 7	丁未	4 1	3 6	丙子	5 1	4 7	丙午	6 1	5 9	丁丑	7 2	5 10	戊申	8 3	6 13	庚辰
	3 4	2 8	戊申	4 2	3 7	丁丑	5 2	4 8	丁未	6 2	5 10	戊寅	7 3	5 11	己酉	8 4	6 14	辛巳
				4 3	3 8	戊寅	5 3	4 9	戊申	6 3	5 11	己卯	7 4	5 12	庚戌	8 5	6 15	壬午
							5 4	4 10	己酉	6 4	5 12	庚辰	7 5	5 13	辛亥	8 6	6 16	癸未
													7 6	5 14	壬子			

中氣	雨水			春分			穀雨			小滿			夏至			大暑		
	2/18 20時46分 戌時			3/20 19時43分 戌時			4/20 6時44分 卯時			5/21 5時51分 卯時			6/21 13時45分 未時			7/23 0時35分 子時		

	己丑																	年
壬申			**癸酉**			**甲戌**			**乙亥**			**丙子**			**丁丑**			月
立秋			白露			寒露			立冬			大雪			小寒			節氣
17時1分 酉時			9/7 19時57分 戌時			10/8 11時39分 午時			11/7 14時56分 未時			12/7 7時52分 辰時			1/5 19時8分 戌時			
國曆	農曆	干支	國曆	農曆	干支	國曆	農曆	干支	國曆	農曆	干支	國曆	農曆	干支	國曆	農曆	干支	日
7	6 17	甲申	9 7	7 19	乙卯	10 8	8 20	丙戌	11 7	9 21	丙辰	12 7	10 21	丙戌	1 5	11 21	乙卯	
8	6 18	乙酉	9 8	7 20	丙辰	10 9	8 21	丁亥	11 8	9 22	丁巳	12 8	10 22	丁亥	1 6	11 22	丙辰	
9	6 19	丙戌	9 9	7 21	丁巳	10 10	8 22	戊子	11 9	9 23	戊午	12 9	10 23	戊子	1 7	11 23	丁巳	
10	6 20	丁亥	9 10	7 22	戊午	10 11	8 23	己丑	11 10	9 24	己未	12 10	10 24	己丑	1 8	11 24	戊午	
11	6 21	戊子	9 11	7 23	己未	10 12	8 24	庚寅	11 11	9 25	庚申	12 11	10 25	庚寅	1 9	11 25	己未	
12	6 22	己丑	9 12	7 24	庚申	10 13	8 25	辛卯	11 12	9 26	辛酉	12 12	10 26	辛卯	1 10	11 26	庚申	2009·2010
13	6 23	庚寅	9 13	7 25	辛酉	10 14	8 26	壬辰	11 13	9 27	壬戌	12 13	10 27	壬辰	1 11	11 27	辛酉	
14	6 24	辛卯	9 14	7 26	壬戌	10 15	8 27	癸巳	11 14	9 28	癸亥	12 14	10 28	癸巳	1 12	11 28	壬戌	
15	6 25	壬辰	9 15	7 27	癸亥	10 16	8 28	甲午	11 15	9 29	甲子	12 15	10 29	甲午	1 13	11 29	癸亥	
16	6 26	癸巳	9 16	7 28	甲子	10 17	8 29	乙未	11 16	9 30	乙丑	12 16	11 1	乙未	1 14	11 30	甲子	
17	6 27	甲午	9 17	7 29	乙丑	10 18	9 1	丙申	11 17	10 1	丙寅	12 17	11 2	丙申	1 15	12 1	乙丑	
18	6 28	乙未	9 18	7 30	丙寅	10 19	9 2	丁酉	11 18	10 2	丁卯	12 18	11 3	丁酉	1 16	12 2	丙寅	
19	6 29	丙申	9 19	8 1	丁卯	10 20	9 3	戊戌	11 19	10 3	戊辰	12 19	11 4	戊戌	1 17	12 3	丁卯	
20	7 1	丁酉	9 20	8 2	戊辰	10 21	9 4	己亥	11 20	10 4	己巳	12 20	11 5	己亥	1 18	12 4	戊辰	
21	7 2	戊戌	9 21	8 3	己巳	10 22	9 5	庚子	11 21	10 5	庚午	12 21	11 6	庚子	1 19	12 5	己巳	
22	7 3	己亥	9 22	8 4	庚午	10 23	9 6	辛丑	11 22	10 6	辛未	12 22	11 7	辛丑	1 20	12 6	庚午	
23	7 4	庚子	9 23	8 5	辛未	10 24	9 7	壬寅	11 23	10 7	壬申	12 23	11 8	壬寅	1 21	12 7	辛未	
24	7 5	辛丑	9 24	8 6	壬申	10 25	9 8	癸卯	11 24	10 8	癸酉	12 24	11 9	癸卯	1 22	12 8	壬申	
25	7 6	壬寅	9 25	8 7	癸酉	10 26	9 9	甲辰	11 25	10 9	甲戌	12 25	11 10	甲辰	1 23	12 9	癸酉	
26	7 7	癸卯	9 26	8 8	甲戌	10 27	9 10	乙巳	11 26	10 10	乙亥	12 26	11 11	乙巳	1 24	12 10	甲戌	牛
27	7 8	甲辰	9 27	8 9	乙亥	10 28	9 11	丙午	11 27	10 11	丙子	12 27	11 12	丙午	1 25	12 11	乙亥	
28	7 9	乙巳	9 28	8 10	丙子	10 29	9 12	丁未	11 28	10 12	丁丑	12 28	11 13	丁未	1 26	12 12	丙子	
29	7 10	丙午	9 29	8 11	丁丑	10 30	9 13	戊申	11 29	10 13	戊寅	12 29	11 14	戊申	1 27	12 13	丁丑	
30	7 11	丁未	9 30	8 12	戊寅	10 31	9 14	己酉	11 30	10 14	己卯	12 30	11 15	己酉	1 28	12 14	戊寅	
31	7 12	戊申	10 1	8 13	己卯	11 1	9 15	庚戌	12 1	10 15	庚辰	12 31	11 16	庚戌	1 29	12 15	己卯	中
1	7 13	己酉	10 2	8 14	庚辰	11 2	9 16	辛亥	12 2	10 16	辛巳	1 1	11 17	辛亥	1 30	12 16	庚辰	華
2	7 14	庚戌	10 3	8 15	辛巳	11 3	9 17	壬子	12 3	10 17	壬午	1 2	11 18	壬子	1 31	12 17	辛巳	民
3	7 15	辛亥	10 4	8 16	壬午	11 4	9 18	癸丑	12 4	10 18	癸未	1 3	11 19	癸丑	2 1	12 18	壬午	國
4	7 16	壬子	10 5	8 17	癸未	11 5	9 19	甲寅	12 5	10 19	甲申	1 4	11 20	甲寅	2 2	12 19	癸未	九
5	7 17	癸丑	10 6	8 18	甲申	11 6	9 20	乙卯	12 6	10 20	乙酉				2 3	12 20	甲申	十
6	7 18	甲寅	10 7	8 19	乙酉													八
處暑			秋分			霜降			小雪			冬至			大寒			中
7時38分 辰時			9/23 5時18分 卯時			10/23 14時43分 未時			11/22 12時22分 午時			12/22 1時46分 丑時			1/20 12時27分 午時			氣

中華民國九十八·九十九年

年	庚寅																	
月	戊寅			己卯			庚辰			辛巳			壬午			癸未		
節氣	立春			驚蟄			清明			立夏			芒種			小暑		
	2/4 6時47分 卯時			3/6 0時46分 子時			4/5 5時30分 卯時			5/5 22時43分 亥時			6/6 2時49分 丑時			7/7 13時2分 未		
日	國曆	農曆	干支	國曆	農曆	干支	國曆	農曆	干支	國曆	農曆	干支	國曆	農曆	干支	國曆	農曆	干支
	2 4	12 21	乙酉	3 6	1 21	乙卯	4 5	2 21	乙酉	5 5	3 22	乙卯	6 6	4 24	丁亥	7 7	5 26	戊
	2 5	12 22	丙戌	3 7	1 22	丙辰	4 6	2 22	丙戌	5 6	3 23	丙辰	6 7	4 25	戊子	7 8	5 27	戊
	2 6	12 23	丁亥	3 8	1 23	丁巳	4 7	2 23	丁亥	5 7	3 24	丁巳	6 8	4 26	己丑	7 9	5 28	庚
	2 7	12 24	戊子	3 9	1 24	戊午	4 8	2 24	戊子	5 8	3 25	戊午	6 9	4 27	庚寅	7 10	5 29	辛
2	2 8	12 25	己丑	3 10	1 25	己未	4 9	2 25	己丑	5 9	3 26	己未	6 10	4 28	辛卯	7 11	5 30	壬
0	2 9	12 26	庚寅	3 11	1 26	庚申	4 10	2 26	庚寅	5 10	3 27	庚申	6 11	4 29	壬辰	7 12	6 1	癸
1	2 10	12 27	辛卯	3 12	1 27	辛酉	4 11	2 27	辛卯	5 11	3 28	辛酉	6 12	5 1	癸巳	7 13	6 2	甲
0	2 11	12 28	壬辰	3 13	1 28	壬戌	4 12	2 28	壬辰	5 12	3 29	壬戌	6 13	5 2	甲午	7 14	6 3	乙
	2 12	12 29	癸巳	3 14	1 29	癸亥	4 13	2 29	癸巳	5 13	3 30	癸亥	6 14	5 3	乙未	7 15	6 4	丙
	2 13	12 30	甲午	3 15	1 30	甲子	4 14	3 1	甲午	5 14	4 1	甲子	6 15	5 4	丙申	7 16	6 5	丁
	2 14	1 1	乙未	3 16	2 1	乙丑	4 15	3 2	乙未	5 15	4 2	乙丑	6 16	5 5	丁酉	7 17	6 6	戊
	2 15	1 2	丙申	3 17	2 2	丙寅	4 16	3 3	丙申	5 16	4 3	丙寅	6 17	5 6	戊戌	7 18	6 7	己
	2 16	1 3	丁酉	3 18	2 3	丁卯	4 17	3 4	丁酉	5 17	4 4	丁卯	6 18	5 7	己亥	7 19	6 8	庚
虎	2 17	1 4	戊戌	3 19	2 4	戊辰	4 18	3 5	戊戌	5 18	4 5	戊辰	6 19	5 8	庚子	7 20	6 9	辛
	2 18	1 5	己亥	3 20	2 5	己巳	4 19	3 6	己亥	5 19	4 6	己巳	6 20	5 9	辛丑	7 21	6 10	壬
	2 19	1 6	庚子	3 21	2 6	庚午	4 20	3 7	庚子	5 20	4 7	庚午	6 21	5 10	壬寅	7 22	6 11	癸
	2 20	1 7	辛丑	3 22	2 7	辛未	4 21	3 8	辛丑	5 21	4 8	辛未	6 22	5 11	癸卯	7 23	6 12	甲
	2 21	1 8	壬寅	3 23	2 8	壬申	4 22	3 9	壬寅	5 22	4 9	壬申	6 23	5 12	甲辰	7 24	6 13	乙
	2 22	1 9	癸卯	3 24	2 9	癸酉	4 23	3 10	癸卯	5 23	4 10	癸酉	6 24	5 13	乙巳	7 25	6 14	丙
	2 23	1 10	甲辰	3 25	2 10	甲戌	4 24	3 11	甲辰	5 24	4 11	甲戌	6 25	5 14	丙午	7 26	6 15	丁
	2 24	1 11	乙巳	3 26	2 11	乙亥	4 25	3 12	乙巳	5 25	4 12	乙亥	6 26	5 15	丁未	7 27	6 16	戊
中	2 25	1 12	丙午	3 27	2 12	丙子	4 26	3 13	丙午	5 26	4 13	丙子	6 27	5 16	戊申	7 28	6 17	己
華	2 26	1 13	丁未	3 28	2 13	丁丑	4 27	3 14	丁未	5 27	4 14	丁丑	6 28	5 17	己酉	7 29	6 18	庚
民	2 27	1 14	戊申	3 29	2 14	戊寅	4 28	3 15	戊申	5 28	4 15	戊寅	6 29	5 18	庚戌	7 30	6 19	辛
國	2 28	1 15	己酉	3 30	2 15	己卯	4 29	3 16	己酉	5 29	4 16	己卯	6 30	5 19	辛亥	7 31	6 20	壬
九	3 1	1 16	庚戌	3 31	2 16	庚辰	4 30	3 17	庚戌	5 30	4 17	庚辰	7 1	5 20	壬子	8 1	6 21	癸
十	3 2	1 17	辛亥	4 1	2 17	辛巳	5 1	3 18	辛亥	5 31	4 18	辛巳	7 2	5 21	癸丑	8 2	6 22	甲
九	3 3	1 18	壬子	4 2	2 18	壬午	5 2	3 19	壬子	6 1	4 19	壬午	7 3	5 22	甲寅	8 3	6 23	乙
年	3 4	1 19	癸丑	4 3	2 19	癸未	5 3	3 20	癸丑	6 2	4 20	癸未	7 4	5 23	乙卯	8 4	6 24	丙
	3 5	1 20	甲寅	4 4	2 20	甲申	5 4	3 21	甲寅	6 3	4 21	甲申	7 5	5 24	丙辰	8 5	6 25	丁
										6 4	4 22	乙酉	7 6	5 25	丁巳	8 6	6 26	戊
										6 5	4 23	丙戌						
中	雨水			春分			穀雨			小滿			夏至			大暑		
氣	2/19 2時35分 丑時			3/21 1時32分 丑時			4/20 12時29分 午時			5/21 11時33分 午時			6/21 19時28分 戌時			7/23 6時21分		

- 642 -

庚寅（年）

月	甲申			乙酉			丙戌			丁亥			戊子			己丑		
節氣	立秋			白露			寒露			立冬			大雪			小寒		
	22時49分 亥時			9/8 1時44分 丑時			10/8 17時26分 酉時			11/7 20時42分 戌時			12/7 13時38分 未時			1/6 0時54分 子時		
日	國曆	農曆	干支	國曆	農曆	干支	國曆	農曆	干支	國曆	農曆	干支	國曆	農曆	干支	國曆	農曆	干支
	7	6 27	己丑	9/8	8 1	辛酉	10/8	9 1	辛卯	11/7	10 2	辛酉	12/7	11 2	辛卯	1/6	12 3	辛酉
	8	6 28	庚寅	9/9	8 2	壬戌	10/9	9 2	壬辰	11/8	10 3	壬戌	12/8	11 3	壬辰	1/7	12 4	壬戌
	9	6 29	辛卯	9/10	8 3	癸亥	10/10	9 3	癸巳	11/9	10 4	癸亥	12/9	11 4	癸巳	1/8	12 5	癸亥
	10	7 1	壬辰	9/11	8 4	甲子	10/11	9 4	甲午	11/10	10 5	甲子	12/10	11 5	甲午	1/9	12 6	甲子
	11	7 2	癸巳	9/12	8 5	乙丑	10/12	9 5	乙未	11/11	10 6	乙丑	12/11	11 6	乙未	1/10	12 7	乙丑
	12	7 3	甲午	9/13	8 6	丙寅	10/13	9 6	丙申	11/12	10 7	丙寅	12/12	11 7	丙申	1/11	12 8	丙寅
	13	7 4	乙未	9/14	8 7	丁卯	10/14	9 7	丁酉	11/13	10 8	丁卯	12/13	11 8	丁酉	1/12	12 9	丁卯
	14	7 5	丙申	9/15	8 8	戊辰	10/15	9 8	戊戌	11/14	10 9	戊辰	12/14	11 9	戊戌	1/13	12 10	戊辰
	15	7 6	丁酉	9/16	8 9	己巳	10/16	9 9	己亥	11/15	10 10	己巳	12/15	11 10	己亥	1/14	12 11	己巳
	16	7 7	戊戌	9/17	8 10	庚午	10/17	9 10	庚子	11/16	10 11	庚午	12/16	11 11	庚子	1/15	12 12	庚午
	17	7 8	己亥	9/18	8 11	辛未	10/18	9 11	辛丑	11/17	10 12	辛未	12/17	11 12	辛丑	1/16	12 13	辛未
	18	7 9	庚子	9/19	8 12	壬申	10/19	9 12	壬寅	11/18	10 13	壬申	12/18	11 13	壬寅	1/17	12 14	壬申
	19	7 10	辛丑	9/20	8 13	癸酉	10/20	9 13	癸卯	11/19	10 14	癸酉	12/19	11 14	癸卯	1/18	12 15	癸酉
	20	7 11	壬寅	9/21	8 14	甲戌	10/21	9 14	甲辰	11/20	10 15	甲戌	12/20	11 15	甲辰	1/19	12 16	甲戌
	21	7 12	癸卯	9/22	8 15	乙亥	10/22	9 15	乙巳	11/21	10 16	乙亥	12/21	11 16	乙巳	1/20	12 17	乙亥
	22	7 13	甲辰	9/23	8 16	丙子	10/23	9 16	丙午	11/22	10 17	丙子	12/22	11 17	丙午	1/21	12 18	丙子
	23	7 14	乙巳	9/24	8 17	丁丑	10/24	9 17	丁未	11/23	10 18	丁丑	12/23	11 18	丁未	1/22	12 19	丁丑
	24	7 15	丙午	9/25	8 18	戊寅	10/25	9 18	戊申	11/24	10 19	戊寅	12/24	11 19	戊申	1/23	12 20	戊寅
	25	7 16	丁未	9/26	8 19	己卯	10/26	9 19	己酉	11/25	10 20	己卯	12/25	11 20	己酉	1/24	12 21	己卯
	26	7 17	戊申	9/27	8 20	庚辰	10/27	9 20	庚戌	11/26	10 21	庚辰	12/26	11 21	庚戌	1/25	12 22	庚辰
	27	7 18	己酉	9/28	8 21	辛巳	10/28	9 21	辛亥	11/27	10 22	辛巳	12/27	11 22	辛亥	1/26	12 23	辛巳
	28	7 19	庚戌	9/29	8 22	壬午	10/29	9 22	壬子	11/28	10 23	壬午	12/28	11 23	壬子	1/27	12 24	壬午
	29	7 20	辛亥	9/30	8 23	癸未	10/30	9 23	癸丑	11/29	10 24	癸未	12/29	11 24	癸丑	1/28	12 25	癸未
	30	7 21	壬子	10/1	8 24	甲申	10/31	9 24	甲寅	11/30	10 25	甲申	12/30	11 25	甲寅	1/29	12 26	甲申
	31	7 22	癸丑	10/2	8 25	乙酉	11/1	9 25	乙卯	12/1	10 26	乙酉	12/31	11 26	乙卯	1/30	12 27	乙酉
	1	7 23	甲寅	10/3	8 26	丙戌	11/2	9 26	丙辰	12/2	10 27	丙戌	1/1	11 27	丙辰	1/31	12 28	丙戌
	2	7 24	乙卯	10/4	8 27	丁亥	11/3	9 27	丁巳	12/3	10 28	丁亥	1/2	11 28	丁巳	2/1	12 29	丁亥
	3	7 25	丙辰	10/5	8 28	戊子	11/4	9 28	戊午	12/4	10 29	戊子	1/3	11 29	戊午	2/2	12 30	戊子
	4	7 26	丁巳	10/6	8 29	己丑	11/5	9 29	己未	12/5	10 30	己丑	1/4	12 1	己未	2/3	1 1	己丑
	5	7 27	戊午	10/7	8 30	庚寅	11/6	10 1	庚申	12/6	11 1	庚寅	1/5	12 2	庚申			
	6	7 28	己未															
	7	7 29	庚申															
中氣	處暑 13時26分 未時			秋分 9/23 11時8分 午時			霜降 10/23 20時34分 戌時			小雪 11/22 18時14分 酉時			冬至 12/22 7時38分 辰時			大寒 1/20 18時18分 酉時		

年：2010‧2011　虎　中華民國九十九‧一百年

年	辛卯																	
月	庚寅			辛卯			壬辰			癸巳			甲午			乙未		
節氣	立春			驚蟄			清明			立夏			芒種			小暑		
	2/4 12時32分 午時			3/6 6時29分 卯時			4/5 11時11分 午時			5/6 4時23分 寅時			6/6 8時27分 辰時			7/7 18時41分 酉時		
日	國曆	農曆	干支	國曆	農曆	干支	國曆	農曆	干支	國曆	農曆	干支	國曆	農曆	干支	國曆	農曆	干
	2/4	1/2	庚寅	3/6	2/2	庚申	4/5	3/3	庚寅	5/6	4/4	辛酉	6/6	5/5	壬辰	7/7	6/7	癸亥
	2/5	1/3	辛卯	3/7	2/3	辛酉	4/6	3/4	辛卯	5/7	4/5	壬戌	6/7	5/6	癸巳	7/8	6/8	甲子
	2/6	1/4	壬辰	3/8	2/4	壬戌	4/7	3/5	壬辰	5/8	4/6	癸亥	6/8	5/7	甲午	7/9	6/9	乙丑
	2/7	1/5	癸巳	3/9	2/5	癸亥	4/8	3/6	癸巳	5/9	4/7	甲子	6/9	5/8	乙未	7/10	6/10	丙寅
2	2/8	1/6	甲午	3/10	2/6	甲子	4/9	3/7	甲午	5/10	4/8	乙丑	6/10	5/9	丙申	7/11	6/11	丁卯
0	2/9	1/7	乙未	3/11	2/7	乙丑	4/10	3/8	乙未	5/11	4/9	丙寅	6/11	5/10	丁酉	7/12	6/12	戊辰
1	2/10	1/8	丙申	3/12	2/8	丙寅	4/11	3/9	丙申	5/12	4/10	丁卯	6/12	5/11	戊戌	7/13	6/13	己巳
1	2/11	1/9	丁酉	3/13	2/9	丁卯	4/12	3/10	丁酉	5/13	4/11	戊辰	6/13	5/12	己亥	7/14	6/14	庚午
	2/12	1/10	戊戌	3/14	2/10	戊辰	4/13	3/11	戊戌	5/14	4/12	己巳	6/14	5/13	庚子	7/15	6/15	辛未
	2/13	1/11	己亥	3/15	2/11	己巳	4/14	3/12	己亥	5/15	4/13	庚午	6/15	5/14	辛丑	7/16	6/16	壬申
	2/14	1/12	庚子	3/16	2/12	庚午	4/15	3/13	庚子	5/16	4/14	辛未	6/16	5/15	壬寅	7/17	6/17	癸酉
	2/15	1/13	辛丑	3/17	2/13	辛未	4/16	3/14	辛丑	5/17	4/15	壬申	6/17	5/16	癸卯	7/18	6/18	甲戌
	2/16	1/14	壬寅	3/18	2/14	壬申	4/17	3/15	壬寅	5/18	4/16	癸酉	6/18	5/17	甲辰	7/19	6/19	乙亥
	2/17	1/15	癸卯	3/19	2/15	癸酉	4/18	3/16	癸卯	5/19	4/17	甲戌	6/19	5/18	乙巳	7/20	6/20	丙子
	2/18	1/16	甲辰	3/20	2/16	甲戌	4/19	3/17	甲辰	5/20	4/18	乙亥	6/20	5/19	丙午	7/21	6/21	丁丑
兔	2/19	1/17	乙巳	3/21	2/17	乙亥	4/20	3/18	乙巳	5/21	4/19	丙子	6/21	5/20	丁未	7/22	6/22	戊寅
	2/20	1/18	丙午	3/22	2/18	丙子	4/21	3/19	丙午	5/22	4/20	丁丑	6/22	5/21	戊申	7/23	6/23	己卯
	2/21	1/19	丁未	3/23	2/19	丁丑	4/22	3/20	丁未	5/23	4/21	戊寅	6/23	5/22	己酉	7/24	6/24	庚辰
	2/22	1/20	戊申	3/24	2/20	戊寅	4/23	3/21	戊申	5/24	4/22	己卯	6/24	5/23	庚戌	7/25	6/25	辛巳
	2/23	1/21	己酉	3/25	2/21	己卯	4/24	3/22	己酉	5/25	4/23	庚辰	6/25	5/24	辛亥	7/26	6/26	壬午
	2/24	1/22	庚戌	3/26	2/22	庚辰	4/25	3/23	庚戌	5/26	4/24	辛巳	6/26	5/25	壬子	7/27	6/27	癸未
中	2/25	1/23	辛亥	3/27	2/23	辛巳	4/26	3/24	辛亥	5/27	4/25	壬午	6/27	5/26	癸丑	7/28	6/28	甲申
華	2/26	1/24	壬子	3/28	2/24	壬午	4/27	3/25	壬子	5/28	4/26	癸未	6/28	5/27	甲寅	7/29	6/29	乙酉
民	2/27	1/25	癸丑	3/29	2/25	癸未	4/28	3/26	癸丑	5/29	4/27	甲申	6/29	5/28	乙卯	7/30	6/30	丙戌
國	2/28	1/26	甲寅	3/30	2/26	甲申	4/29	3/27	甲寅	5/30	4/28	乙酉	6/30	5/29	丙辰	7/31	7/1	丁亥
一	3/1	1/27	乙卯	3/31	2/27	乙酉	4/30	3/28	乙卯	5/31	4/29	丙戌	7/1	6/1	丁巳	8/1	7/2	戊子
百	3/2	1/28	丙辰	4/1	2/28	丙戌	5/1	3/29	丙辰	6/1	4/30	丁亥	7/2	6/2	戊午	8/2	7/3	己丑
年	3/3	1/29	丁巳	4/2	2/29	丁亥	5/2	3/30	丁巳	6/2	5/1	戊子	7/3	6/3	己未	8/3	7/4	庚寅
	3/4	1/30	戊午	4/3	3/1	戊子	5/3	4/1	戊午	6/3	5/2	己丑	7/4	6/4	庚申	8/4	7/5	辛卯
	3/5	2/1	己未	4/4	3/2	己丑	5/4	4/2	己未	6/4	5/3	庚寅	7/5	6/5	辛酉	8/5	7/6	壬辰
							5/5	4/3	庚申	6/5	5/4	辛卯	7/6	6/6	壬戌	8/6	7/7	癸巳
																8/7	7/8	甲午
中氣	雨水			春分			穀雨			小滿			夏至			大暑		
	2/19 8時25分 辰時			3/21 7時20分 辰時			4/20 18時17分 酉時			5/21 17時21分 酉時			6/22 1時16分 丑時			7/23 12時11分 午時		

辛卯

節氣（節）：
- 丙申　立秋　8/8 4時33分 寅時
- 丁酉　白露　9/8 7時34分 辰時
- 戊戌　寒露　10/8 23時19分 子時
- 己亥　立冬　11/8 2時34分 丑時
- 庚子　大雪　12/7 19時28分 戌時
- 辛丑　小寒　1/6 6時43分 卯時

丙申 國曆	農曆	干支	丁酉 國曆	農曆	干支	戊戌 國曆	農曆	干支	己亥 國曆	農曆	干支	庚子 國曆	農曆	干支	辛丑 國曆	農曆	干支
8/8	7/9	乙未	9/8	8/11	丙寅	10/8	9/12	丙申	11/8	10/13	丁卯	12/7	11/13	丙申	1/6	12/13	丙寅
8/9	7/10	丙申	9/9	8/12	丁卯	10/9	9/13	丁酉	11/9	10/14	戊辰	12/8	11/14	丁酉	1/7	12/14	丁卯
8/10	7/11	丁酉	9/10	8/13	戊辰	10/10	9/14	戊戌	11/10	10/15	己巳	12/9	11/15	戊戌	1/8	12/15	戊辰
8/11	7/12	戊戌	9/11	8/14	己巳	10/11	9/15	己亥	11/11	10/16	庚午	12/10	11/16	己亥	1/9	12/16	己巳
8/12	7/13	己亥	9/12	8/15	庚午	10/12	9/16	庚子	11/12	10/17	辛未	12/11	11/17	庚子	1/10	12/17	庚午
8/13	7/14	庚子	9/13	8/16	辛未	10/13	9/17	辛丑	11/13	10/18	壬申	12/12	11/18	辛丑	1/11	12/18	辛未
8/14	7/15	辛丑	9/14	8/17	壬申	10/14	9/18	壬寅	11/14	10/19	癸酉	12/13	11/19	壬寅	1/12	12/19	壬申
8/15	7/16	壬寅	9/15	8/18	癸酉	10/15	9/19	癸卯	11/15	10/20	甲戌	12/14	11/20	癸卯	1/13	12/20	癸酉
8/16	7/17	癸卯	9/16	8/19	甲戌	10/16	9/20	甲辰	11/16	10/21	乙亥	12/15	11/21	甲辰	1/14	12/21	甲戌
8/17	7/18	甲辰	9/17	8/20	乙亥	10/17	9/21	乙巳	11/17	10/22	丙子	12/16	11/22	乙巳	1/15	12/22	乙亥
8/18	7/19	乙巳	9/18	8/21	丙子	10/18	9/22	丙午	11/18	10/23	丁丑	12/17	11/23	丙午	1/16	12/23	丙子
8/19	7/20	丙午	9/19	8/22	丁丑	10/19	9/23	丁未	11/19	10/24	戊寅	12/18	11/24	丁未	1/17	12/24	丁丑
8/20	7/21	丁未	9/20	8/23	戊寅	10/20	9/24	戊申	11/20	10/25	己卯	12/19	11/25	戊申	1/18	12/25	戊寅
8/21	7/22	戊申	9/21	8/24	己卯	10/21	9/25	己酉	11/21	10/26	庚辰	12/20	11/26	己酉	1/19	12/26	己卯
8/22	7/23	己酉	9/22	8/25	庚辰	10/22	9/26	庚戌	11/22	10/27	辛巳	12/21	11/27	庚戌	1/20	12/27	庚辰
8/23	7/24	庚戌	9/23	8/26	辛巳	10/23	9/27	辛亥	11/23	10/28	壬午	12/22	11/28	辛亥	1/21	12/28	辛巳
8/24	7/25	辛亥	9/24	8/27	壬午	10/24	9/28	壬子	11/24	10/29	癸未	12/23	11/29	壬子	1/22	12/29	壬午
8/25	7/26	壬子	9/25	8/28	癸未	10/25	9/29	癸丑	11/25	11/1	甲申	12/24	11/30	癸丑	1/23	1/1	癸未
8/26	7/27	癸丑	9/26	8/29	甲申	10/26	9/30	甲寅	11/26	11/2	乙酉	12/25	12/1	甲寅	1/24	1/2	甲申
8/27	7/28	甲寅	9/27	9/1	乙酉	10/27	10/1	乙卯	11/27	11/3	丙戌	12/26	12/2	乙卯	1/25	1/3	乙酉
8/28	7/29	乙卯	9/28	9/2	丙戌	10/28	10/2	丙辰	11/28	11/4	丁亥	12/27	12/3	丙辰	1/26	1/4	丙戌
8/29	8/1	丙辰	9/29	9/3	丁亥	10/29	10/3	丁巳	11/29	11/5	戊子	12/28	12/4	丁巳	1/27	1/5	丁亥
8/30	8/2	丁巳	9/30	9/4	戊子	10/30	10/4	戊午	11/30	11/6	己丑	12/29	12/5	戊午	1/28	1/6	戊子
8/31	8/3	戊午	10/1	9/5	己丑	10/31	10/5	己未	12/1	11/7	庚寅	12/30	12/6	己未	1/29	1/7	己丑
9/1	8/4	己未	10/2	9/6	庚寅	11/1	10/6	庚申	12/2	11/8	辛卯	12/31	12/7	庚申	1/30	1/8	庚寅
9/2	8/5	庚申	10/3	9/7	辛卯	11/2	10/7	辛酉	12/3	11/9	壬辰	1/1	12/8	辛酉	1/31	1/9	辛卯
9/3	8/6	辛酉	10/4	9/8	壬辰	11/3	10/8	壬戌	12/4	11/10	癸巳	1/2	12/9	壬戌	2/1	1/10	壬辰
9/4	8/7	壬戌	10/5	9/9	癸巳	11/4	10/9	癸亥	12/5	11/11	甲午	1/3	12/10	癸亥	2/2	1/11	癸巳
9/5	8/8	癸亥	10/6	9/10	甲午	11/5	10/10	甲子	12/6	11/12	乙未	1/4	12/11	甲子	2/3	1/12	甲午
9/6	8/9	甲子	10/7	9/11	乙未	11/6	10/11	乙丑				1/5	12/12	乙丑			
9/7	8/10	乙丑				11/7	10/12	丙寅									

中氣（氣）：
- 處暑　8/23 19時20分 戌時
- 秋分　9/23 17時4分 酉時
- 霜降　10/24 2時30分 丑時
- 小雪　11/23 0時7分 子時
- 冬至　12/22 13時29分 未時
- 大寒　1/21 0時9分 子時

年	壬辰

月	壬寅	癸卯	甲辰	乙巳	丙午	丁未
節氣	立春	驚蟄	清明	立夏	芒種	小暑
	2/4 18時22分 酉時	3/5 12時20分 午時	4/4 17時5分 酉時	5/5 10時19分 巳時	6/5 14時25分 未時	7/7 0時40分 子時

左側縱向標記：2012 / 龍 / 中華民國一百零一年

壬寅 國曆	農曆	干支	癸卯 國曆	農曆	干支	甲辰 國曆	農曆	干支	乙巳 國曆	農曆	干支	丙午 國曆	農曆	干支	丁未 國曆	農曆	干支
2 4	1 13	乙未	3 5	2 13	乙丑	4 4	3 14	乙未	5 5	4 15	丙寅	6 5	閏4 16	丁酉	7 7	5 19	己巳
2 5	1 14	丙申	3 6	2 14	丙寅	4 5	3 15	丙申	5 6	4 16	丁卯	6 6	閏4 17	戊戌	7 8	5 20	庚午
2 6	1 15	丁酉	3 7	2 15	丁卯	4 6	3 16	丁酉	5 7	4 17	戊辰	6 7	閏4 18	己亥	7 9	5 21	辛未
2 7	1 16	戊戌	3 8	2 16	戊辰	4 7	3 17	戊戌	5 8	4 18	己巳	6 8	閏4 19	庚子	7 10	5 22	壬申
2 8	1 17	己亥	3 9	2 17	己巳	4 8	3 18	己亥	5 9	4 19	庚午	6 9	閏4 20	辛丑	7 11	5 23	癸酉
2 9	1 18	庚子	3 10	2 18	庚午	4 9	3 19	庚子	5 10	4 20	辛未	6 10	閏4 21	壬寅	7 12	5 24	甲戌
2 10	1 19	辛丑	3 11	2 19	辛未	4 10	3 20	辛丑	5 11	4 21	壬申	6 11	閏4 22	癸卯	7 13	5 25	乙亥
2 11	1 20	壬寅	3 12	2 20	壬申	4 11	3 21	壬寅	5 12	4 22	癸酉	6 12	閏4 23	甲辰	7 14	5 26	丙子
2 12	1 21	癸卯	3 13	2 21	癸酉	4 12	3 22	癸卯	5 13	4 23	甲戌	6 13	閏4 24	乙巳	7 15	5 27	丁丑
2 13	1 22	甲辰	3 14	2 22	甲戌	4 13	3 23	甲辰	5 14	4 24	乙亥	6 14	閏4 25	丙午	7 16	5 28	戊寅
2 14	1 23	乙巳	3 15	2 23	乙亥	4 14	3 24	乙巳	5 15	4 25	丙子	6 15	閏4 26	丁未	7 17	5 29	己卯
2 15	1 24	丙午	3 16	2 24	丙子	4 15	3 25	丙午	5 16	4 26	丁丑	6 16	閏4 27	戊申	7 18	5 30	庚辰
2 16	1 25	丁未	3 17	2 25	丁丑	4 16	3 26	丁未	5 17	4 27	戊寅	6 17	閏4 28	己酉	7 19	6 1	辛巳
2 17	1 26	戊申	3 18	2 26	戊寅	4 17	3 27	戊申	5 18	4 28	己卯	6 18	閏4 29	庚戌	7 20	6 2	壬午
2 18	1 27	己酉	3 19	2 27	己卯	4 18	3 28	己酉	5 19	4 29	庚辰	6 19	5 1	辛亥	7 21	6 3	癸未
2 19	1 28	庚戌	3 20	2 28	庚辰	4 19	3 29	庚戌	5 20	4 30	辛巳	6 20	5 2	壬子	7 22	6 4	甲申
2 20	1 29	辛亥	3 21	2 29	辛巳	4 20	3 30	辛亥	5 21	閏4 1	壬午	6 21	5 3	癸丑	7 23	6 5	乙酉
2 21	1 30	壬子	3 22	3 1	壬午	4 21	4 1	壬子	5 22	閏4 2	癸未	6 22	5 4	甲寅	7 24	6 6	丙戌
2 22	2 1	癸丑	3 23	3 2	癸未	4 22	4 2	癸丑	5 23	閏4 3	甲申	6 23	5 5	乙卯	7 25	6 7	丁亥
2 23	2 2	甲寅	3 24	3 3	甲申	4 23	4 3	甲寅	5 24	閏4 4	乙酉	6 24	5 6	丙辰	7 26	6 8	戊子
2 24	2 3	乙卯	3 25	3 4	乙酉	4 24	4 4	乙卯	5 25	閏4 5	丙戌	6 25	5 7	丁巳	7 27	6 9	己丑
2 25	2 4	丙辰	3 26	3 5	丙戌	4 25	4 5	丙辰	5 26	閏4 6	丁亥	6 26	5 8	戊午	7 28	6 10	庚寅
2 26	2 5	丁巳	3 27	3 6	丁亥	4 26	4 6	丁巳	5 27	閏4 7	戊子	6 27	5 9	己未	7 29	6 11	辛卯
2 27	2 6	戊午	3 28	3 7	戊子	4 27	4 7	戊午	5 28	閏4 8	己丑	6 28	5 10	庚申	7 30	6 12	壬辰
2 28	2 7	己未	3 29	3 8	己丑	4 28	4 8	己未	5 29	閏4 9	庚寅	6 29	5 11	辛酉	7 31	6 13	癸巳
2 29	2 8	庚申	3 30	3 9	庚寅	4 29	4 9	庚申	5 30	閏4 10	辛卯	6 30	5 12	壬戌	8 1	6 14	甲午
3 1	2 9	辛酉	3 31	3 10	辛卯	4 30	4 10	辛酉	5 31	閏4 11	壬辰	7 1	5 13	癸亥	8 2	6 15	乙未
3 2	2 10	壬戌	4 1	3 11	壬辰	5 1	4 11	壬戌	6 1	閏4 12	癸巳	7 2	5 14	甲子	8 3	6 16	丙申
3 3	2 11	癸亥	4 2	3 12	癸巳	5 2	4 12	癸亥	6 2	閏4 13	甲午	7 3	5 15	乙丑	8 4	6 17	丁酉
3 4	2 12	甲子	4 3	3 13	甲午	5 3	4 13	甲子	6 3	閏4 14	乙未	7 4	5 16	丙寅	8 5	6 18	戊戌
						5 4	4 14	乙丑	6 4	閏4 15	丙申	7 5	5 17	丁卯	8 6	6 19	己亥
												7 6	5 18	戊辰			

中氣	雨水	春分	穀雨	小滿	夏至	大暑
	2/19 14時17分 未時	3/20 13時14分 未時	4/20 0時11分 子時	5/20 23時15分 子時	6/21 7時8分 辰時	7/22 18時0分 酉時

		壬辰				年

戊申	己酉	庚戌	辛亥	壬子	癸丑	月
立秋	白露	寒露	立冬	大雪	小寒	節氣
10時30分 巳時	9/7 13時28分 未時	10/8 5時11分 卯時	11/7 8時25分 辰時	12/7 1時18分 丑時	1/5 12時33分 午時	

曆 農曆 干支	國曆 農曆 干支	國曆 農曆 干支	國曆 農曆 干支	國曆 農曆 干支	國曆 農曆 干支	日
7　6 20　庚子	9 7　7 22　辛未	10 8　8 23　壬寅	11 7　9 24　壬申	12 7　10 24　壬寅	1 5　11 24　辛未	
8　6 21　辛丑	9 8　7 23　壬申	10 9　8 24　癸卯	11 8　9 25　癸酉	12 8　10 25　癸卯	1 6　11 25　壬申	
9　6 22　壬寅	9 9　7 24　癸酉	10 10　8 25　甲辰	11 9　9 26　甲戌	12 9　10 26　甲辰	1 7　11 26　癸酉	2
10　6 23　癸卯	9 10　7 25　甲戌	10 11　8 26　乙巳	11 10　9 27　乙亥	12 10　10 27　乙巳	1 8　11 27　甲戌	0
11　6 24　甲辰	9 11　7 26　乙亥	10 12　8 27　丙午	11 11　9 28　丙子	12 11　10 28　丙午	1 9　11 28　乙亥	1
12　6 25　乙巳	9 12　7 27　丙子	10 13　8 28　丁未	11 12　9 29　丁丑	12 12　10 29　丁未	1 10　11 29　丙子	2
13　6 26　丙午	9 13　7 28　丁丑	10 14　8 29　戊申	11 13　9 30　戊寅	12 13　11 1　戊申	1 11　11 30　丁丑	·
14　6 27　丁未	9 14　7 29　戊寅	10 15　9 1　己酉	11 14　10 1　己卯	12 14　11 2　己酉	1 12　12 1　戊寅	2
15　6 28　戊申	9 15　7 30　己卯	10 16　9 2　庚戌	11 15　10 2　庚辰	12 15　11 3　庚戌	1 13　12 2　己卯	0
16　6 29　己酉	9 16　8 1　庚辰	10 17　9 3　辛亥	11 16　10 3　辛巳	12 16　11 4　辛亥	1 14　12 3　庚辰	1
17　7 1　庚戌	9 17　8 2　辛巳	10 18　9 4　壬子	11 17　10 4　壬午	12 17　11 5　壬子	1 15　12 4　辛巳	3
18　7 2　辛亥	9 18　8 3　壬午	10 19　9 5　癸丑	11 18　10 5　癸未	12 18　11 6　癸丑	1 16　12 5　壬午	
19　7 3　壬子	9 19　8 4　癸未	10 20　9 6　甲寅	11 19　10 6　甲申	12 19　11 7　甲寅	1 17　12 6　癸未	
20　7 4　癸丑	9 20　8 5　甲申	10 21　9 7　乙卯	11 20　10 7　乙酉	12 20　11 8　乙卯	1 18　12 7　甲申	
21　7 5　甲寅	9 21　8 6　乙酉	10 22　9 8　丙辰	11 21　10 8　丙戌	12 21　11 9　丙辰	1 19　12 8　乙酉	龍
22　7 6　乙卯	9 22　8 7　丙戌	10 23　9 9　丁巳	11 22　10 9　丁亥	12 22　11 10　丁巳	1 20　12 9　丙戌	
23　7 7　丙辰	9 23　8 8　丁亥	10 24　9 10　戊午	11 23　10 10　戊子	12 23　11 11　戊午	1 21　12 10　丁亥	
24　7 8　丁巳	9 24　8 9　戊子	10 25　9 11　己未	11 24　10 11　己丑	12 24　11 12　己未	1 22　12 11　戊子	
25　7 9　戊午	9 25　8 10　己丑	10 26　9 12　庚申	11 25　10 12　庚寅	12 25　11 13　庚申	1 23　12 12　己丑	
26　7 10　己未	9 26　8 11　庚寅	10 27　9 13　辛酉	11 26　10 13　辛卯	12 26　11 14　辛酉	1 24　12 13　庚寅	
27　7 11　庚申	9 27　8 12　辛卯	10 28　9 14　壬戌	11 27　10 14　壬辰	12 27　11 15　壬戌	1 25　12 14　辛卯	中
28　7 12　辛酉	9 28　8 13　壬辰	10 29　9 15　癸亥	11 28　10 15　癸巳	12 28　11 16　癸亥	1 26　12 15　壬辰	華
29　7 13　壬戌	9 29　8 14　癸巳	10 30　9 16　甲子	11 29　10 16　甲午	12 29　11 17　甲子	1 27　12 16　癸巳	民
30　7 14　癸亥	9 30　8 15　甲午	10 31　9 17　乙丑	11 30　10 17　乙未	12 30　11 18　乙丑	1 28　12 17　甲午	國
31　7 15　甲子	10 1　8 16　乙未	11 1　9 18　丙寅	12 1　10 18　丙申	12 31　11 19　丙寅	1 29　12 18　乙未	一
1　7 16　乙丑	10 2　8 17　丙申	11 2　9 19　丁卯	12 2　10 19　丁酉	1 1　11 20　丁卯	1 30　12 19　丙申	百
2　7 17　丙寅	10 3　8 18　丁酉	11 3　9 20　戊辰	12 3　10 20　戊戌	1 2　11 21　戊辰	1 31　12 20　丁酉	零
3　7 18　丁卯	10 4　8 19　戊戌	11 4　9 21　己巳	12 4　10 21　己亥	1 3　11 22　己巳	2 1　12 21　戊戌	一
4　7 19　戊辰	10 5　8 20　己亥	11 5　9 22　庚午	12 5　10 22　庚子	1 4　11 23　庚午	2 2　12 22　己亥	·
5　7 20　己巳	10 6　8 21　庚子	11 6　9 23　辛未	12 6　10 23　辛丑		2 3　12 23　庚子	一
6　7 21　庚午	10 7　8 22　辛丑					百

處暑	秋分	霜降	小雪	冬至	大寒	中
23 1時6分 丑時	9/22 22時48分 亥時	10/23 8時13分 辰時	11/22 5時50分 卯時	12/21 19時11分 戌時	1/20 5時51分 卯時	氣

（年欄：零二年）

年	癸巳

月 / 節氣:

月	甲寅	乙卯	丙辰	丁巳	戊午	己未
節氣	立春	驚蟄	清明	立夏	芒種	小暑
	2/4 0時13分 子時	3/5 18時14分 酉時	4/4 23時2分 子時	5/5 16時18分 申時	6/5 20時23分 戌時	7/7 6時34分 卯時

甲寅 國曆	農曆	干支	乙卯 國曆	農曆	干支	丙辰 國曆	農曆	干支	丁巳 國曆	農曆	干支	戊午 國曆	農曆	干支	己未 國曆	農曆	干支
2/4	12/24	辛丑	3/5	1/24	庚午	4/4	2/24	庚子	5/5	3/26	辛未	6/5	4/27	壬寅	7/7	5/30	甲
2/5	12/25	壬寅	3/6	1/25	辛未	4/5	2/25	辛丑	5/6	3/27	壬申	6/6	4/28	癸卯	7/8	6/1	乙
2/6	12/26	癸卯	3/7	1/26	壬申	4/6	2/26	壬寅	5/7	3/28	癸酉	6/7	4/29	甲辰	7/9	6/2	丙
2/7	12/27	甲辰	3/8	1/27	癸酉	4/7	2/27	癸卯	5/8	3/29	甲戌	6/8	5/1	乙巳	7/10	6/3	丁
2/8	12/28	乙巳	3/9	1/28	甲戌	4/8	2/28	甲辰	5/9	3/30	乙亥	6/9	5/2	丙午	7/11	6/4	戊
2/9	12/29	丙午	3/10	1/29	乙亥	4/9	2/29	乙巳	5/10	4/1	丙子	6/10	5/3	丁未	7/12	6/5	己
2/10	1/1	丁未	3/11	1/30	丙子	4/10	3/1	丙午	5/11	4/2	丁丑	6/11	5/4	戊申	7/13	6/6	庚
2/11	1/2	戊申	3/12	2/1	丁丑	4/11	3/2	丁未	5/12	4/3	戊寅	6/12	5/5	己酉	7/14	6/7	辛
2/12	1/3	己酉	3/13	2/2	戊寅	4/12	3/3	戊申	5/13	4/4	己卯	6/13	5/6	庚戌	7/15	6/8	壬
2/13	1/4	庚戌	3/14	2/3	己卯	4/13	3/4	己酉	5/14	4/5	庚辰	6/14	5/7	辛亥	7/16	6/9	癸
2/14	1/5	辛亥	3/15	2/4	庚辰	4/14	3/5	庚戌	5/15	4/6	辛巳	6/15	5/8	壬子	7/17	6/10	甲
2/15	1/6	壬子	3/16	2/5	辛巳	4/15	3/6	辛亥	5/16	4/7	壬午	6/16	5/9	癸丑	7/18	6/11	乙
2/16	1/7	癸丑	3/17	2/6	壬午	4/16	3/7	壬子	5/17	4/8	癸未	6/17	5/10	甲寅	7/19	6/12	丙
2/17	1/8	甲寅	3/18	2/7	癸未	4/17	3/8	癸丑	5/18	4/9	甲申	6/18	5/11	乙卯	7/20	6/13	丁
2/18	1/9	乙卯	3/19	2/8	甲申	4/18	3/9	甲寅	5/19	4/10	乙酉	6/19	5/12	丙辰	7/21	6/14	戊
2/19	1/10	丙辰	3/20	2/9	乙酉	4/19	3/10	乙卯	5/20	4/11	丙戌	6/20	5/13	丁巳	7/22	6/15	己
2/20	1/11	丁巳	3/21	2/10	丙戌	4/20	3/11	丙辰	5/21	4/12	丁亥	6/21	5/14	戊午	7/23	6/16	庚
2/21	1/12	戊午	3/22	2/11	丁亥	4/21	3/12	丁巳	5/22	4/13	戊子	6/22	5/15	己未	7/24	6/17	辛
2/22	1/13	己未	3/23	2/12	戊子	4/22	3/13	戊午	5/23	4/14	己丑	6/23	5/16	庚申	7/25	6/18	壬
2/23	1/14	庚申	3/24	2/13	己丑	4/23	3/14	己未	5/24	4/15	庚寅	6/24	5/17	辛酉	7/26	6/19	癸
2/24	1/15	辛酉	3/25	2/14	庚寅	4/24	3/15	庚申	5/25	4/16	辛卯	6/25	5/18	壬戌	7/27	6/20	甲
2/25	1/16	壬戌	3/26	2/15	辛卯	4/25	3/16	辛酉	5/26	4/17	壬辰	6/26	5/19	癸亥	7/28	6/21	乙
2/26	1/17	癸亥	3/27	2/16	壬辰	4/26	3/17	壬戌	5/27	4/18	癸巳	6/27	5/20	甲子	7/29	6/22	丙
2/27	1/18	甲子	3/28	2/17	癸巳	4/27	3/18	癸亥	5/28	4/19	甲午	6/28	5/21	乙丑	7/30	6/23	丁
2/28	1/19	乙丑	3/29	2/18	甲午	4/28	3/19	甲子	5/29	4/20	乙未	6/29	5/22	丙寅	7/31	6/24	戊
3/1	1/20	丙寅	3/30	2/19	乙未	4/29	3/20	乙丑	5/30	4/21	丙申	6/30	5/23	丁卯	8/1	6/25	己
3/2	1/21	丁卯	3/31	2/20	丙申	4/30	3/21	丙寅	5/31	4/22	丁酉	7/1	5/24	戊辰	8/2	6/26	庚
3/3	1/22	戊辰	4/1	2/21	丁酉	5/1	3/22	丁卯	6/1	4/23	戊戌	7/2	5/25	己巳	8/3	6/27	辛
3/4	1/23	己巳	4/2	2/22	戊戌	5/2	3/23	戊辰	6/2	4/24	己亥	7/3	5/26	庚午	8/4	6/28	壬
			4/3	2/23	己亥	5/3	3/24	己巳	6/3	4/25	庚子	7/4	5/27	辛未	8/5	6/29	癸
						5/4	3/25	庚午	6/4	4/26	辛丑	7/5	5/28	壬申	8/6	6/30	甲
												7/6	5/29	癸酉			

左側欄：2013／蛇／中華民國一百零二年

中氣:

中氣	雨水	春分	穀雨	小滿	夏至	大暑
	2/18 20時1分 戌時	3/20 19時1分 戌時	4/20 6時3分 卯時	5/21 5時9分 卯時	6/21 13時3分 未時	7/22 23時55分 子時

癸巳　中華民國一百零二・一百零三年（蛇）　2013・2014

月	節氣（日時）	中氣（日時）
庚申	立秋　16時20分 申時	處暑　8/23 7時1分 辰時
辛酉	白露　9/7 19時16分 戌時	秋分　9/23 4時44分 寅時
壬戌	寒露　10/8 10時58分 巳時	霜降　10/23 14時9分 未時
癸亥	立冬　11/7 14時13分 未時	小雪　11/22 11時48分 午時
甲子	大雪　12/7 7時8分 辰時	冬至　12/22 1時10分 丑時
乙丑	小寒　1/5 18時24分 酉時	大寒　1/20 11時51分 午時

庚申			辛酉			壬戌			癸亥			甲子			乙丑		
國曆	農曆	干支	國曆	農曆	干支	國曆	農曆	干支	國曆	農曆	干支	國曆	農曆	干支	國曆	農曆	干支
7	7 1	乙巳	9 7	8 3	丙子	10 8	9 4	丁未	11 7	10 5	丁丑	12 7	11 5	丁未	1 5	12 5	丙子
8	7 2	丙午	9 8	8 4	丁丑	10 9	9 5	戊申	11 8	10 6	戊寅	12 8	11 6	戊申	1 6	12 6	丁丑
9	7 3	丁未	9 9	8 5	戊寅	10 10	9 6	己酉	11 9	10 7	己卯	12 9	11 7	己酉	1 7	12 7	戊寅
10	7 4	戊申	9 10	8 6	己卯	10 11	9 7	庚戌	11 10	10 8	庚辰	12 10	11 8	庚戌	1 8	12 8	己卯
11	7 5	己酉	9 11	8 7	庚辰	10 12	9 8	辛亥	11 11	10 9	辛巳	12 11	11 9	辛亥	1 9	12 9	庚辰
12	7 6	庚戌	9 12	8 8	辛巳	10 13	9 9	壬子	11 12	10 10	壬午	12 12	11 10	壬子	1 10	12 10	辛巳
13	7 7	辛亥	9 13	8 9	壬午	10 14	9 10	癸丑	11 13	10 11	癸未	12 13	11 11	癸丑	1 11	12 11	壬午
14	7 8	壬子	9 14	8 10	癸未	10 15	9 11	甲寅	11 14	10 12	甲申	12 14	11 12	甲寅	1 12	12 12	癸未
15	7 9	癸丑	9 15	8 11	甲申	10 16	9 12	乙卯	11 15	10 13	乙酉	12 15	11 13	乙卯	1 13	12 13	甲申
16	7 10	甲寅	9 16	8 12	乙酉	10 17	9 13	丙辰	11 16	10 14	丙戌	12 16	11 14	丙辰	1 14	12 14	乙酉
17	7 11	乙卯	9 17	8 13	丙戌	10 18	9 14	丁巳	11 17	10 15	丁亥	12 17	11 15	丁巳	1 15	12 15	丙戌
18	7 12	丙辰	9 18	8 14	丁亥	10 19	9 15	戊午	11 18	10 16	戊子	12 18	11 16	戊午	1 16	12 16	丁亥
19	7 13	丁巳	9 19	8 15	戊子	10 20	9 16	己未	11 19	10 17	己丑	12 19	11 17	己未	1 17	12 17	戊子
20	7 14	戊午	9 20	8 16	己丑	10 21	9 17	庚申	11 20	10 18	庚寅	12 20	11 18	庚申	1 18	12 18	己丑
21	7 15	己未	9 21	8 17	庚寅	10 22	9 18	辛酉	11 21	10 19	辛卯	12 21	11 19	辛酉	1 19	12 19	庚寅
22	7 16	庚申	9 22	8 18	辛卯	10 23	9 19	壬戌	11 22	10 20	壬辰	12 22	11 20	壬戌	1 20	12 20	辛卯
23	7 17	辛酉	9 23	8 19	壬辰	10 24	9 20	癸亥	11 23	10 21	癸巳	12 23	11 21	癸亥	1 21	12 21	壬辰
24	7 18	壬戌	9 24	8 20	癸巳	10 25	9 21	甲子	11 24	10 22	甲午	12 24	11 22	甲子	1 22	12 22	癸巳
25	7 19	癸亥	9 25	8 21	甲午	10 26	9 22	乙丑	11 25	10 23	乙未	12 25	11 23	乙丑	1 23	12 23	甲午
26	7 20	甲子	9 26	8 22	乙未	10 27	9 23	丙寅	11 26	10 24	丙申	12 26	11 24	丙寅	1 24	12 24	乙未
27	7 21	乙丑	9 27	8 23	丙申	10 28	9 24	丁卯	11 27	10 25	丁酉	12 27	11 25	丁卯	1 25	12 25	丙申
28	7 22	丙寅	9 28	8 24	丁酉	10 29	9 25	戊辰	11 28	10 26	戊戌	12 28	11 26	戊辰	1 26	12 26	丁酉
29	7 23	丁卯	9 29	8 25	戊戌	10 30	9 26	己巳	11 29	10 27	己亥	12 29	11 27	己巳	1 27	12 27	戊戌
30	7 24	戊辰	9 30	8 26	己亥	10 31	9 27	庚午	11 30	10 28	庚子	12 30	11 28	庚午	1 28	12 28	己亥
31	7 25	己巳	10 1	8 27	庚子	11 1	9 28	辛未	12 1	10 29	辛丑	12 31	11 29	辛未	1 29	12 29	庚子
1	7 26	庚午	10 2	8 28	辛丑	11 2	9 29	壬申	12 2	10 30	壬寅	1 1	12 1	壬申	1 30	12 30	辛丑
2	7 27	辛未	10 3	8 29	壬寅	11 3	10 1	癸酉	12 3	11 1	癸卯	1 2	12 2	癸酉	1 31	1 1	壬寅
3	7 28	壬申	10 4	8 30	癸卯	11 4	10 2	甲戌	12 4	11 2	甲辰	1 3	12 3	甲戌	2 1	1 2	癸卯
4	7 29	癸酉	10 5	9 1	甲辰	11 5	10 3	乙亥	12 5	11 3	乙巳	1 4	12 4	乙亥	2 2	1 3	甲辰
5	8 1	甲戌	10 6	9 2	乙巳	11 6	10 4	丙子	12 6	11 4	丙午				2 3	1 4	乙巳
6	8 2	乙亥	10 7	9 3	丙午												

年	甲午																	
月	丙寅			丁卯			戊辰			己巳			庚午			辛未		
節氣	立春			驚蟄			清明			立夏			芒種			小暑		
	2/4 6時3分 卯時			3/6 0時2分 子時			4/5 4時46分 寅時			5/5 21時59分 亥時			6/6 2時2分 丑時			7/7 12時14分 午時		
日	國曆	農曆	干支	國曆	農曆	干支	國曆	農曆	干支	國曆	農曆	干支	國曆	農曆	干支	國曆	農曆	干支
	2 4	1 5	丙午	3 6	2 6	丙子	4 5	3 6	丙午	5 5	4 7	丙子	6 6	5 9	戊申	7 7	6 11	己卯
	2 5	1 6	丁未	3 7	2 7	丁丑	4 6	3 7	丁未	5 6	4 8	丁丑	6 7	5 10	己酉	7 8	6 12	庚辰
	2 6	1 7	戊申	3 8	2 8	戊寅	4 7	3 8	戊申	5 7	4 9	戊寅	6 8	5 11	庚戌	7 9	6 13	辛巳
	2 7	1 8	己酉	3 9	2 9	己卯	4 8	3 9	己酉	5 8	4 10	己卯	6 9	5 12	辛亥	7 10	6 14	壬午
2	2 8	1 9	庚戌	3 10	2 10	庚辰	4 9	3 10	庚戌	5 9	4 11	庚辰	6 10	5 13	壬子	7 11	6 15	癸未
0	2 9	1 10	辛亥	3 11	2 11	辛巳	4 10	3 11	辛亥	5 10	4 12	辛巳	6 11	5 14	癸丑	7 12	6 16	甲申
1	2 10	1 11	壬子	3 12	2 12	壬午	4 11	3 12	壬子	5 11	4 13	壬午	6 12	5 15	甲寅	7 13	6 17	乙酉
4	2 11	1 12	癸丑	3 13	2 13	癸未	4 12	3 13	癸丑	5 12	4 14	癸未	6 13	5 16	乙卯	7 14	6 18	丙戌
	2 12	1 13	甲寅	3 14	2 14	甲申	4 13	3 14	甲寅	5 13	4 15	甲申	6 14	5 17	丙辰	7 15	6 19	丁亥
	2 13	1 14	乙卯	3 15	2 15	乙酉	4 14	3 15	乙卯	5 14	4 17	丙戌	6 15	5 18	丁巳	7 16	6 20	戊子
	2 14	1 15	丙辰	3 16	2 16	丙戌	4 15	3 16	丙辰	5 15	4 17	丙戌	6 16	5 19	戊午	7 17	6 21	己丑
	2 15	1 16	丁巳	3 17	2 17	丁亥	4 16	3 17	丁巳	5 16	4 18	丁亥	6 17	5 20	己未	7 18	6 22	庚寅
	2 16	1 17	戊午	3 18	2 18	戊子	4 17	3 18	戊午	5 17	4 19	戊子	6 18	5 21	庚申	7 19	6 23	辛卯
馬	2 17	1 18	己未	3 19	2 19	己丑	4 18	3 19	己未	5 18	4 20	己丑	6 19	5 22	辛酉	7 20	6 24	壬辰
	2 18	1 19	庚申	3 20	2 20	庚寅	4 19	3 20	庚申	5 19	4 21	庚寅	6 20	5 23	壬戌	7 21	6 25	癸巳
	2 19	1 20	辛酉	3 21	2 21	辛卯	4 20	3 21	辛酉	5 20	4 22	辛卯	6 21	5 24	癸亥	7 22	6 26	甲午
	2 20	1 21	壬戌	3 22	2 22	壬辰	4 21	3 22	壬戌	5 21	4 23	壬辰	6 22	5 25	甲子	7 23	6 27	乙未
	2 21	1 22	癸亥	3 23	2 23	癸巳	4 22	3 23	癸亥	5 22	4 24	癸巳	6 23	5 26	乙丑	7 24	6 28	丙申
	2 22	1 23	甲子	3 24	2 24	甲午	4 23	3 24	甲子	5 23	4 25	甲午	6 24	5 27	丙寅	7 25	6 29	丁酉
	2 23	1 24	乙丑	3 25	2 25	乙未	4 24	3 25	乙丑	5 24	4 26	乙未	6 25	5 28	丁卯	7 26	6 30	戊戌
	2 24	1 25	丙寅	3 26	2 26	丙申	4 25	3 26	丙寅	5 25	4 27	丙申	6 26	5 29	戊辰	7 27	7 1	己亥
	2 25	1 26	丁卯	3 27	2 27	丁酉	4 26	3 27	丁卯	5 26	4 28	丁酉	6 27	6 1	己巳	7 28	7 2	庚子
中	2 26	1 27	戊辰	3 28	2 28	戊戌	4 27	3 28	戊辰	5 27	4 29	戊戌	6 28	6 2	庚午	7 29	7 3	辛丑
華	2 27	1 28	己巳	3 29	2 29	己亥	4 28	3 29	己巳	5 28	4 30	己亥	6 29	6 3	辛未	7 30	7 4	壬寅
民	2 28	1 29	庚午	3 30	2 30	庚子	4 29	4 1	庚午	5 29	5 1	庚子	6 30	6 4	壬申	7 31	7 5	癸卯
國	3 1	2 1	辛未	3 31	3 1	辛丑	4 30	4 2	辛未	5 30	5 2	辛丑	7 1	6 5	癸酉	8 1	7 6	甲辰
一	3 2	2 2	壬申	4 1	3 2	壬寅	5 1	4 3	壬申	5 31	5 3	壬寅	7 2	6 6	甲戌	8 2	7 7	乙巳
百	3 3	2 3	癸酉	4 2	3 3	癸卯	5 2	4 4	癸酉	6 1	5 4	癸卯	7 3	6 7	乙亥	8 3	7 8	丙午
零	3 4	2 4	甲戌	4 3	3 4	甲辰	5 3	4 5	甲戌	6 2	5 5	甲辰	7 4	6 8	丙子	8 4	7 9	丁未
三	3 5	2 5	乙亥	4 4	3 5	乙巳	5 4	4 6	乙亥	6 3	5 6	乙巳	7 5	6 9	丁丑	8 5	7 10	戊申
年										6 4	5 7	丙午	7 6	6 10	戊寅	8 6	7 11	己酉
										6 5	5 8	丁未						
中氣	雨水			春分			穀雨			小滿			夏至			大暑		
	2/19 1時59分 丑時			3/21 0時56分 子時			4/20 11時55分 午時			5/21 10時58分 巳時			6/21 18時51分 酉時			7/23 5時41分 卯時		

甲午　年

月／節氣

月	壬申	癸酉	甲戌	乙亥	丙子	丁丑
節氣	立秋	白露	寒露	立冬	大雪	小寒
時間	22時2分 亥時	9/8 1時1分 丑時	10/8 16時47分 申時	11/7 20時6分 戌時	12/7 13時3分 未時	1/6 0時20分 子時

日曆

壬申 國曆	農曆	干支	癸酉 國曆	農曆	干支	甲戌 國曆	農曆	干支	乙亥 國曆	農曆	干支	丙子 國曆	農曆	干支	丁丑 國曆	農曆	干支	日
7	7 12	庚戌	9 8	8 15	壬午	10 8	9 15	壬子	11 7	9 15	壬午	12 7	10 16	壬子	1 6	11 16	壬午	
8	7 13	辛亥	9 9	8 16	癸未	10 9	9 16	癸丑	11 8	9 16	癸未	12 8	10 17	癸丑	1 7	11 17	癸未	
9	7 14	壬子	9 10	8 17	甲申	10 10	9 17	甲寅	11 9	9 17	甲申	12 9	10 18	甲寅	1 8	11 18	甲申	
10	7 15	癸丑	9 11	8 18	乙酉	10 11	9 18	乙卯	11 10	9 18	乙酉	12 10	10 19	乙卯	1 9	11 19	乙酉	
11	7 16	甲寅	9 12	8 19	丙戌	10 12	9 19	丙辰	11 11	9 19	丙戌	12 11	10 20	丙辰	1 10	11 20	丙戌	
12	7 17	乙卯	9 13	8 20	丁亥	10 13	9 20	丁巳	11 12	9 20	丁亥	12 12	10 21	丁巳	1 11	11 21	丁亥	
13	7 18	丙辰	9 14	8 21	戊子	10 14	9 21	戊午	11 13	9 21	戊子	12 13	10 22	戊午	1 12	11 22	戊子	
14	7 19	丁巳	9 15	8 22	己丑	10 15	9 22	己未	11 14	9 22	己丑	12 14	10 23	己未	1 13	11 23	己丑	
15	7 20	戊午	9 16	8 23	庚寅	10 16	9 23	庚申	11 15	9 23	庚寅	12 15	10 24	庚申	1 14	11 24	庚寅	
16	7 21	己未	9 17	8 24	辛卯	10 17	9 24	辛酉	11 16	9 24	辛卯	12 16	10 25	辛酉	1 15	11 25	辛卯	
17	7 22	庚申	9 18	8 25	壬辰	10 18	9 25	壬戌	11 17	9 25	壬辰	12 17	10 26	壬戌	1 16	11 26	壬辰	
18	7 23	辛酉	9 19	8 26	癸巳	10 19	9 26	癸亥	11 18	9 26	癸巳	12 18	10 27	癸亥	1 17	11 27	癸巳	
19	7 24	壬戌	9 20	8 27	甲午	10 20	9 27	甲子	11 19	9 27	甲午	12 19	10 28	甲子	1 18	11 28	甲午	
20	7 25	癸亥	9 21	8 28	乙未	10 21	9 28	乙丑	11 20	9 28	乙未	12 20	10 29	乙丑	1 19	11 29	乙未	
21	7 26	甲子	9 22	8 29	丙申	10 22	9 29	丙寅	11 21	9 29	丙申	12 21	10 30	丙寅	1 20	12 1	丙申	
22	7 27	乙丑	9 23	8 30	丁酉	10 23	9 30	丁卯	11 22	10 1	丁酉	12 22	11 1	丁卯	1 21	12 2	丁酉	
23	7 28	丙寅	9 24	9 1	戊戌	10 24	閏9 1	戊辰	11 23	10 2	戊戌	12 23	11 2	戊辰	1 22	12 3	戊戌	
24	7 29	丁卯	9 25	9 2	己亥	10 25	9 2	己巳	11 24	10 3	己亥	12 24	11 3	己巳	1 23	12 4	己亥	
25	8 1	戊辰	9 26	9 3	庚子	10 26	9 3	庚午	11 25	10 4	庚子	12 25	11 4	庚午	1 24	12 5	庚子	
26	8 2	己巳	9 27	9 4	辛丑	10 27	9 4	辛未	11 26	10 5	辛丑	12 26	11 5	辛未	1 25	12 6	辛丑	
27	8 3	庚午	9 28	9 5	壬寅	10 28	9 5	壬申	11 27	10 6	壬寅	12 27	11 6	壬申	1 26	12 7	壬寅	
28	8 4	辛未	9 29	9 6	癸卯	10 29	9 6	癸酉	11 28	10 7	癸卯	12 28	11 7	癸酉	1 27	12 8	癸卯	
29	8 5	壬申	9 30	9 7	甲辰	10 30	9 7	甲戌	11 29	10 8	甲辰	12 29	11 8	甲戌	1 28	12 9	甲辰	
30	8 6	癸酉	10 1	9 8	乙巳	10 31	9 8	乙亥	11 30	10 9	乙巳	12 30	11 9	乙亥	1 29	12 10	乙巳	
31	8 7	甲戌	10 2	9 9	丙午	11 1	9 9	丙子	12 1	10 10	丙午	12 31	11 10	丙子	1 30	12 11	丙午	
1	8 8	乙亥	10 3	9 10	丁未	11 2	9 10	丁丑	12 2	10 11	丁未	1 1	11 11	丁丑	1 31	12 12	丁未	
2	8 9	丙子	10 4	9 11	戊申	11 3	9 11	戊寅	12 3	10 12	戊申	1 2	11 12	戊寅	2 1	12 13	戊申	
3	8 10	丁丑	10 5	9 12	己酉	11 4	9 12	己卯	12 4	10 13	己酉	1 3	11 13	己卯	2 2	12 14	己酉	
4	8 11	戊寅	10 6	9 13	庚戌	11 5	9 13	庚辰	12 5	10 14	庚戌	1 4	11 14	庚辰	2 3	12 15	庚戌	
5	8 12	己卯	10 7	9 14	辛亥	11 6	9 14	辛巳	12 6	10 15	辛亥	1 5	11 15	辛巳				
6	8 13	庚辰																
7	8 14	辛巳																

右欄（年）：2014·2015　馬　中華民國一百零三·一百零四年

中氣

中氣	處暑	秋分	霜降	小雪	冬至	大寒
時間	23 12時45分 午時	9/23 10時28分 巳時	10/23 19時56分 戌時	11/22 17時38分 酉時	12/22 7時2分 辰時	1/20 17時43分 酉時

年	乙未																	
月	戊寅			己卯			庚辰			辛巳			壬午			癸未		
節氣	立春			驚蟄			清明			立夏			芒種			小暑		
	2/4 11時58分 午時			3/6 5時55分 卯時			4/5 10時38分 巳時			5/6 3時52分 寅時			6/6 7時58分 辰時			7/7 18時12分 酉		
日	國曆	農曆	干支	國曆	農曆	干支	國曆	農曆	干支	國曆	農曆	干支	國曆	農曆	干支	國曆	農曆	干支
	2 4	12 16	辛亥	3 6	1 16	辛巳	4 5	2 17	辛亥	5 6	3 18	壬午	6 6	4 20	癸丑	7 7	5 22	甲
	2 5	12 17	壬子	3 7	1 17	壬午	4 6	2 18	壬子	5 7	3 19	癸未	6 7	4 21	甲寅	7 8	5 23	乙
	2 6	12 18	癸丑	3 8	1 18	癸未	4 7	2 19	癸丑	5 8	3 20	甲申	6 8	4 22	乙卯	7 9	5 24	丙
	2 7	12 19	甲寅	3 9	1 19	甲申	4 8	2 20	甲寅	5 9	3 21	乙酉	6 9	4 23	丙辰	7 10	5 25	丁
2	2 8	12 20	乙卯	3 10	1 20	乙酉	4 9	2 21	乙卯	5 10	3 22	丙戌	6 10	4 24	丁巳	7 11	5 26	戊
0	2 9	12 21	丙辰	3 11	1 21	丙戌	4 10	2 22	丙辰	5 11	3 23	丁亥	6 11	4 25	戊午	7 12	5 27	己
1	2 10	12 22	丁巳	3 12	1 22	丁亥	4 11	2 23	丁巳	5 12	3 24	戊子	6 12	4 26	己未	7 13	5 28	庚
5	2 11	12 23	戊午	3 13	1 23	戊子	4 12	2 24	戊午	5 13	3 25	己丑	6 13	4 27	庚申	7 14	5 29	辛
	2 12	12 24	己未	3 14	1 24	己丑	4 13	2 25	己未	5 14	3 26	庚寅	6 14	4 28	辛酉	7 15	5 30	壬
	2 13	12 25	庚申	3 15	1 25	庚寅	4 14	2 26	庚申	5 15	3 27	辛卯	6 15	4 29	壬戌	7 16	6 1	癸
	2 14	12 26	辛酉	3 16	1 26	辛卯	4 15	2 27	辛酉	5 16	3 28	壬辰	6 16	5 1	癸亥	7 17	6 2	甲
	2 15	12 27	壬戌	3 17	1 27	壬辰	4 16	2 28	壬戌	5 17	3 29	癸巳	6 17	5 2	甲子	7 18	6 3	乙
	2 16	12 28	癸亥	3 18	1 28	癸巳	4 17	2 29	癸亥	5 18	4 1	甲午	6 18	5 3	乙丑	7 19	6 4	丙
	2 17	12 29	甲子	3 19	1 29	甲午	4 18	2 30	甲子	5 19	4 2	乙未	6 19	5 4	丙寅	7 20	6 5	丁
羊	2 18	12 30	乙丑	3 20	2 1	乙未	4 19	3 1	乙丑	5 20	4 3	丙申	6 20	5 5	丁卯	7 21	6 6	戊
	2 19	1 1	丙寅	3 21	2 2	丙申	4 20	3 2	丙寅	5 21	4 4	丁酉	6 21	5 6	戊辰	7 22	6 7	己
	2 20	1 2	丁卯	3 22	2 3	丁酉	4 21	3 3	丁卯	5 22	4 5	戊戌	6 22	5 7	己巳	7 23	6 8	庚
	2 21	1 3	戊辰	3 23	2 4	戊戌	4 22	3 4	戊辰	5 23	4 6	己亥	6 23	5 8	庚午	7 24	6 9	辛
	2 22	1 4	己巳	3 24	2 5	己亥	4 23	3 5	己巳	5 24	4 7	庚子	6 24	5 9	辛未	7 25	6 10	壬
	2 23	1 5	庚午	3 25	2 6	庚子	4 24	3 6	庚午	5 25	4 8	辛丑	6 25	5 10	壬申	7 26	6 11	癸
中	2 24	1 6	辛未	3 26	2 7	辛丑	4 25	3 7	辛未	5 26	4 9	壬寅	6 26	5 11	癸酉	7 27	6 12	甲
華	2 25	1 7	壬申	3 27	2 8	壬寅	4 26	3 8	壬申	5 27	4 10	癸卯	6 27	5 12	甲戌	7 28	6 13	乙
民	2 26	1 8	癸酉	3 28	2 9	癸卯	4 27	3 9	癸酉	5 28	4 11	甲辰	6 28	5 13	乙亥	7 29	6 14	丙
國	2 27	1 9	甲戌	3 29	2 10	甲辰	4 28	3 10	甲戌	5 29	4 12	乙巳	6 29	5 14	丙子	7 30	6 15	丁
一	2 28	1 10	乙亥	3 30	2 11	乙巳	4 29	3 11	乙亥	5 30	4 13	丙午	6 30	5 15	丁丑	7 31	6 16	戊
百	3 1	1 11	丙子	3 31	2 12	丙午	4 30	3 12	丙子	5 31	4 14	丁未	7 1	5 16	戊寅	8 1	6 17	己
零	3 2	1 12	丁丑	4 1	2 13	丁未	5 1	3 13	丁丑	6 1	4 15	戊申	7 2	5 17	己卯	8 2	6 18	庚
四	3 3	1 13	戊寅	4 2	2 14	戊申	5 2	3 14	戊寅	6 2	4 16	己酉	7 3	5 18	庚辰	8 3	6 19	辛
年	3 4	1 14	己卯	4 3	2 15	己酉	5 3	3 15	己卯	6 3	4 17	庚戌	7 4	5 19	辛巳	8 4	6 20	壬
	3 5	1 15	庚辰	4 4	2 16	庚戌	5 4	3 16	庚辰	6 4	4 18	辛亥	7 5	5 20	壬午	8 5	6 21	癸
							5 5	3 17	辛巳	6 5	4 19	壬子	7 6	5 21	癸未	8 6	6 22	甲
																8 7	6 23	乙
中氣	雨水			春分			穀雨			小滿			夏至			大暑		
	2/19 7時49分 辰時			3/21 6時45分 卯時			4/20 17時41分 酉時			5/21 16時44分 申時			6/22 0時37分 子時			7/23 11時30分 午時		

年：乙未　（2015·2016　羊　中華民國一百零四·一百零五年）

月	節氣	時刻	中氣	時刻
甲申	立秋	8/8 4時1分 寅時	處暑	8/23 18時37分 酉時
乙酉	白露	9/8 6時59分 卯時	秋分	9/23 16時20分 申時
丙戌	寒露	10/8 22時42分 亥時	霜降	10/24 1時46分 丑時
丁亥	立冬	11/8 1時58分 丑時	小雪	11/22 23時25分 子時
戊子	大雪	12/7 18時53分 酉時	冬至	12/22 12時47分 午時
己丑	小寒	1/6 6時8分 卯時	大寒	1/20 23時26分 子時

甲申 國曆	農曆	干支	乙酉 國曆	農曆	干支	丙戌 國曆	農曆	干支	丁亥 國曆	農曆	干支	戊子 國曆	農曆	干支	己丑 國曆	農曆	干支	日
8/8	6/24	丙辰	9/8	7/26	丁亥	10/8	8/26	丁巳	11/8	9/27	戊子	12/7	10/26	丁巳	1/6	11/27	丁亥	8
8/9	6/25	丁巳	9/9	7/27	戊子	10/9	8/27	戊午	11/9	9/28	己丑	12/8	10/27	戊午	1/7	11/28	戊子	9
8/10	6/26	戊午	9/10	7/28	己丑	10/10	8/28	己未	11/10	9/29	庚寅	12/9	10/28	己未	1/8	11/29	己丑	10
8/11	6/27	己未	9/11	7/29	庚寅	10/11	8/29	庚申	11/11	9/30	辛卯	12/10	10/29	庚申	1/9	11/30	庚寅	11
8/12	6/28	庚申	9/12	7/30	辛卯	10/12	8/30	辛酉	11/12	10/1	壬辰	12/11	11/1	辛酉	1/10	12/1	辛卯	12
8/13	6/29	辛酉	9/13	8/1	壬辰	10/13	9/1	壬戌	11/13	10/2	癸巳	12/12	11/2	壬戌	1/11	12/2	壬辰	13
8/14	7/1	壬戌	9/14	8/2	癸巳	10/14	9/2	癸亥	11/14	10/3	甲午	12/13	11/3	癸亥	1/12	12/3	癸巳	14
8/15	7/2	癸亥	9/15	8/3	甲午	10/15	9/3	甲子	11/15	10/4	乙未	12/14	11/4	甲子	1/13	12/4	甲午	15
8/16	7/3	甲子	9/16	8/4	乙未	10/16	9/4	乙丑	11/16	10/5	丙申	12/15	11/5	乙丑	1/14	12/5	乙未	16
8/17	7/4	乙丑	9/17	8/5	丙申	10/17	9/5	丙寅	11/17	10/6	丁酉	12/16	11/6	丙寅	1/15	12/6	丙申	17
8/18	7/5	丙寅	9/18	8/6	丁酉	10/18	9/6	丁卯	11/18	10/7	戊戌	12/17	11/7	丁卯	1/16	12/7	丁酉	18
8/19	7/6	丁卯	9/19	8/7	戊戌	10/19	9/7	戊辰	11/19	10/8	己亥	12/18	11/8	戊辰	1/17	12/8	戊戌	19
8/20	7/7	戊辰	9/20	8/8	己亥	10/20	9/8	己巳	11/20	10/9	庚子	12/19	11/9	己巳	1/18	12/9	己亥	20
8/21	7/8	己巳	9/21	8/9	庚子	10/21	9/9	庚午	11/21	10/10	辛丑	12/20	11/10	庚午	1/19	12/10	庚子	21
8/22	7/9	庚午	9/22	8/10	辛丑	10/22	9/10	辛未	11/22	10/11	壬寅	12/21	11/11	辛未	1/20	12/11	辛丑	22
8/23	7/10	辛未	9/23	8/11	壬寅	10/23	9/11	壬申	11/23	10/12	癸卯	12/22	11/12	壬申	1/21	12/12	壬寅	23
8/24	7/11	壬申	9/24	8/12	癸卯	10/24	9/12	癸酉	11/24	10/13	甲辰	12/23	11/13	癸酉	1/22	12/13	癸卯	24
8/25	7/12	癸酉	9/25	8/13	甲辰	10/25	9/13	甲戌	11/25	10/14	乙巳	12/24	11/14	甲戌	1/23	12/14	甲辰	25
8/26	7/13	甲戌	9/26	8/14	乙巳	10/26	9/14	乙亥	11/26	10/15	丙午	12/25	11/15	乙亥	1/24	12/15	乙巳	26
8/27	7/14	乙亥	9/27	8/15	丙午	10/27	9/15	丙子	11/27	10/16	丁未	12/26	11/16	丙子	1/25	12/16	丙午	27
8/28	7/15	丙子	9/28	8/16	丁未	10/28	9/16	丁丑	11/28	10/17	戊申	12/27	11/17	丁丑	1/26	12/17	丁未	28
8/29	7/16	丁丑	9/29	8/17	戊申	10/29	9/17	戊寅	11/29	10/18	己酉	12/28	11/18	戊寅	1/27	12/18	戊申	29
8/30	7/17	戊寅	9/30	8/18	己酉	10/30	9/18	己卯	11/30	10/19	庚戌	12/29	11/19	己卯	1/28	12/19	己酉	30
8/31	7/18	己卯	10/1	8/19	庚戌	10/31	9/19	庚辰	12/1	10/20	辛亥	12/30	11/20	庚辰	1/29	12/20	庚戌	31
9/1	7/19	庚辰	10/2	8/20	辛亥	11/1	9/20	辛巳	12/2	10/21	壬子	12/31	11/21	辛巳	1/30	12/21	辛亥	1
9/2	7/20	辛巳	10/3	8/21	壬子	11/2	9/21	壬午	12/3	10/22	癸丑	1/1	11/22	壬午	1/31	12/22	壬子	2
9/3	7/21	壬午	10/4	8/22	癸丑	11/3	9/22	癸未	12/4	10/23	甲寅	1/2	11/23	癸未	2/1	12/23	癸丑	3
9/4	7/22	癸未	10/5	8/23	甲寅	11/4	9/23	甲申	12/5	10/24	乙卯	1/3	11/24	甲申	2/2	12/24	甲寅	4
9/5	7/23	甲申	10/6	8/24	乙卯	11/5	9/24	乙酉	12/6	10/25	丙辰	1/4	11/25	乙酉	2/3	12/25	乙卯	5
9/6	7/24	乙酉	10/7	8/25	丙辰	11/6	9/25	丙戌				1/5	11/26	丙戌				6
9/7	7/25	丙戌				11/7	9/26	丁亥										7

年：丙申 （2016・猴・中華民國一百零五年）

月	庚寅 立春			辛卯 驚蟄			壬辰 清明			癸巳 立夏			甲午 芒種			乙未 小暑		
節氣時刻	2/4 17時45分 酉時			3/5 11時43分 午時			4/4 16時27分 申時			5/5 9時41分 巳時			6/5 13時48分 未時			7/7 0時3分 子時		
日	國曆	農曆	干支	國曆	農曆	干支	國曆	農曆	干支	國曆	農曆	干支	國曆	農曆	干支	國曆	農曆	干支
	2 4	12 26	丙辰	3 5	1 27	丙戌	4 4	2 27	丙辰	5 5	3 29	丁亥	6 5	5 1	戊午	7 7	6 4	庚寅
	2 5	12 27	丁巳	3 6	1 28	丁亥	4 5	2 28	丁巳	5 6	3 30	戊子	6 6	5 2	己未	7 8	6 5	辛卯
	2 6	12 28	戊午	3 7	1 29	戊子	4 6	2 29	戊午	5 7	4 1	己丑	6 7	5 3	庚申	7 9	6 6	壬辰
	2 7	12 29	己未	3 8	1 30	己丑	4 7	3 1	己未	5 8	4 2	庚寅	6 8	5 4	辛酉	7 10	6 7	癸巳
	2 8	1 1	庚申	3 9	2 1	庚寅	4 8	3 2	庚申	5 9	4 3	辛卯	6 9	5 5	壬戌	7 11	6 8	甲午
	2 9	1 2	辛酉	3 10	2 2	辛卯	4 9	3 3	辛酉	5 10	4 4	壬辰	6 10	5 6	癸亥	7 12	6 9	乙未
	2 10	1 3	壬戌	3 11	2 3	壬辰	4 10	3 4	壬戌	5 11	4 5	癸巳	6 11	5 7	甲子	7 13	6 10	丙申
	2 11	1 4	癸亥	3 12	2 4	癸巳	4 11	3 5	癸亥	5 12	4 6	甲午	6 12	5 8	乙丑	7 14	6 11	丁酉
	2 12	1 5	甲子	3 13	2 5	甲午	4 12	3 6	甲子	5 13	4 7	乙未	6 13	5 9	丙寅	7 15	6 12	戊戌
	2 13	1 6	乙丑	3 14	2 6	乙未	4 13	3 7	乙丑	5 14	4 8	丙申	6 14	5 10	丁卯	7 16	6 13	己亥
	2 14	1 7	丙寅	3 15	2 7	丙申	4 14	3 8	丙寅	5 15	4 9	丁酉	6 15	5 11	戊辰	7 17	6 14	庚子
	2 15	1 8	丁卯	3 16	2 8	丁酉	4 15	3 9	丁卯	5 16	4 10	戊戌	6 16	5 12	己巳	7 18	6 15	辛丑
	2 16	1 9	戊辰	3 17	2 9	戊戌	4 16	3 10	戊辰	5 17	4 11	己亥	6 17	5 13	庚午	7 19	6 16	壬寅
	2 17	1 10	己巳	3 18	2 10	己亥	4 17	3 11	己巳	5 18	4 12	庚子	6 18	5 14	辛未	7 20	6 17	癸卯
	2 18	1 11	庚午	3 19	2 11	庚子	4 18	3 12	庚午	5 19	4 13	辛丑	6 19	5 15	壬申	7 21	6 18	甲辰
	2 19	1 12	辛未	3 20	2 12	辛丑	4 19	3 13	辛未	5 20	4 14	壬寅	6 20	5 16	癸酉	7 22	6 19	乙巳
	2 20	1 13	壬申	3 21	2 13	壬寅	4 20	3 14	壬申	5 21	4 15	癸卯	6 21	5 17	甲戌	7 23	6 20	丙午
	2 21	1 14	癸酉	3 22	2 14	癸卯	4 21	3 15	癸酉	5 22	4 16	甲辰	6 22	5 18	乙亥	7 24	6 21	丁未
	2 22	1 15	甲戌	3 23	2 15	甲辰	4 22	3 16	甲戌	5 23	4 17	乙巳	6 23	5 19	丙子	7 25	6 22	戊申
	2 23	1 16	乙亥	3 24	2 16	乙巳	4 23	3 17	乙亥	5 24	4 18	丙午	6 24	5 20	丁丑	7 26	6 23	己酉
	2 24	1 17	丙子	3 25	2 17	丙午	4 24	3 18	丙子	5 25	4 19	丁未	6 25	5 21	戊寅	7 27	6 24	庚戌
	2 25	1 18	丁丑	3 26	2 18	丁未	4 25	3 19	丁丑	5 26	4 20	戊申	6 26	5 22	己卯	7 28	6 25	辛亥
	2 26	1 19	戊寅	3 27	2 19	戊申	4 26	3 20	戊寅	5 27	4 21	己酉	6 27	5 23	庚辰	7 29	6 26	壬子
	2 27	1 20	己卯	3 28	2 20	己酉	4 27	3 21	己卯	5 28	4 22	庚戌	6 28	5 24	辛巳	7 30	6 27	癸丑
	2 28	1 21	庚辰	3 29	2 21	庚戌	4 28	3 22	庚辰	5 29	4 23	辛亥	6 29	5 25	壬午	7 31	6 28	甲寅
	2 29	1 22	辛巳	3 30	2 22	辛亥	4 29	3 23	辛巳	5 30	4 24	壬子	6 30	5 26	癸未	8 1	6 29	乙卯
	3 1	1 23	壬午	3 31	2 23	壬子	4 30	3 24	壬午	5 31	4 25	癸丑	7 1	5 27	甲申	8 2	6 30	丙辰
	3 2	1 24	癸未	4 1	2 24	癸丑	5 1	3 25	癸未	6 1	4 26	甲寅	7 2	5 28	乙酉	8 3	7 1	丁巳
	3 3	1 25	甲申	4 2	2 25	甲寅	5 2	3 26	甲申	6 2	4 27	乙卯	7 3	5 29	丙戌	8 4	7 2	戊午
	3 4	1 26	乙酉	4 3	2 26	乙卯	5 3	3 27	乙酉	6 3	4 28	丙辰	7 4	6 1	丁亥	8 5	7 3	己未
							5 4	3 28	丙戌	6 4	4 29	丁巳	7 5	6 2	戊子	8 6	7 4	庚申
													7 6	6 3	己丑			

中氣	雨水	春分	穀雨	小滿	夏至	大暑
	2/19 13時33分 未時	3/20 12時30分 午時	4/19 23時29分 子時	5/20 22時36分 亥時	6/21 6時34分 卯時	7/22 17時30分 酉時

丙申 年

月	丙申	丁酉	戊戌	己亥	庚子	辛丑
節氣	立秋	白露	寒露	立冬	大雪	小寒
	9時52分 巳時	9/7 12時50分 午時	10/8 4時33分 寅時	11/7 7時47分 辰時	12/7 0時40分 子時	1/5 11時55分 午時

丙申 國曆	丙申 農曆	丙申 干支	丁酉 國曆	丁酉 農曆	丁酉 干支	戊戌 國曆	戊戌 農曆	戊戌 干支	己亥 國曆	己亥 農曆	己亥 干支	庚子 國曆	庚子 農曆	庚子 干支	辛丑 國曆	辛丑 農曆	辛丑 干支	日
8/7	7 5	辛酉	9/7	8 7	壬辰	10/8	9 8	癸亥	11/7	10 8	癸巳	12/7	11 9	癸亥	1/5	12 8	壬辰	
8/8	7 6	壬戌	9/8	8 8	癸巳	10/9	9 9	甲子	11/8	10 9	甲午	12/8	11 10	甲子	1/6	12 9	癸巳	
8/9	7 7	癸亥	9/9	8 9	甲午	10/10	9 10	乙丑	11/9	10 10	乙未	12/9	11 11	乙丑	1/7	12 10	甲午	2016·2017
8/10	7 8	甲子	9/10	8 10	乙未	10/11	9 11	丙寅	11/10	10 11	丙申	12/10	11 12	丙寅	1/8	12 11	乙未	
8/11	7 9	乙丑	9/11	8 11	丙申	10/12	9 12	丁卯	11/11	10 12	丁酉	12/11	11 13	丁卯	1/9	12 12	丙申	
8/12	7 10	丙寅	9/12	8 12	丁酉	10/13	9 13	戊辰	11/12	10 13	戊戌	12/12	11 14	戊辰	1/10	12 13	丁酉	
8/13	7 11	丁卯	9/13	8 13	戊戌	10/14	9 14	己巳	11/13	10 14	己亥	12/13	11 15	己巳	1/11	12 14	戊戌	
8/14	7 12	戊辰	9/14	8 14	己亥	10/15	9 15	庚午	11/14	10 15	庚子	12/14	11 16	庚午	1/12	12 15	己亥	
8/15	7 13	己巳	9/15	8 15	庚子	10/16	9 16	辛未	11/15	10 16	辛丑	12/15	11 17	辛未	1/13	12 16	庚子	
8/16	7 14	庚午	9/16	8 16	辛丑	10/17	9 17	壬申	11/16	10 17	壬寅	12/16	11 18	壬申	1/14	12 17	辛丑	
8/17	7 15	辛未	9/17	8 17	壬寅	10/18	9 18	癸酉	11/17	10 18	癸卯	12/17	11 19	癸酉	1/15	12 18	壬寅	
8/18	7 16	壬申	9/18	8 18	癸卯	10/19	9 19	甲戌	11/18	10 19	甲辰	12/18	11 20	甲戌	1/16	12 19	癸卯	
8/19	7 17	癸酉	9/19	8 19	甲辰	10/20	9 20	乙亥	11/19	10 20	乙巳	12/19	11 21	乙亥	1/17	12 20	甲辰	
8/20	7 18	甲戌	9/20	8 20	乙巳	10/21	9 21	丙子	11/20	10 21	丙午	12/20	11 22	丙子	1/18	12 21	乙巳	
8/21	7 19	乙亥	9/21	8 21	丙午	10/22	9 22	丁丑	11/21	10 22	丁未	12/21	11 23	丁丑	1/19	12 22	丙午	
8/22	7 20	丙子	9/22	8 22	丁未	10/23	9 23	戊寅	11/22	10 23	戊申	12/22	11 24	戊寅	1/20	12 23	丁未	
8/23	7 21	丁丑	9/23	8 23	戊申	10/24	9 24	己卯	11/23	10 24	己酉	12/23	11 25	己卯	1/21	12 24	戊申	
8/24	7 22	戊寅	9/24	8 24	己酉	10/25	9 25	庚辰	11/24	10 25	庚戌	12/24	11 26	庚辰	1/22	12 25	己酉	
8/25	7 23	己卯	9/25	8 25	庚戌	10/26	9 26	辛巳	11/25	10 26	辛亥	12/25	11 27	辛巳	1/23	12 26	庚戌	猴
8/26	7 24	庚辰	9/26	8 26	辛亥	10/27	9 27	壬午	11/26	10 27	壬子	12/26	11 28	壬午	1/24	12 27	辛亥	
8/27	7 25	辛巳	9/27	8 27	壬子	10/28	9 28	癸未	11/27	10 28	癸丑	12/27	11 29	癸未	1/25	12 28	壬子	
8/28	7 26	壬午	9/28	8 28	癸丑	10/29	9 29	甲申	11/28	10 29	甲寅	12/28	11 30	甲申	1/26	12 29	癸丑	
8/29	7 27	癸未	9/29	8 29	甲寅	10/30	9 30	乙酉	11/29	11 1	乙卯	12/29	12 1	乙酉	1/27	12 30	甲寅	
8/30	7 28	甲申	9/30	8 30	乙卯	10/31	10 1	丙戌	11/30	11 2	丙辰	12/30	12 2	丙戌	1/28	1 1	乙卯	
8/31	7 29	乙酉	10/1	9 1	丙辰	11/1	10 2	丁亥	12/1	11 3	丁巳	12/31	12 3	丁亥	1/29	1 2	丙辰	中華民國一百零五·一百零六年
9/1	8 1	丙戌	10/2	9 2	丁巳	11/2	10 3	戊子	12/2	11 4	戊午	1/1	12 4	戊子	1/30	1 3	丁巳	
9/2	8 2	丁亥	10/3	9 3	戊午	11/3	10 4	己丑	12/3	11 5	己未	1/2	12 5	己丑	1/31	1 4	戊午	
9/3	8 3	戊子	10/4	9 4	己未	11/4	10 5	庚寅	12/4	11 6	庚申	1/3	12 6	庚寅	2/1	1 5	己未	
9/4	8 4	己丑	10/5	9 5	庚申	11/5	10 6	辛卯	12/5	11 7	辛酉	1/4	12 7	辛卯	2/2	1 6	庚申	
9/5	8 5	庚寅	10/6	9 6	辛酉	11/6	10 7	壬辰	12/6	11 8	壬戌							
9/6	8 6	辛卯	10/7	9 7	壬戌													

中氣	處暑	秋分	霜降	小雪	冬至	大寒
	8/23 0時38分 子時	9/22 22時20分 亥時	10/23 7時45分 辰時	11/22 5時22分 卯時	12/21 18時44分 酉時	1/20 5時23分 卯時

年：丁酉（中華民國一百零六年　2017　雞）

月	壬寅	癸卯	甲辰	乙巳	丙午	丁未
節氣	立春	驚蛰	清明	立夏	芒種	小暑
節氣時刻	2/3 23時33分 子時	3/5 17時32分 酉時	4/4 22時17分 亥時	5/5 15時30分 申時	6/5 19時36分 戌時	7/7 5時50分 卯時

日	國曆	農曆	干支	國曆	農曆	干支	國曆	農曆	干支	國曆	農曆	干支	國曆	農曆	干支	國曆	農曆	干支
	2/3	1/7	辛酉	3/5	2/8	辛卯	4/4	3/8	辛酉	5/5	4/10	壬辰	6/5	5/11	癸亥	7/7	6/14	乙未
	2/4	1/8	壬戌	3/6	2/9	壬辰	4/5	3/9	壬戌	5/6	4/11	癸巳	6/6	5/12	甲子	7/8	6/15	丙申
	2/5	1/9	癸亥	3/7	2/10	癸巳	4/6	3/10	癸亥	5/7	4/12	甲午	6/7	5/13	乙丑	7/9	6/16	丁酉
	2/6	1/10	甲子	3/8	2/11	甲午	4/7	3/11	甲子	5/8	4/13	乙未	6/8	5/14	丙寅	7/10	6/17	戊戌
	2/7	1/11	乙丑	3/9	2/12	乙未	4/8	3/12	乙丑	5/9	4/14	丙申	6/9	5/15	丁卯	7/11	6/18	己亥
	2/8	1/12	丙寅	3/10	2/13	丙申	4/9	3/13	丙寅	5/10	4/15	丁酉	6/10	5/16	戊辰	7/12	6/19	庚子
	2/9	1/13	丁卯	3/11	2/14	丁酉	4/10	3/14	丁卯	5/11	4/16	戊戌	6/11	5/17	己巳	7/13	6/20	辛丑
	2/10	1/14	戊辰	3/12	2/15	戊戌	4/11	3/15	戊辰	5/12	4/17	己亥	6/12	5/18	庚午	7/14	6/21	壬寅
	2/11	1/15	己巳	3/13	2/16	己亥	4/12	3/16	己巳	5/13	4/18	庚子	6/13	5/19	辛未	7/15	6/22	癸卯
	2/12	1/16	庚午	3/14	2/17	庚子	4/13	3/17	庚午	5/14	4/19	辛丑	6/14	5/20	壬申	7/16	6/23	甲辰
	2/13	1/17	辛未	3/15	2/18	辛丑	4/14	3/18	辛未	5/15	4/20	壬寅	6/15	5/21	癸酉	7/17	6/24	乙巳
	2/14	1/18	壬申	3/16	2/19	壬寅	4/15	3/19	壬申	5/16	4/21	癸卯	6/16	5/22	甲戌	7/18	6/25	丙午
	2/15	1/19	癸酉	3/17	2/20	癸卯	4/16	3/20	癸酉	5/17	4/22	甲辰	6/17	5/23	乙亥	7/19	6/26	丁未
	2/16	1/20	甲戌	3/18	2/21	甲辰	4/17	3/21	甲戌	5/18	4/23	乙巳	6/18	5/24	丙子	7/20	6/27	戊申
	2/17	1/21	乙亥	3/19	2/22	乙巳	4/18	3/22	乙亥	5/19	4/24	丙午	6/19	5/25	丁丑	7/21	6/28	己酉
	2/18	1/22	丙子	3/20	2/23	丙午	4/19	3/23	丙子	5/20	4/25	丁未	6/20	5/26	戊寅	7/22	6/29	庚戌
	2/19	1/23	丁丑	3/21	2/24	丁未	4/20	3/24	丁丑	5/21	4/26	戊申	6/21	5/27	己卯	7/23	閏6/1	辛亥
	2/20	1/24	戊寅	3/22	2/25	戊申	4/21	3/25	戊寅	5/22	4/27	己酉	6/22	5/28	庚辰	7/24	閏6/2	壬子
	2/21	1/25	己卯	3/23	2/26	己酉	4/22	3/26	己卯	5/23	4/28	庚戌	6/23	5/29	辛巳	7/25	閏6/3	癸丑
	2/22	1/26	庚辰	3/24	2/27	庚戌	4/23	3/27	庚辰	5/24	4/29	辛亥	6/24	6/1	壬午	7/26	閏6/4	甲寅
	2/23	1/27	辛巳	3/25	2/28	辛亥	4/24	3/28	辛巳	5/25	4/30	壬子	6/25	6/2	癸未	7/27	閏6/5	乙卯
	2/24	1/28	壬午	3/26	2/29	壬子	4/25	3/29	壬午	5/26	5/1	癸丑	6/26	6/3	甲申	7/28	閏6/6	丙辰
	2/25	1/29	癸未	3/27	2/30	癸丑	4/26	4/1	癸未	5/27	5/2	甲寅	6/27	6/4	乙酉	7/29	閏6/7	丁巳
	2/26	2/1	甲申	3/28	3/1	甲寅	4/27	4/2	甲申	5/28	5/3	乙卯	6/28	6/5	丙戌	7/30	閏6/8	戊午
	2/27	2/2	乙酉	3/29	3/2	乙卯	4/28	4/3	乙酉	5/29	5/4	丙辰	6/29	6/6	丁亥	7/31	閏6/9	己未
	2/28	2/3	丙戌	3/30	3/3	丙辰	4/29	4/4	丙戌	5/30	5/5	丁巳	6/30	6/7	戊子	8/1	閏6/10	庚申
	3/1	2/4	丁亥	3/31	3/4	丁巳	4/30	4/5	丁亥	5/31	5/6	戊午	7/1	6/8	己丑	8/2	閏6/11	辛酉
	3/2	2/5	戊子	4/1	3/5	戊午	5/1	4/6	戊子	6/1	5/7	己未	7/2	6/9	庚寅	8/3	閏6/12	壬戌
	3/3	2/6	己丑	4/2	3/6	己未	5/2	4/7	己丑	6/2	5/8	庚申	7/3	6/10	辛卯	8/4	閏6/13	癸亥
	3/4	2/7	庚寅	4/3	3/7	庚申	5/3	4/8	庚寅	6/3	5/9	辛酉	7/4	6/11	壬辰	8/5	閏6/14	甲子
							5/4	4/9	辛卯	6/4	5/10	壬戌	7/5	6/12	癸巳	8/6	閏6/15	乙丑
													7/6	6/13	甲午			

中氣	雨水	春分	穀雨	小滿	夏至	大暑
中氣時刻	2/18 19時31分 戌時	3/20 18時28分 酉時	4/20 5時26分 卯時	5/21 4時30分 寅時	6/21 12時23分 午時	7/22 23時15分 子時

丁酉　年

戊申	己酉	庚戌	辛亥	壬子	癸丑	月
立秋	白露	寒露	立冬	大雪	小寒	節氣
15時39分 申時	9/7 18時38分 酉時	10/8 10時21分 巳時	11/7 13時37分 未時	12/7 6時32分 卯時	1/5 17時48分 酉時	

國曆	農曆	干支	國曆	農曆	干支	國曆	農曆	干支	國曆	農曆	干支	國曆	農曆	干支	國曆	農曆	干支	日
8/7	6 16	丙寅	9 7	7 17	丁酉	10 8	8 19	戊辰	11 7	9 19	戊戌	12 7	10 20	戊辰	1 5	11 19	丁酉	2017·2018
8/8	6 17	丁卯	9 8	7 18	戊戌	10 9	8 20	己巳	11 8	9 20	己亥	12 8	10 21	己巳	1 6	11 20	戊戌	
8/9	6 18	戊辰	9 9	7 19	己亥	10 10	8 21	庚午	11 9	9 21	庚子	12 9	10 22	庚午	1 7	11 21	己亥	
8/10	6 19	己巳	9 10	7 20	庚子	10 11	8 22	辛未	11 10	9 22	辛丑	12 10	10 23	辛未	1 8	11 22	庚子	
8/11	6 20	庚午	9 11	7 21	辛丑	10 12	8 23	壬申	11 11	9 23	壬寅	12 11	10 24	壬申	1 9	11 23	辛丑	
8/12	6 21	辛未	9 12	7 22	壬寅	10 13	8 24	癸酉	11 12	9 24	癸卯	12 12	10 25	癸酉	1 10	11 24	壬寅	
8/13	6 22	壬申	9 13	7 23	癸卯	10 14	8 25	甲戌	11 13	9 25	甲辰	12 13	10 26	甲戌	1 11	11 25	癸卯	
8/14	6 23	癸酉	9 14	7 24	甲辰	10 15	8 26	乙亥	11 14	9 26	乙巳	12 14	10 27	乙亥	1 12	11 26	甲辰	
8/15	6 24	甲戌	9 15	7 25	乙巳	10 16	8 27	丙子	11 15	9 27	丙午	12 15	10 28	丙子	1 13	11 27	乙巳	
8/16	6 25	乙亥	9 16	7 26	丙午	10 17	8 28	丁丑	11 16	9 28	丁未	12 16	10 29	丁丑	1 14	11 28	丙午	
8/17	6 26	丙子	9 17	7 27	丁未	10 18	8 29	戊寅	11 17	9 29	戊申	12 17	10 30	戊寅	1 15	11 29	丁未	
8/18	6 27	丁丑	9 18	7 28	戊申	10 19	8 30	己卯	11 18	10 1	己酉	12 18	11 1	己卯	1 16	11 30	戊申	
8/19	6 28	戊寅	9 19	7 29	己酉	10 20	9 1	庚辰	11 19	10 2	庚戌	12 19	11 2	庚辰	1 17	12 1	己酉	
8/20	6 29	己卯	9 20	8 1	庚戌	10 21	9 2	辛巳	11 20	10 3	辛亥	12 20	11 3	辛巳	1 18	12 2	庚戌	雞
8/21	6 30	庚辰	9 21	8 2	辛亥	10 22	9 3	壬午	11 21	10 4	壬子	12 21	11 4	壬午	1 19	12 3	辛亥	
8/22	7 1	辛巳	9 22	8 3	壬子	10 23	9 4	癸未	11 22	10 5	癸丑	12 22	11 5	癸未	1 20	12 4	壬子	
8/23	7 2	壬午	9 23	8 4	癸丑	10 24	9 5	甲申	11 23	10 6	甲寅	12 23	11 6	甲申	1 21	12 5	癸丑	
8/24	7 3	癸未	9 24	8 5	甲寅	10 25	9 6	乙酉	11 24	10 7	乙卯	12 24	11 7	乙酉	1 22	12 6	甲寅	
8/25	7 4	甲申	9 25	8 6	乙卯	10 26	9 7	丙戌	11 25	10 8	丙辰	12 25	11 8	丙戌	1 23	12 7	乙卯	
8/26	7 5	乙酉	9 26	8 7	丙辰	10 27	9 8	丁亥	11 26	10 9	丁巳	12 26	11 9	丁亥	1 24	12 8	丙辰	中
8/27	7 6	丙戌	9 27	8 8	丁巳	10 28	9 9	戊子	11 27	10 10	戊午	12 27	11 10	戊子	1 25	12 9	丁巳	華
8/28	7 7	丁亥	9 28	8 9	戊午	10 29	9 10	己丑	11 28	10 11	己未	12 28	11 11	己丑	1 26	12 10	戊午	民
8/29	7 8	戊子	9 29	8 10	己未	10 30	9 11	庚寅	11 29	10 12	庚申	12 29	11 12	庚寅	1 27	12 11	己未	國
8/30	7 9	己丑	9 30	8 11	庚申	10 31	9 12	辛卯	11 30	10 13	辛酉	12 30	11 13	辛卯	1 28	12 12	庚申	一
8/31	7 10	庚寅	10 1	8 12	辛酉	11 1	9 13	壬辰	12 1	10 14	壬戌	12 31	11 14	壬辰	1 29	12 13	辛酉	百
9/1	7 11	辛卯	10 2	8 13	壬戌	11 2	9 14	癸巳	12 2	10 15	癸亥	1 1	11 15	癸巳	1 30	12 14	壬戌	零
9/2	7 12	壬辰	10 3	8 14	癸亥	11 3	9 15	甲午	12 3	10 16	甲子	1 2	11 16	甲午	1 31	12 15	癸亥	六
9/3	7 13	癸巳	10 4	8 15	甲子	11 4	9 16	乙未	12 4	10 17	乙丑	1 3	11 17	乙未	2 1	12 16	甲子	·
9/4	7 14	甲午	10 5	8 16	乙丑	11 5	9 17	丙申	12 5	10 18	丙寅	1 4	11 18	丙申	2 2	12 17	乙丑	一
9/5	7 15	乙未	10 6	8 17	丙寅	11 6	9 18	丁酉	12 6	10 19	丁卯				2 3	12 18	丙寅	百
9/6	7 16	丙申	10 7	8 18	丁卯													零

處暑	秋分	霜降	小雪	冬至	大寒	中氣
23 6時20分 卯時	9/23 4時1分 寅時	10/23 13時26分 未時	11/22 11時4分 午時	12/22 0時27分 子時	1/20 11時8分 午時	

（右側「日」欄縱書：2017·2018　雞　中華民國一百零六·一百零七年）

年	戊戌																	
月	甲寅			乙卯			丙辰			丁巳			戊午			己未		
節氣	立春			驚蟄			清明			立夏			芒種			小暑		
	2/4 5時28分 卯時			3/5 23時27分 子時			4/5 4時12分 寅時			5/5 21時25分 亥時			6/6 1時28分 丑時			7/7 11時41分 午時		
日	國曆	農曆	干支	國曆	農曆	干支	國曆	農曆	干支	國曆	農曆	干支	國曆	農曆	干支	國曆	農曆	干
	2 4	12 19	丁卯	3 5	1 18	丙申	4 5	2 20	丁卯	5 5	3 20	丁酉	6 6	4 23	己巳	7 7	5 24	庚
	2 5	12 20	戊辰	3 6	1 19	丁酉	4 6	2 21	戊辰	5 6	3 21	戊戌	6 7	4 24	庚午	7 8	5 25	辛
	2 6	12 21	己巳	3 7	1 20	戊戌	4 7	2 22	己巳	5 7	3 22	己亥	6 8	4 25	辛未	7 9	5 26	壬
	2 7	12 22	庚午	3 8	1 21	己亥	4 8	2 23	庚午	5 8	3 23	庚子	6 9	4 26	壬申	7 10	5 27	癸
	2 8	12 23	辛未	3 9	1 22	庚子	4 9	2 24	辛未	5 9	3 24	辛丑	6 10	4 27	癸酉	7 11	5 28	甲
2	2 9	12 24	壬申	3 10	1 23	辛丑	4 10	2 25	壬申	5 10	3 25	壬寅	6 11	4 28	甲戌	7 12	5 29	乙
0	2 10	12 25	癸酉	3 11	1 24	壬寅	4 11	2 26	癸酉	5 11	3 26	癸卯	6 12	4 29	乙亥	7 13	6 1	丙
1	2 11	12 26	甲戌	3 12	1 25	癸卯	4 12	2 27	甲戌	5 12	3 27	甲辰	6 13	4 30	丙子	7 14	6 2	丁
8	2 12	12 27	乙亥	3 13	1 26	甲辰	4 13	2 28	乙亥	5 13	3 28	乙巳	6 14	5 1	丁丑	7 15	6 3	戊
	2 13	12 28	丙子	3 14	1 27	乙巳	4 14	2 29	丙子	5 14	3 29	丙午	6 15	5 2	戊寅	7 16	6 4	己
	2 14	12 29	丁丑	3 15	1 28	丙午	4 15	2 30	丁丑	5 15	4 1	丁未	6 16	5 3	己卯	7 17	6 5	庚
	2 15	12 30	戊寅	3 16	1 29	丁未	4 16	3 1	戊寅	5 16	4 2	戊申	6 17	5 4	庚辰	7 18	6 6	辛
	2 16	1 1	己卯	3 17	2 1	戊申	4 17	3 2	己卯	5 17	4 3	己酉	6 18	5 5	辛巳	7 19	6 7	壬
狗	2 17	1 2	庚辰	3 18	2 2	己酉	4 18	3 3	庚辰	5 18	4 4	庚戌	6 19	5 6	壬午	7 20	6 8	癸
	2 18	1 3	辛巳	3 19	2 3	庚戌	4 19	3 4	辛巳	5 19	4 5	辛亥	6 20	5 7	癸未	7 21	6 9	甲
	2 19	1 4	壬午	3 20	2 4	辛亥	4 20	3 5	壬午	5 20	4 6	壬子	6 21	5 8	甲申	7 22	6 10	乙
	2 20	1 5	癸未	3 21	2 5	壬子	4 21	3 6	癸未	5 21	4 7	癸丑	6 22	5 9	乙酉	7 23	6 11	丙
	2 21	1 6	甲申	3 22	2 6	癸丑	4 22	3 7	甲申	5 22	4 8	甲寅	6 23	5 10	丙戌	7 24	6 12	丁
	2 22	1 7	乙酉	3 23	2 7	甲寅	4 23	3 8	乙酉	5 23	4 9	乙卯	6 24	5 11	丁亥	7 25	6 13	戊
	2 23	1 8	丙戌	3 24	2 8	乙卯	4 24	3 9	丙戌	5 24	4 10	丙辰	6 25	5 12	戊子	7 26	6 14	己
中	2 24	1 9	丁亥	3 25	2 9	丙辰	4 25	3 10	丁亥	5 25	4 11	丁巳	6 26	5 13	己丑	7 27	6 15	庚
華	2 25	1 10	戊子	3 26	2 10	丁巳	4 26	3 11	戊子	5 26	4 12	戊午	6 27	5 14	庚寅	7 28	6 16	辛
民	2 26	1 11	己丑	3 27	2 11	戊午	4 27	3 12	己丑	5 27	4 13	己未	6 28	5 15	辛卯	7 29	6 17	壬
國	2 27	1 12	庚寅	3 28	2 12	己未	4 28	3 13	庚寅	5 28	4 14	庚申	6 29	5 16	壬辰	7 30	6 18	癸
一	2 28	1 13	辛卯	3 29	2 13	庚申	4 29	3 14	辛卯	5 29	4 15	辛酉	6 30	5 17	癸巳	7 31	6 19	甲
百	3 1	1 14	壬辰	3 30	2 14	辛酉	4 30	3 15	壬辰	5 30	4 16	壬戌	7 1	5 18	甲午	8 1	6 20	乙
零	3 2	1 15	癸巳	3 31	2 15	壬戌	5 1	3 16	癸巳	5 31	4 17	癸亥	7 2	5 19	乙未	8 2	6 21	丙
七	3 3	1 16	甲午	4 1	2 16	癸亥	5 2	3 17	甲午	6 1	4 18	甲子	7 3	5 20	丙申	8 3	6 22	丁
年	3 4	1 17	乙未	4 2	2 17	甲子	5 3	3 18	乙未	6 2	4 19	乙丑	7 4	5 21	丁酉	8 4	6 23	戊
				4 3	2 18	乙丑	5 4	3 19	丙申	6 3	4 20	丙寅	7 5	5 22	戊戌	8 5	6 24	己
				4 4	2 19	丙寅				6 4	4 21	丁卯	7 6	5 23	己亥	8 6	6 25	庚
										6 5	4 22	戊辰						
中氣	雨水			春分			穀雨			小滿			夏至			大暑		
	2/19 1時17分 丑時			3/21 0時15分 子時			4/20 11時12分 午時			5/21 10時14分 巳時			6/21 18時7分 酉時			7/23 5時0分 卯時		

庚申			辛酉			壬戌			癸亥			甲子			乙丑			月
立秋			白露			寒露			立冬			大雪			小寒			節氣
21時30分 亥時			9/8 0時29分 子時			10/8 16時14分 申時			11/7 19時31分 戌時			12/7 12時25分 午時			1/5 23時38分 子時			
國曆	農曆	干支	國曆	農曆	干支	國曆	農曆	干支	國曆	農曆	干支	國曆	農曆	干支	國曆	農曆	干支	日
7	6 26	辛未	9 8	7 29	癸卯	10 8	8 29	癸酉	11 7	9 30	癸卯	12 7	11 1	癸酉	1 5	11 30	壬寅	2018·2019
8	6 27	壬申	9 9	7 30	甲辰	10 9	9 1	甲戌	11 8	10 1	甲辰	12 8	11 2	甲戌	1 6	12 1	癸卯	
9	6 28	癸酉	9 10	8 1	乙巳	10 10	9 2	乙亥	11 9	10 2	乙巳	12 9	11 3	乙亥	1 7	12 2	甲辰	
10	6 29	甲戌	9 11	8 2	丙午	10 11	9 3	丙子	11 10	10 3	丙午	12 10	11 4	丙子	1 8	12 3	乙巳	
11	7 1	乙亥	9 12	8 3	丁未	10 12	9 4	丁丑	11 11	10 4	丁未	12 11	11 5	丁丑	1 9	12 4	丙午	
12	7 2	丙子	9 13	8 4	戊申	10 13	9 5	戊寅	11 12	10 5	戊申	12 12	11 6	戊寅	1 10	12 5	丁未	
13	7 3	丁丑	9 14	8 5	己酉	10 14	9 6	己卯	11 13	10 6	己酉	12 13	11 7	己卯	1 11	12 6	戊申	
14	7 4	戊寅	9 15	8 6	庚戌	10 15	9 7	庚辰	11 14	10 7	庚戌	12 14	11 8	庚辰	1 12	12 7	己酉	
15	7 5	己卯	9 16	8 7	辛亥	10 16	9 8	辛巳	11 15	10 8	辛亥	12 15	11 9	辛巳	1 13	12 8	庚戌	
16	7 6	庚辰	9 17	8 8	壬子	10 17	9 9	壬午	11 16	10 9	壬子	12 16	11 10	壬午	1 14	12 9	辛亥	狗
17	7 7	辛巳	9 18	8 9	癸丑	10 18	9 10	癸未	11 17	10 10	癸丑	12 17	11 11	癸未	1 15	12 10	壬子	
18	7 8	壬午	9 19	8 10	甲寅	10 19	9 11	甲申	11 18	10 11	甲寅	12 18	11 12	甲申	1 16	12 11	癸丑	
19	7 9	癸未	9 20	8 11	乙卯	10 20	9 12	乙酉	11 19	10 12	乙卯	12 19	11 13	乙酉	1 17	12 12	甲寅	
20	7 10	甲申	9 21	8 12	丙辰	10 21	9 13	丙戌	11 20	10 13	丙辰	12 20	11 14	丙戌	1 18	12 13	乙卯	
21	7 11	乙酉	9 22	8 13	丁巳	10 22	9 14	丁亥	11 21	10 14	丁巳	12 21	11 15	丁亥	1 19	12 14	丙辰	
22	7 12	丙戌	9 23	8 14	戊午	10 23	9 15	戊子	11 22	10 15	戊午	12 22	11 16	戊子	1 20	12 15	丁巳	
23	7 13	丁亥	9 24	8 15	己未	10 24	9 16	己丑	11 23	10 16	己未	12 23	11 17	己丑	1 21	12 16	戊午	
24	7 14	戊子	9 25	8 16	庚申	10 25	9 17	庚寅	11 24	10 17	庚申	12 24	11 18	庚寅	1 22	12 17	己未	
25	7 15	己丑	9 26	8 17	辛酉	10 26	9 18	辛卯	11 25	10 18	辛酉	12 25	11 19	辛卯	1 23	12 18	庚申	
26	7 16	庚寅	9 27	8 18	壬戌	10 27	9 19	壬辰	11 26	10 19	壬戌	12 26	11 20	壬辰	1 24	12 19	辛酉	中華民國一百零七·一百零八年
27	7 17	辛卯	9 28	8 19	癸亥	10 28	9 20	癸巳	11 27	10 20	癸亥	12 27	11 21	癸巳	1 25	12 20	壬戌	
28	7 18	壬辰	9 29	8 20	甲子	10 29	9 21	甲午	11 28	10 21	甲子	12 28	11 22	甲午	1 26	12 21	癸亥	
29	7 19	癸巳	9 30	8 21	乙丑	10 30	9 22	乙未	11 29	10 22	乙丑	12 29	11 23	乙未	1 27	12 22	甲子	
30	7 20	甲午	10 1	8 22	丙寅	10 31	9 23	丙申	11 30	10 23	丙寅	12 30	11 24	丙申	1 28	12 23	乙丑	
31	7 21	乙未	10 2	8 23	丁卯	11 1	9 24	丁酉	12 1	10 24	丁卯	12 31	11 25	丁酉	1 29	12 24	丙寅	
1	7 22	丙申	10 3	8 24	戊辰	11 2	9 25	戊戌	12 2	10 25	戊辰	1 1	11 26	戊戌	1 30	12 25	丁卯	
2	7 23	丁酉	10 4	8 25	己巳	11 3	9 26	己亥	12 3	10 26	己巳	1 2	11 27	己亥	1 31	12 26	戊辰	
3	7 24	戊戌	10 5	8 26	庚午	11 4	9 27	庚子	12 4	10 27	庚午	1 3	11 28	庚子	2 1	12 27	己巳	
4	7 25	己亥	10 6	8 27	辛未	11 5	9 28	辛丑	12 5	10 28	辛未	1 4	11 29	辛丑	2 2	12 28	庚午	
5	7 26	庚子	10 7	8 28	壬申	11 6	9 29	壬寅	12 6	10 29	壬申				2 3	12 29	辛未	
6	7 27	辛丑																
7	7 28	壬寅																
處暑			秋分			霜降			小雪			冬至			大寒			中氣
23 12時8分 午時			9/23 9時53分 巳時			10/23 19時22分 戌時			11/22 17時1分 酉時			12/22 6時22分 卯時			1/20 16時59分 申時			

年	己亥																	
月	丙寅			丁卯			戊辰			己巳			庚午			辛未		
節氣	立春 2/4 11時14分 午時			驚蟄 3/6 5時9分 卯時			清明 4/5 9時51分 巳時			立夏 5/6 3時2分 寅時			芒種 6/6 7時6分 辰時			小暑 7/7 17時20分 酉時		
日	國曆	農曆	干支	國曆	農曆	干支	國曆	農曆	干支	國曆	農曆	干支	國曆	農曆	干支	國曆	農曆	干支
2019 豬 中華民國一百零八年	2 4	12 30	壬申	3 6	1 30	壬寅	4 5	3 1	壬申	5 6	4 2	癸卯	6 6	5 4	甲戌	7 7	6 5	乙
	2 5	1 1	癸酉	3 7	2 1	癸卯	4 6	3 2	癸酉	5 7	4 3	甲辰	6 7	5 5	乙亥	7 8	6 6	丙
	2 6	1 2	甲戌	3 8	2 2	甲辰	4 7	3 3	甲戌	5 8	4 4	乙巳	6 8	5 6	丙子	7 9	6 7	丁
	2 7	1 3	乙亥	3 9	2 3	乙巳	4 8	3 4	乙亥	5 9	4 5	丙午	6 9	5 7	丁丑	7 10	6 8	戊
	2 8	1 4	丙子	3 10	2 4	丙午	4 9	3 5	丙子	5 10	4 6	丁未	6 10	5 8	戊寅	7 11	6 9	己
	2 9	1 5	丁丑	3 11	2 5	丁未	4 10	3 6	丁丑	5 11	4 7	戊申	6 11	5 9	己卯	7 12	6 10	庚
	2 10	1 6	戊寅	3 12	2 6	戊申	4 11	3 7	戊寅	5 12	4 8	己酉	6 12	5 10	庚辰	7 13	6 11	辛
	2 11	1 7	己卯	3 13	2 7	己酉	4 12	3 8	己卯	5 13	4 9	庚戌	6 13	5 11	辛巳	7 14	6 12	壬
	2 12	1 8	庚辰	3 14	2 8	庚戌	4 13	3 9	庚辰	5 14	4 10	辛亥	6 14	5 12	壬午	7 15	6 13	癸
	2 13	1 9	辛巳	3 15	2 9	辛亥	4 14	3 10	辛巳	5 15	4 11	壬子	6 15	5 13	癸未	7 16	6 14	甲
	2 14	1 10	壬午	3 16	2 10	壬子	4 15	3 11	壬午	5 16	4 12	癸丑	6 16	5 14	甲申	7 17	6 15	乙
	2 15	1 11	癸未	3 17	2 11	癸丑	4 16	3 12	癸未	5 17	4 13	甲寅	6 17	5 15	乙酉	7 18	6 16	丙
	2 16	1 12	甲申	3 18	2 12	甲寅	4 17	3 13	甲申	5 18	4 14	乙卯	6 18	5 16	丙戌	7 19	6 17	丁
	2 17	1 13	乙酉	3 19	2 13	乙卯	4 18	3 14	乙酉	5 19	4 15	丙辰	6 19	5 17	丁亥	7 20	6 18	戊
	2 18	1 14	丙戌	3 20	2 14	丙辰	4 19	3 15	丙戌	5 20	4 16	丁巳	6 20	5 18	戊子	7 21	6 19	己
	2 19	1 15	丁亥	3 21	2 15	丁巳	4 20	3 16	丁亥	5 21	4 17	戊午	6 21	5 19	己丑	7 22	6 20	庚
	2 20	1 16	戊子	3 22	2 16	戊午	4 21	3 17	戊子	5 22	4 18	己未	6 22	5 20	庚寅	7 23	6 21	辛
	2 21	1 17	己丑	3 23	2 17	己未	4 22	3 18	己丑	5 23	4 19	庚申	6 23	5 21	辛卯	7 24	6 22	壬
	2 22	1 18	庚寅	3 24	2 18	庚申	4 23	3 19	庚寅	5 24	4 20	辛酉	6 24	5 22	壬辰	7 25	6 23	癸
	2 23	1 19	辛卯	3 25	2 19	辛酉	4 24	3 20	辛卯	5 25	4 21	壬戌	6 25	5 23	癸巳	7 26	6 24	甲
	2 24	1 20	壬辰	3 26	2 20	壬戌	4 25	3 21	壬辰	5 26	4 22	癸亥	6 26	5 24	甲午	7 27	6 25	乙
	2 25	1 21	癸巳	3 27	2 21	癸亥	4 26	3 22	癸巳	5 27	4 23	甲子	6 27	5 25	乙未	7 28	6 26	丙
	2 26	1 22	甲午	3 28	2 22	甲子	4 27	3 23	甲午	5 28	4 24	乙丑	6 28	5 26	丙申	7 29	6 27	丁
	2 27	1 23	乙未	3 29	2 23	乙丑	4 28	3 24	乙未	5 29	4 25	丙寅	6 29	5 27	丁酉	7 30	6 28	戊
	2 28	1 24	丙申	3 30	2 24	丙寅	4 29	3 25	丙申	5 30	4 26	丁卯	6 30	5 28	戊戌	7 31	6 29	己
	3 1	1 25	丁酉	3 31	2 25	丁卯	4 30	3 26	丁酉	5 31	4 27	戊辰	7 1	5 29	己亥	8 1	7 1	庚
	3 2	1 26	戊戌	4 1	2 26	戊辰	5 1	3 27	戊戌	6 1	4 28	己巳	7 2	5 30	庚子	8 2	7 2	辛
	3 3	1 27	己亥	4 2	2 27	己巳	5 2	3 28	己亥	6 2	4 29	庚午	7 3	6 1	辛丑	8 3	7 3	壬
	3 4	1 28	庚子	4 3	2 28	庚午	5 3	3 29	庚子	6 3	5 1	辛未	7 4	6 2	壬寅	8 4	7 4	癸
	3 5	1 29	辛丑	4 4	2 29	辛未	5 4	3 30	辛丑	6 4	5 2	壬申	7 5	6 3	癸卯	8 5	7 5	甲
							5 5	4 1	壬寅	6 5	5 3	癸酉				8 6	7 6	乙
																8 7	7 7	丙
中氣	雨水 2/19 7時3分 辰時			春分 3/21 5時58分 卯時			穀雨 4/20 16時55分 申時			小滿 5/21 15時58分 申時			夏至 6/21 23時54分 子時			大暑 7/23 10時50分 巳時		

己亥（年）

月	壬申			癸酉			甲戌			乙亥			丙子			丁丑		
節氣	立秋			白露			寒露			立冬			大雪			小寒		
	3時12分 寅時			9/8 6時16分 卯時			10/8 22時5分 亥時			11/8 1時24分 丑時			12/7 18時18分 酉時			1/6 5時29分 卯時		
	國曆	農曆	干支	國曆	農曆	干支	國曆	農曆	干支	國曆	農曆	干支	國曆	農曆	干支	國曆	農曆	干支
	8	7 8	丁丑	9/8	8 10	戊申	10/8	9 10	戊寅	11/8	10 12	己酉	12/7	11 12	戊寅	1/6	12 12	戊申
	9	7 9	戊寅	9/9	8 11	己酉	10/9	9 11	己卯	11/9	10 13	庚戌	12/8	11 13	己卯	1/7	12 13	己酉
	10	7 10	己卯	9/10	8 12	庚戌	10/10	9 12	庚辰	11/10	10 14	辛亥	12/9	11 14	庚辰	1/8	12 14	庚戌
	11	7 11	庚辰	9/11	8 13	辛亥	10/11	9 13	辛巳	11/11	10 15	壬子	12/10	11 15	辛巳	1/9	12 15	辛亥
	12	7 12	辛巳	9/12	8 14	壬子	10/12	9 14	壬午	11/12	10 16	癸丑	12/11	11 16	壬午	1/10	12 16	壬子
	13	7 13	壬午	9/13	8 15	癸丑	10/13	9 15	癸未	11/13	10 17	甲寅	12/12	11 17	癸未	1/11	12 17	癸丑
	14	7 14	癸未	9/14	8 16	甲寅	10/14	9 16	甲申	11/14	10 18	乙卯	12/13	11 18	甲申	1/12	12 18	甲寅
	15	7 15	甲申	9/15	8 17	乙卯	10/15	9 17	乙酉	11/15	10 19	丙辰	12/14	11 19	乙酉	1/13	12 19	乙卯
	16	7 16	乙酉	9/16	8 18	丙辰	10/16	9 18	丙戌	11/16	10 20	丁巳	12/15	11 20	丙戌	1/14	12 20	丙辰
	17	7 17	丙戌	9/17	8 19	丁巳	10/17	9 19	丁亥	11/17	10 21	戊午	12/16	11 21	丁亥	1/15	12 21	丁巳
	18	7 18	丁亥	9/18	8 20	戊午	10/18	9 20	戊子	11/18	10 22	己未	12/17	11 22	戊子	1/16	12 22	戊午
	19	7 19	戊子	9/19	8 21	己未	10/19	9 21	己丑	11/19	10 23	庚申	12/18	11 23	己丑	1/17	12 23	己未
	20	7 20	己丑	9/20	8 22	庚申	10/20	9 22	庚寅	11/20	10 24	辛酉	12/19	11 24	庚寅	1/18	12 24	庚申
	21	7 21	庚寅	9/21	8 23	辛酉	10/21	9 23	辛卯	11/21	10 25	壬戌	12/20	11 25	辛卯	1/19	12 25	辛酉
	22	7 22	辛卯	9/22	8 24	壬戌	10/22	9 24	壬辰	11/22	10 26	癸亥	12/21	11 26	壬辰	1/20	12 26	壬戌
	23	7 23	壬辰	9/23	8 25	癸亥	10/23	9 25	癸巳	11/23	10 27	甲子	12/22	11 27	癸巳	1/21	12 27	癸亥
	24	7 24	癸巳	9/24	8 26	甲子	10/24	9 26	甲午	11/24	10 28	乙丑	12/23	11 28	甲午	1/22	12 28	甲子
	25	7 25	甲午	9/25	8 27	乙丑	10/25	9 27	乙未	11/25	10 29	丙寅	12/24	11 29	乙未	1/23	12 29	乙丑
	26	7 26	乙未	9/26	8 28	丙寅	10/26	9 28	丙申	11/26	11 1	丁卯	12/25	11 30	丙申	1/24	12 30	丙寅
	27	7 27	丙申	9/27	8 29	丁卯	10/27	9 29	丁酉	11/27	11 2	戊辰	12/26	12 1	丁酉	1/25	1 1	丁卯
	28	7 28	丁酉	9/28	8 30	戊辰	10/28	10 1	戊戌	11/28	11 3	己巳	12/27	12 2	戊戌	1/26	1 2	戊辰
	29	7 29	戊戌	9/29	9 1	己巳	10/29	10 2	己亥	11/29	11 4	庚午	12/28	12 3	己亥	1/27	1 3	己巳
	30	8 1	己亥	9/30	9 2	庚午	10/30	10 3	庚子	11/30	11 5	辛未	12/29	12 4	庚子	1/28	1 4	庚午
	31	8 2	庚子	10/1	9 3	辛未	10/31	10 4	辛丑	12/1	11 6	壬申	12/30	12 5	辛丑	1/29	1 5	辛未
	1	8 3	辛丑	10/2	9 4	壬申	11/1	10 5	壬寅	12/2	11 7	癸酉	12/31	12 6	壬寅	1/30	1 6	壬申
	2	8 4	壬寅	10/3	9 5	癸酉	11/2	10 6	癸卯	12/3	11 8	甲戌	1/1	12 7	癸卯	1/31	1 7	癸酉
	3	8 5	癸卯	10/4	9 6	甲戌	11/3	10 7	甲辰	12/4	11 9	乙亥	1/2	12 8	甲辰	2/1	1 8	甲戌
	4	8 6	甲辰	10/5	9 7	乙亥	11/4	10 8	乙巳	12/5	11 10	丙子	1/3	12 9	乙巳	2/2	1 9	乙亥
	5	8 7	乙巳	10/6	9 8	丙子	11/5	10 9	丙午	12/6	11 11	丁丑	1/4	12 10	丙午	2/3	1 10	丙子
	6	8 8	丙午	10/7	9 9	丁丑	11/6	10 10	丁未				1/5	12 11	丁未			
	7	8 9	丁未				11/7	10 11	戊申									
中氣	處暑			秋分			霜降			小雪			冬至			大寒		
	3 18時1分 酉時			9/23 15時49分 申時			10/24 1時19分 丑時			11/22 22時58分 亥時			12/22 12時19分 午時			1/20 22時54分 亥時		

右欄（年）：2019・2020　豬　中華民國一百零八・一百零九年

年																	
							庚子										

月	戊寅			己卯			庚辰			辛巳			壬午			癸未		
節氣	立春			驚蟄			清明			立夏			芒種			小暑		
	2/4 17時3分 酉時			3/5 10時56分 巳時			4/4 15時37分 申時			5/5 8時51分 辰時			6/5 12時58分 午時			7/6 23時14分 子		
日	國曆	農曆	干支	國曆	農曆	干支	國曆	農曆	干支	國曆	農曆	干支	國曆	農曆	干支	國曆	農曆	干支
	2 4	1 11	丁丑	3 5	2 12	丁未	4 4	3 12	丁丑	5 5	4 13	戊申	6 5	4 14	己卯	7 6	5 16	庚
	2 5	1 12	戊寅	3 6	2 13	戊申	4 5	3 13	戊寅	5 6	4 14	己酉	6 6	4 15	庚辰	7 7	5 17	辛
	2 6	1 13	己卯	3 7	2 14	己酉	4 6	3 14	己卯	5 7	4 15	庚戌	6 7	4 16	辛巳	7 8	5 18	壬
	2 7	1 14	庚辰	3 8	2 15	庚戌	4 7	3 15	庚辰	5 8	4 16	辛亥	6 8	4 17	壬午	7 9	5 19	癸
	2 8	1 15	辛巳	3 9	2 16	辛亥	4 8	3 16	辛巳	5 9	4 17	壬子	6 9	4 18	癸未	7 10	5 20	甲
2	2 9	1 16	壬午	3 10	2 17	壬子	4 9	3 17	壬午	5 10	4 18	癸丑	6 10	4 19	甲申	7 11	5 21	乙
0	2 10	1 17	癸未	3 11	2 18	癸丑	4 10	3 18	癸未	5 11	4 19	甲寅	6 11	4 20	乙酉	7 12	5 22	丙
2	2 11	1 18	甲申	3 12	2 19	甲寅	4 11	3 19	甲申	5 12	4 20	乙卯	6 12	4 21	丙戌	7 13	5 23	丁
0	2 12	1 19	乙酉	3 13	2 20	乙卯	4 12	3 20	乙酉	5 13	4 21	丙辰	6 13	4 22	丁亥	7 14	5 24	戊
	2 13	1 20	丙戌	3 14	2 21	丙辰	4 13	3 21	丙戌	5 14	4 22	丁巳	6 14	4 23	戊子	7 15	5 25	己
	2 14	1 21	丁亥	3 15	2 22	丁巳	4 14	3 22	丁亥	5 15	4 23	戊午	6 15	4 24	己丑	7 16	5 26	庚
	2 15	1 22	戊子	3 16	2 23	戊午	4 15	3 23	戊子	5 16	4 24	己未	6 16	4 25	庚寅	7 17	5 27	辛
	2 16	1 23	己丑	3 17	2 24	己未	4 16	3 24	己丑	5 17	4 25	庚申	6 17	4 26	辛卯	7 18	5 28	壬
鼠	2 17	1 24	庚寅	3 18	2 25	庚申	4 17	3 25	庚寅	5 18	4 26	辛酉	6 18	4 27	壬辰	7 19	5 29	癸
	2 18	1 25	辛卯	3 19	2 26	辛酉	4 18	3 26	辛卯	5 19	4 27	壬戌	6 19	4 28	癸巳	7 20	5 30	甲
	2 19	1 26	壬辰	3 20	2 27	壬戌	4 19	3 27	壬辰	5 20	4 28	癸亥	6 20	4 29	甲午	7 21	6 1	
	2 20	1 27	癸巳	3 21	2 28	癸亥	4 20	3 28	癸巳	5 21	4 29	甲子	6 21	5 1	乙未	7 22	6 2	丁
	2 21	1 28	甲午	3 22	2 29	甲子	4 21	3 29	甲午	5 22	4 30	乙丑	6 22	5 2	丙申	7 23	6 3	
	2 22	1 29	乙未	3 23	2 30	乙丑	4 22	3 30	乙未	5 23	閏4 1	丙寅	6 23	5 3	丁酉	7 24	6 4	戊
	2 23	2 1	丙申	3 24	3 1	丙寅	4 23	4 1	丙申	5 24	4 2	丁卯	6 24	5 4	戊戌	7 25	6 5	
中	2 24	2 2	丁酉	3 25	3 2	丁卯	4 24	4 2	丁酉	5 25	4 3	戊辰	6 25	5 5	己亥	7 26	6 6	庚
華	2 25	2 3	戊戌	3 26	3 3	戊辰	4 25	4 3	戊戌	5 26	4 4	己巳	6 26	5 6	庚子	7 27	6 7	辛
民	2 26	2 4	己亥	3 27	3 4	己巳	4 26	4 4	己亥	5 27	4 5	庚午	6 27	5 7	辛丑	7 28	6 8	壬
國	2 27	2 5	庚子	3 28	3 5	庚午	4 27	4 5	庚子	5 28	4 6	辛未	6 28	5 8	壬寅	7 29	6 9	
一	2 28	2 6	辛丑	3 29	3 6	辛未	4 28	4 6	辛丑	5 29	4 7	壬申	6 29	5 9	癸卯	7 30	6 10	甲
百	2 29	2 7	壬寅	3 30	3 7	壬申	4 29	4 7	壬寅	5 30	4 8	癸酉	6 30	5 10	甲辰	7 31	6 11	
零	3 1	2 8	癸卯	3 31	3 8	癸酉	4 30	4 8	癸卯	5 31	4 9	甲戌	7 1	5 11	乙巳	8 1	6 12	
九	3 2	2 9	甲辰	4 1	3 9	甲戌	5 1	4 9	甲辰	6 1	4 10	乙亥	7 2	5 12	丙午	8 2	6 13	丁
年	3 3	2 10	乙巳	4 2	3 10	乙亥	5 2	4 10	乙巳	6 2	4 11	丙子	7 3	5 13	丁未	8 3	6 14	
	3 4	2 11	丙午	4 3	3 11	丙子	5 3	4 11	丙午	6 3	4 12	丁丑	7 4	5 14	戊申	8 4	6 15	己
							5 4	4 12	丁未	6 4	4 13	戊寅	7 5	5 15	己酉	8 5	6 16	
																8 6	6 17	

中氣	雨水			春分			穀雨			小滿			夏至			大暑		
	2/19 12時56分 午時			3/20 11時49分 午時			4/19 22時45分 亥時			5/20 21時49分 亥時			6/21 5時43分 卯時			7/22 16時36分		

庚子　（年）

月	甲申	乙酉	丙戌	丁亥	戊子	己丑
節氣	立秋	白露	寒露	立冬	大雪	小寒
	9時5分 巳時	9/7 12時7分 午時	10/8 3時55分 寅時	11/7 7時13分 辰時	12/7 0時9分 子時	1/5 11時23分 午時

國曆	農曆	干支	國曆	農曆	干支	國曆	農曆	干支	國曆	農曆	干支	國曆	農曆	干支	國曆	農曆	干支
8 7	6 18	壬午	9 7	7 20	癸丑	10 8	8 22	甲申	11 7	9 22	甲寅	12 7	10 23	甲申	1 5	11 22	癸丑
8 8	6 19	癸未	9 8	7 21	甲寅	10 9	8 23	乙酉	11 8	9 23	乙卯	12 8	10 24	乙酉	1 6	11 23	甲寅
8 9	6 20	甲申	9 9	7 22	乙卯	10 10	8 24	丙戌	11 9	9 24	丙辰	12 9	10 25	丙戌	1 7	11 24	乙卯
8 10	6 21	乙酉	9 10	7 23	丙辰	10 11	8 25	丁亥	11 10	9 25	丁巳	12 10	10 26	丁亥	1 8	11 25	丙辰
8 11	6 22	丙戌	9 11	7 24	丁巳	10 12	8 26	戊子	11 11	9 26	戊午	12 11	10 27	戊子	1 9	11 26	丁巳
8 12	6 23	丁亥	9 12	7 25	戊午	10 13	8 27	己丑	11 12	9 27	己未	12 12	10 28	己丑	1 10	11 27	戊午
8 13	6 24	戊子	9 13	7 26	己未	10 14	8 28	庚寅	11 13	9 28	庚申	12 13	10 29	庚寅	1 11	11 28	己未
8 14	6 25	己丑	9 14	7 27	庚申	10 15	8 29	辛卯	11 14	9 29	辛酉	12 14	10 30	辛卯	1 12	11 29	庚申
8 15	6 26	庚寅	9 15	7 28	辛酉	10 16	8 30	壬辰	11 15	10 1	壬戌	12 15	11 1	壬辰	1 13	12 1	辛酉
8 16	6 27	辛卯	9 16	7 29	壬戌	10 17	9 1	癸巳	11 16	10 2	癸亥	12 16	11 2	癸巳	1 14	12 2	壬戌
8 17	6 28	壬辰	9 17	8 1	癸亥	10 18	9 2	甲午	11 17	10 3	甲子	12 17	11 3	甲午	1 15	12 3	癸亥
8 18	6 29	癸巳	9 18	8 2	甲子	10 19	9 3	乙未	11 18	10 4	乙丑	12 18	11 4	乙未	1 16	12 4	甲子
8 19	7 1	甲午	9 19	8 3	乙丑	10 20	9 4	丙申	11 19	10 5	丙寅	12 19	11 5	丙申	1 17	12 5	乙丑
8 20	7 2	乙未	9 20	8 4	丙寅	10 21	9 5	丁酉	11 20	10 6	丁卯	12 20	11 6	丁酉	1 18	12 6	丙寅
8 21	7 3	丙申	9 21	8 5	丁卯	10 22	9 6	戊戌	11 21	10 7	戊辰	12 21	11 7	戊戌	1 19	12 7	丁卯
8 22	7 4	丁酉	9 22	8 6	戊辰	10 23	9 7	己亥	11 22	10 8	己巳	12 22	11 8	己亥	1 20	12 8	戊辰
8 23	7 5	戊戌	9 23	8 7	己巳	10 24	9 8	庚子	11 23	10 9	庚午	12 23	11 9	庚子	1 21	12 9	己巳
8 24	7 6	己亥	9 24	8 8	庚午	10 25	9 9	辛丑	11 24	10 10	辛未	12 24	11 10	辛丑	1 22	12 10	庚午
8 25	7 7	庚子	9 25	8 9	辛未	10 26	9 10	壬寅	11 25	10 11	壬申	12 25	11 11	壬寅	1 23	12 11	辛未
8 26	7 8	辛丑	9 26	8 10	壬申	10 27	9 11	癸卯	11 26	10 12	癸酉	12 26	11 12	癸卯	1 24	12 12	壬申
8 27	7 9	壬寅	9 27	8 11	癸酉	10 28	9 12	甲辰	11 27	10 13	甲戌	12 27	11 13	甲辰	1 25	12 13	癸酉
8 28	7 10	癸卯	9 28	8 12	甲戌	10 29	9 13	乙巳	11 28	10 14	乙亥	12 28	11 14	乙巳	1 26	12 14	甲戌
8 29	7 11	甲辰	9 29	8 13	乙亥	10 30	9 14	丙午	11 29	10 15	丙子	12 29	11 15	丙午	1 27	12 15	乙亥
8 30	7 12	乙巳	9 30	8 14	丙子	10 31	9 15	丁未	11 30	10 16	丁丑	12 30	11 16	丁未	1 28	12 16	丙子
8 31	7 13	丙午	10 1	8 15	丁丑	11 1	9 16	戊申	12 1	10 17	戊寅	12 31	11 17	戊申	1 29	12 17	丁丑
9 1	7 14	丁未	10 2	8 16	戊寅	11 2	9 17	己酉	12 2	10 18	己卯	1 1	11 18	己酉	1 30	12 18	戊寅
9 2	7 15	戊申	10 3	8 17	己卯	11 3	9 18	庚戌	12 3	10 19	庚辰	1 2	11 19	庚戌	1 31	12 19	己卯
9 3	7 16	己酉	10 4	8 18	庚辰	11 4	9 19	辛亥	12 4	10 20	辛巳	1 3	11 20	辛亥	2 1	12 20	庚辰
9 4	7 17	庚戌	10 5	8 19	辛巳	11 5	9 20	壬子	12 5	10 21	壬午	1 4	11 21	壬子	2 2	12 21	辛巳
9 5	7 18	辛亥	10 6	8 20	壬午	11 6	9 21	癸丑	12 6	10 22	癸未						
9 6	7 19	壬子	10 7	8 21	癸未												

日 欄：2020・2021　鼠　中華民國一百零九・一百一十年

中氣	處暑	秋分	霜降	小雪	冬至	大寒
	23時44分 子時	9/22 21時30分 亥時	10/23 6時59分 卯時	11/22 4時39分 寅時	12/21 18時2分 酉時	1/20 4時39分 寅時

農曆閏月年表					
西 元	中華民國	閏 月	西 元	中華民國	閏 月
1900	前 12	8	2001	90	4
1903	前 9	5	2004	93	2
1906	前 6	4	2006	95	7
1909	前 3	2	2009	98	5
1911	前 1	6	2012	101	4
1914	3	5	2014	103	9
1917	6	2	2017	106	6
1919	8	7	2020	109	4
1922	11	5	2023	112	2
1925	14	4	2025	114	6
1928	17	2	2028	117	5
1930	19	6	2031	120	3
1933	22	5	2033	122	11
1936	25	3	2036	125	6
1938	27	7	2039	128	5
1941	30	6	2042	131	2
1944	33	4	2044	133	7
1947	36	2	2047	136	5
1949	38	7	2050	139	3
1952	41	5	2052	141	8
1955	44	3	2055	144	6
1957	46	8	2058	147	4
1960	49	6	2061	150	3
1963	52	4	2063	152	7
1966	55	3	2066	155	5
1968	57	7	2069	158	4
1971	60	5	2071	160	8
1974	63	4	2074	163	6
1976	65	8	2077	166	4
1979	68	6	2080	169	3
1982	71	4	2082	171	7
1984	73	10	2085	174	5
1987	76	6	2088	177	4
1990	79	5	2090	179	8
1993	82	3	2093	182	6
1995	84	8	2096	185	4
1998	87	5	2099	188	2

國家圖書館出版品預行編目資料

八字基本功／施賀日著.
第一版——臺北市：知青頻道出版；
紅螞蟻圖書發行, 2011.4
面； 公分. ——（Easy Quick；110）
ISBN 978-986-6276-67-5（平裝）

1.命書 2.生辰八字
293.12   100004983

Easy Quick 110

八字基本功

作　　者／施賀日
發 行 人／賴秀珍
總 編 輯／何南輝
校　　對／楊安妮、施賀日
出　　版／知青頻道出版有限公司
發　　行／紅螞蟻圖書有限公司
地　　址／台北市內湖區舊宗路二段121巷19號(紅螞蟻資訊大樓)
網　　站／www.e-redant.com
郵撥帳號／1604621-1　紅螞蟻圖書有限公司
電　　話／(02)2795-3656（代表號）
傳　　真／(02)2795-4100
登 記 證／局版北市業字第796號
法律顧問／許晏賓律師
印 刷 廠／卡樂彩色製版印刷有限公司
出版日期／2011年4月　第一版第一刷
　　　　　2019年7月　　　　第三刷(500本)

定價 450 元　　港幣 150 元

ISBN　978-986-6276-67-5　　　　　Printed in Taiwan